인류세와
코로나 팬데믹

인류세와 코로나 팬데믹

The Anthropocene
and the COVID-19 Pandemic

최병두 지음

한울
아카데미

책을 펴내면서

인류 사회에 코로나 팬데믹(pandemic, 지구적 유행)이라는 대재앙이 몰아치고 있다. 상황은 매일 변하고 있다. 2020년 12월 31일 전 세계 코로나19 감염 확진자는 8347만 명, 사망자는 180만 명을 넘어섰다. 하루에 약 60만 명의 확진자와 1만 명의 사망자가 추가 발생하면서, 당분간 더 심화될 것으로 추정된다. 그러나 코로나 팬데믹의 심화에도 불구하고 장기화로 누적되는 피로감과 백신 접종 소식에 경각심은 갈수록 느슨해졌다.

한 달 반이 지난 2021년 2월 15일 현재 세계의 누적 확진자는 1억 946만 명, 사망자는 241만 명으로 늘어났다. 다행스럽게 전 세계 확진자 및 사망자 수는 많이 줄어들고 있다. 하지만 백신이 전 국민, 나아가 전 세계 인구 60~70%에 접종돼 집단면역을 달성하려면 최소 1년 이상 걸릴 것이고 길게는 3년 정도 지나야 할 것으로 예상된다. 이 경우에도, 개발된 백신이 코로나19 변이에 효과가 있다는 것을 전제로 한다.

그뿐 아니라 코로나19 바이러스가 통제된 후에도 새로운 변종이 출현해 인간 사회를 공포에 빠뜨릴 수 있다는 점은 아무도 부정할 수 없다. 과거, 같은 바이러스 전염병인 사스와 메르스 사태를 겪으면서도 우리는 코로나19라는 훨씬 더 강력하고 치명적인 변종 바이러스가 나타나서 이렇게 큰 충격을 줄 것이라고 상상하지 못했다.

황폐할 대로 황폐해진 지구의 자연환경에서 어느 날 인류 앞에 등장해 팬데믹화된 코로나19 바이러스가 인간 사회에 미치는 영향은 단지 인간 생명을 위협하는 것에 그치지 않는다. 사람들은 감염에 대한 우려로 이동과 모임을 극도로 자제하고 정부의 방역 대책에 따른 강제된 자가 격리나 도시 봉쇄, 나아가 국경 폐쇄도 언제든지 가능하며 당연한 것으로 여기게 됐다.

소비와 생산 활동이 위축되면서 영세 자영업자들의 소득은 더 이상 버틸 수 없을 정도로 줄었고 수많은 일자리가 사라졌다. 투자와 교역이 급감하면서 경제는 마이너스로 곤두박질쳤고, 그동안 구축된 경제기반이 무너질 조짐을 보이고 있다. 그뿐 아니라 사회적 거리두기의 일상화로 사람들 간 관계는 점차 소원해지고, 심리적 우울감이 만연하며, 세계적으로는 계층적·인종적 차별이 심화됐다.

사실 인간에 의해 파괴되고 오염된 자연이 언젠가는 인간의 생명과 사회 전반에 엄청난 위력으로 반격을 가할 것이라는 점은 이미 오래전부터 예상돼 왔다. 자연의 역습을 예고하는 불길한 조짐들이 세계 곳곳에서 나타나고 있었기 때문이다. 코로나 팬데믹 이전에도 하늘을 뒤덮은 미세먼지와 황사로 인해 사람들은 극도로 불안해하며 마스크를 써야 했고, 엄청난 양의 폐비닐과 폐플라스틱이 육지와 해양에 쌓여 동식물을 질식시키는 두려운 상황을 목격했다. 무엇보다도 기후 변화에 따른 잦은 가뭄과 홍수, 폭염과 대형 산불, 빙하 융해와 해수면 상승 등은 기후 위기의 공포를 불러왔다.

오늘날 인간은 과학기술과 물질문명의 발달로 지구 자연환경에 가장 강력한 영향을 미치는 행위자가 되었다. 하지만 황폐해진 자연이 인간에게 가하는 분노의 반격은 그동안 발전시킨 기술문명의 힘으로 결코 대응할 수 없는 전 지구적 재앙을 초래하고 있다. 코로나 팬데믹이 발발하기 훨씬 이전부터 지구적 생태 위기를 직시하고, 발생 배경의 분석과 극복 방안의 모색을 위해 새로운 담론이 요청됐다. 이에 부응해 '지속 가능한 발전' 등 다양한 개념들이 제시돼 왔지만, 이들 가운데 '인류세'는 가장 의미 있는 개념으로 설정될 수 있다.

인류세는 인류가 '지질학적 힘'으로 지구 시스템에 영향을 미치게 된 새로운 지질시대를 뜻한다. 하지만 인류는 0.2μm도 되지 않는 코로나19라는 신종 바이러스의 공격에 속수무책으로 당하고 있다. 인류세 담론은 인류가 훼손한 지구환경이 인류의 생존을 위협하고 인류 사회의 붕괴를 초래할 정도로 강력한 반격을 가하고 있음에 주목한다. 인류세 개념은 기후재앙, 코로나 팬데믹 등 현재 인류가 복합적으로 당면한 지구적 생태 위기의 발생 배경을 이해하고 어떻게 대처해야 할 것인가를 성찰하는 담론의 장을 제공할 수 있다.

이 책은 먼저 인류세의 개념을 고찰하고 지구적 생태 위기에 어떻게 대응해야 하는지, 이를 극복하기 위한 사회생태적 전환은 어떻게 추진해 나갈 것인지를 탐구하고자 한다. 나아가 인류가 직면해 있는 코로나 팬데믹의 발발과 전개 과정을 연대기적으로 살펴보고 이와 관련된 다양한 사회경제적, 공간환경적 측면을 논의하고자 한다. 코로나 팬데믹에 관련한 많은 저서나 편집서들이 출판되고 있지만, 특히 이 책은 인류세의 개념과 코로나 팬데믹의 영향을 연계해 이해함으로써 인류가 당면한 지구적 생태위기에 관한 근본적인 성찰에 기여하고자 한다.

이 책은 3부로 구성된다. 제1부는 지구적 생태 위기의 사례와 더불어 인류세에 관한 개념 논의 및 인류세를 위한 녹색전환의 필요성과 기본 방안을 다룬다. 제2부는 코로나19 위기의 발현 → 진행 → 대응 과정에서 이슈화된 주요 논제를 서술하고 있다. 제3부는 코로나 팬데믹에 대처하기 위한 방역국가의 역할과 그 역할을 수행하는 과정에서 요구되는 인권, 인간·생태 안보 문제를 고찰하고자 한다.

이 책의 대부분은 ≪공간과 사회≫, 『녹색전환』[환경부 엮음, 한울엠플러스(주)], ≪한겨레≫에 실린 글을 수정·보완한 것이다. 각각 다른 목적과 다른 계기로 쓰였기 때문에 논의가 다소 중복되고 전체적으로 완전한 짜임새로 구성된 것은 아니지만, 가능한 통일성과 연계성을 갖추면서 책의 목적에 부합하도록 수정했다. 특히 이 책의 상당 부분이 신문 칼럼으로 쓰인 점을 감안해, 논문으로 쓰인 글도 장을 2~3개로 나누고 각 장도 세분화해 절과 소절에 제목을 붙이면서 보완했다. 이에 따라 책 전체가 학술적 목적보다는 일반 독자들이 좀 더 쉽게 읽을 수 있도록 편집됐다. 또한 코로나 팬데믹과 관련된 주제는 가능한 최근 상황까지 반영해 서술고자 했으나, 계속된 상황 변화와 미래의 불확실성을 감안해 읽혀져야 할 것이다.

책에 게재된 글을 위해 연구 지원, 원고 청탁, 논문 게재 등을 해주신 환경부, 한국연구재단, ≪한겨레≫ 신문사, 한국 SDGs 시민넷, ≪공간과 사회≫ 편집진에 감사하며, 또한 발표회나 채팅방을 통해 토론하거나 주요 논제들을 깨닫도록 해주신 분들께도 감사드린다. 또한 이 책이 출판되기까지 편집과 교정을 맡아준 한울엠플러스(주) 편집진에 고마움을 표한다. 이 책이 인류가 처한 재앙적 기후 변화와 코로나 팬데믹과 같은 지구적 생태 위기를 극복하고 진정한 인류세를 만들어가는 데 조금이라도 이바지할 수 있기를 기원한다.

2021년 2월

최병두

차례

■ 각 장의 출처

제1부 1장, 제2부 4, 5, 6장(제4장 3절 '코로나19의 확산과 종교적 방종', 제6장 '코로나19의 경제적 충격과 전망'은 제외): 한겨레, 최병두 칼럼(2019.4~2020.6).

제1부 2, 3장: 최병두, 「인류세를 위한 녹색전환」, ≪공간과 사회≫, 30(1), 2020, 10~47쪽; 최병두, 「인류세를 위한 녹색전환」, 환경부 엮음, 『녹색전환』(한울, 2020), 29~65쪽, 재게재.

제3부 7, 8, 9장: 최병두, 「코로나19 위기와 방역국가」, ≪공간과 사회≫, 30(4), 2020.

지구적 생태 위기의 시대

지구온난화와 기후 위기

현재 인류는 두 가지 유형의 지구적 생태 위기에 봉착해 있다. 하나는 지구온난화에 따른 기후 위기이다. 지구가 최근 뚜렷하게 뜨거워지고 있다는 점에서 '지구 가열'이라는 용어가 사용될 정도이다. 2014년부터 2018년은 지구의 평균 기온이 가장 뜨거웠던 해로 꼽힌다. 지난 500만 년 동안 지구 기온이 이렇게 급격히 상승한 적이 없다고 한다. "시속 100km로 달리던 차가 갑자기 이상해져서 시속 2000km 이상으로 질주하는 것과 비슷한 상황"이라고 비유되기도 한다. 과학자들은 지구 평균 기온이 산업혁명 이후 지금까지 1도 상승했고, 최근에는 10년에 0.17도씩 상승하는 추세라고 밝혔다. 이런 추세로 가면, 2040년에는 지구 기온이 산업혁명 전보다 1.5도 상승할 것이고, 그렇게 되면 인류가 몰락할 수 있는 기후 재앙이 도래할 것으로 우려한다.

이러한 지구온난화로 인한 환경 재난은 이미 지구 도처에서 나타나고 있다. 브라질, 인도네시아 등에서는 가뭄과 폭염으로 대규모 산불이 발생해 2019년 8월 한 달에만 축구장 420만 개 넓이의 아마존 열대우림이 소실되었다. 북극과 그린란드 등지에서 빙하가 녹아 없어지고, 그곳에 살아가던 동식물들도 사라지고 있다. 극지방 빙하의 융해와 수온 상승으로 바닷물은 열팽창하고 해수면은 상승하고 있다. 해수면이 상승하면 인구가 밀집해 있는 해안 인접 지역에서는 엄청난 피해를 볼 수밖에 없다. 온난화로 해수 온도가 오르면서 허리케인과 태풍은 더 강력해졌다. 기온이 1도 상승하면 대기는 7% 정도 더 많은 수증기를 머금게 되기 때문이다. 그뿐 아니라 지표면의 온도 변화는 서식지 환경 변화로 많은 동식물의 멸종을 초래하고 생물종의 분포를 교란시킨다.

이렇게 지구 기온이 높아지는 것은 잘 알려진 바와 같이 온실가스 배출량의 급속한 증가 때문이다. 2020년 5월, 대기 중 이산화탄소 농도는 418ppm으로 인류가 존재하지 않았던 300~500만 년 전의 상황과 같다. 당시 기온은 지금보다 1~2도 더 높았다고 한다. 인류는 이러한 조건에서 살아본 적이 없다. 과학자들은 지구 기온이 산업화 이전에 비해 1.5도 이상 올라가지 않게 하려면, 온실가스 배출을 10년 이내 45%로 줄이고 2050년에는 0%를 달성해야 한다고 경고한다. 2015년 체결된 파리기후협정은 '지구 기온 상승을 2도 이하로 묶고, 가능한 1.5도 이하로 유지하기 위해 노력하자'는 합의를 골자로 한다. 이 협정 이후 온실가스 배출 증가율은 줄었다. 하지만 전체 배출량은 계속 늘고 있다.

기후 위기에 대처하기 위해, 2019년 '유엔 기후행동 정상회의'에 약 60개국의 정상들이 모여 탄소 배출량을 줄이기 위한 자국의 계획 등을 발표했다. 독일은 '2038년까지 탈석탄국이 되겠다'고 선언했고, 프랑스는 '파리기후변화협정에 서명하지 않은 국가와는 무역 거래를 하지 않겠다'고 강조했다. 한국의 대통령도 이 자리에 참석해 연설하면서 "한국은 파리협정을 충실히 이행하고 있다. 석탄화력발전소 4기를 감축했고 2022년까지 6기를 더 감축할 예정"이라며 "내년에 제출할 '온실가스 감축 목표'와 '2050년 장기 저탄소 발전 전략'에 이런 한국의 의지를 적극적으로 반영할 예정"이라고 밝혔다(≪한겨레≫, 2019.9.24). 그러나 주요 온실가스 배출국인 미국과 중국은 구체적 대책을 제시하지 않았고, 심지어 미국 트럼프 대통령은 전임 대통령이 서명한 파리기후변화협정에서 탈퇴했다. 우리나라도 저탄소 발전 전략을 강구할 것임을 천명했지만, 1.5도 목표를 달성하기 위해서는 온실가스 배출량을 2010년에 대비해 2030년까지 45%를 감축해야 하는데 2030년(목표) 계획은 18.5%에 불과하다.

코로나 팬데믹의 위기

다른 하나의 지구적 생태 위기는 현재 전 세계가 겪고 있는 코로나 팬데믹이다. 2019년 12월 중국 우한에서 발현한 코로나19 감염병은 중국뿐 아니라 우리나라를 포함해 전 세계로 급속히 확산되면서, 전 인류의 생명에 엄청난 희생을 유발하고 사회경제 시스템을 지구적 규모로 마비시키면서 가공할 충격을 주고 있다. 코로나19의 급속한 확산을 막기 위해 개별 도시나 심지어 국가 전체를 봉쇄해 이동을 통제하는 방역 대책이 취해졌다. 생활 속의 일상적 격리와 고립뿐 아니라 경제 활동의 급속한 위축과 침체가 뒤따랐다. 긴급 사태와 강도 높은 방역 대책이 전개되면서, 언젠가 정점을 지나 진정 국면에 접어들 것이라는 기대 섞인 예측도 있었다. 하지만 대부분 국가에서 주춤하던 확진자 수가 2020년 가을이 되면서 다시 급증해 재유행 국면에 들어섰고, 2021년 1월 말경 결국 전 세계 확진자 수는 1억 명을 넘어섰다. 백신 접종이 시작됐지만, 언제쯤 이 위기가 끝날지 추정하기 어려운 실정이다.

이러한 상황에서 많은 국가들은 코로나 팬데믹으로 초래된 경제의 급격한 붕괴를 막기 위해 방역 규제를 완화하는 한편, 막대한 국가재정을 투입해 시장을 활성화하려 했다. 경제 활성화 대책의 시행은 소비·생산·투자 등 경제 활동을 자극하는 데 도움이 되었을지 모르지만, 유동성의 과잉으로 주식과 주택 등 자산 가격은 천정부지로 폭등하는 한편 가계와 국가부채는 감당할 수 없을 정도로 불어났다. 또한 경제를 활성화하기 위해 방역 대책을 다소 느슨하게 하면 코로나19 재확산이 촉발되는 상황이 반복됐다. 코로나19 백신 접종이 시작되고 있지만 미국과 서유럽에서는 재확산으로 상황이 급격히 악화되는 것을 막기 위해, 또다시 이동·집회의 자유 등 기본권을 통제하는 강력한 방역 조치들을 취하기도 했다.

코로나 팬데믹을 극복하기 위해 백신과 치료제의 개발도 중요하고 경제 위기에 신속히 대처하는 것도 중요하지만, 더욱 중요한 점은 코로나 팬데믹의 근본 원인을 밝히고 제거하는 것이다. 코로나19가 어디서 발현했는지 정확히 밝혀지지는 않았지만, 이 바이러스도 과거 사스(2002년)나 메르스(2012년)처럼 자연에서 생성되어 박쥐나 다른 야생동물을 통해 인체로 옮겨 왔고, 그 후 전 세계적으로 확산되었음이 분명하다.

신종 바이러스 코로나19가 이런 경로를 거치면서 코로나 팬데믹이라는 복합적 위기(의료 위기, 사회경제적 위기 등이 결합된 위기)로 발전하게 된 근원적 배경은 산업화와 도시화에 있다(〈그림 1〉). 자본주의적 산업화와 도시화는 이산화탄소 등 온실가스를 엄청나게 배출해 급격한 기후 변화를 유발했을 뿐 아니라, 자연환경의 무분별한 개발로 야생동물의 서식지를 파괴하고 생물종의 다양성을 감소시키는 한편, 항생제 남용으로 면역력을 약화

〈그림〉 코로나 팬데믹의 사회생태적 배경

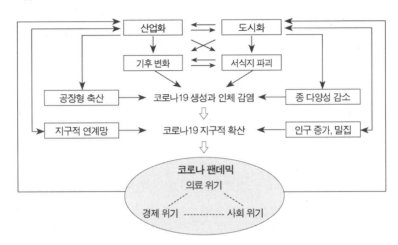

시키는 공장형 축산업을 번창하게 했다. 결국 자연에서 머물 장소가 없어진 바이러스와 세균이 인간과 접촉할 기회가 늘어난 야생동물이나 가축을 거쳐 인체로 옮겨 오게 됐다.[1)]

이렇게 인체로 옮겨 온 바이러스가 지구적으로 빠르게 확산된 것도 자본주의적 산업화 및 도시화와 밀접한 관련성이 있다. 숙주의 몸을 떠나서는 몇 시간 또는 며칠밖에 살지 못하는 바이러스가 인간에게 옮겨 온 후 살아남으려면 사람들 사이에 지속적으로 전파돼야 한다. 즉 코로나19가

---

1) 영국의 동물학회 학자들의 공동연구 결과로 ≪네이처≫ 온라인에 공개된 논문에 의하면, "인류가 자연을 파괴해 개발한 곳에서는 인수공통전염병을 옮길 수 있는 동물 개체수가 2.5배 늘어난다. …… 무분별한 개발로 터전을 잃은 동물들은 더 많은 질병에 적응하는 방식으로 진화해 인간과의 접촉을 늘려 왔고, 이는 코로나19 같은 인수공통 전염병이 맹위를 떨칠 수 있는 토대가 됐다". 예컨대 인간이 개발한 지역에서 살게 된 참새류는 야생 상태일 때보다 병원균을 가진 개체가 96%나 늘어나고, 박쥐류는 45%, 설치류는 52%나 더 많은 병원균을 갖게 된다(≪경향신문≫, 2020.8.7).

지구적 규모로 집단 감염을 일으키면서 팬데믹으로 발전하게 된 것은 폭발적으로 늘어난 세계 인구의 대부분이 상대적으로 매우 좁은 도시 공간에 밀집해 살면서 잦은 접촉을 하고 있기 때문이다.

특히 지난 30~40년 동안 자본주의 경제의 지구화 과정에서 이뤄진 사회경제적 연계망의 세계적 확충은 코로나19가 세계 거의 모든 국가들로 확산될 수 있는 연결망을 제공했다. 이러한 과정을 통해 진전된 코로나 팬데믹은 1억 명이 넘는 감염 확진자를 유발하면서 공공 의료 체계가 붕괴되는 보건의료 위기를 초래했다. 그뿐 아니라 자본주의적 산업화와 도시화에 발판을 둔 사회경제 체제에서 경제 활동이 차단되고 경제구조가 파탄에 처하는 경제적 위기가 초래됐고, 불평등과 소외가 심화되며 기본권이 유보되는 한계 상황, 즉 사회적 위기를 유발하고 있다.

결국 자본주의적 산업화와 도시화 과정에서 촉진된 자연환경에 대한 인간의 무분별한 개입은 인간 자신의 생명을 위협하고 사회경제 체제의 붕괴를 초래할 수 있는 새로운 바이러스의 창궐을 가져왔다. 산업혁명 이후 자본주의적 경제 발전, 특히 지난 몇십 년간 진행된 신자유주의적 지구화 과정에서 구축된 인문 환경은 코로나 팬데믹이라는 대혼란을 자초했다.

앞으로 새로운 변종 바이러스의 생성을 초래하는 황폐화된 자연환경과 바이러스의 급속한 전파가 우려되는 자본주의적 인문 환경은 근본적으로 전환돼야 한다. 그렇지 않으면 더욱 치명적인 신종 바이러스가 등장해, 인간의 생명과 생활에 이번 사태에 버금가거나 그 이상의 충격을 줄 것이 분명하게 예견된다.

인류의 종말 또는 진정한 인류세의 시작

재앙적 기후 변화와 코로나 팬데믹이라는 지구적 생태 위기는 그 속성과 전개 패턴에 있어 여러 공통점을 가진다. 이들은 자연에서 유발된 위험 요소들이 인간의 생존과 사회 발전에 심대한 충격을 주면서 인류의 종말을 초래할 수 있음을 보여준다. 그러나 이 위기는 자연에서 발생한 것이 아니라 현대인의 잘못된 의식과 생활·생산 양식이 자연환경을 파괴하고 오염시킨 데 따른 것이다. 인간의 손으로 만들어낸 자본주의적 산업화와 도시화가 인간과 동식물이 살아남기 어려울 정도로 생태계를 파괴한 것이다. 인간의 능력이 비록 지구 시스템에 영향을 미칠 정도로 발전했다고 할지라도 생태계의 파괴로 인한 자연의 반격 앞에서는 속수무책이다. 인류와 지구 전체를 파국으로 몰고 가는 생태 위기는 단순히 경기 순환에 따른 경제 위기나 여타 사회정치적 위기와는 근본적으로 다르다.

그동안 우리는 지구적 생태 위기가 점진적으로 진행되며, 인간의 과학기술 능력으로 극복할 수 있을 것으로 기대했다. 하지만 예상과는 달리 지구적 생태 위기는 매우 급속하게 진행되고 있다. 현재 이에 대처할 수 있는 시간이 그렇게 많지 않다. 많은 사람들은 코로나 팬데믹에 대해서는 위험의 즉시성 때문에 매우 긴급한 대응이 이뤄져야 하지만, 기후 변화에 대해서는 다소 완만하게 진행되기 때문에 시간이 아직 남아 있는 것으로 생각한다. 그러나 코로나 팬데믹 못지않게 또는 그 이상으로 기후 변화에 대한 대응도 절박하다. 기후 위기의 대재앙을 막기 위해 인류에게 주어진 시간은 불과 20년 남짓인 것으로 예측된다. 만약 총력을 다해 대응하지 않는다면, 인류는 더 이상 손쓸 수 없는 비극적 상황을 맞게 될 것이고, 머지않아 결국 지구상에서 소멸할 수밖에 없을 것이다. 코로나 팬데믹 경험이 인간에게 지구적 생태 위기가 매우 긴박하게 전개되고 있음을 깨닫게 한 것처럼, 재앙적 기후 변화도 시급한 관심과 대책을 요청하고 있다.

지구적 생태 위기로 인한 인류의 종말과 지구의 파국을 막아내기 위해서는 그 발생 원인에 대한 근본적 성찰이 필요하다. 또한 발생 원인을 해소하고 생태 위기를 극복하기 위한 대안적 생활 및 생산양식의 구축이 요구된다. 즉 코로나 팬데믹을 이겨내고 기후 변화의 재앙을 막아내기 위하여 '녹색전환' 또는 '생태적 전환'이라고 불릴 수 있는 자연환경과 인문환경의 대전환이 지구적·인류적 차원에서 실천되어야 할 것이다.

성찰과 실천을 위한 준거로서 '인류세' 개념을 제시할 수 있다. 인류세는 기존의 환경 관련 개념(예: 지속 가능한 발전 등)에 비해 훨씬 강력한 생태적 관점에서 지구적 생태 위기를 극복하고 '인류세'라는 새로운 시대로 나아갈 녹색전환을 추동하고자 한다. 코로나 팬데믹과 급격한 기후 변화는 인류세 시대에 전형적인 지구적 생태 위기로 간주된다(Heyd, 2020). 물론 인류세 개념이 제안된 지 20년이 지났지만 그 시작 시기, 명칭, 개념의 불확실성 등을 둘러싼 논쟁과 여러 문제들이 아직 남아 있다. 그렇다고 할지라도 인류세 개념은 자연 및 인문사회과학 전반에 걸쳐 많은 연구자들의 관심을 끌고 있다. 기후 변화는 인류세 담론에서 이미 가장 핵심 주제가 되었고, 코로나 팬데믹도 이 개념의 틀 속에서 분석하고 대응 방안을 논의할 수 있을 것이다.

현 시대가 인류세라고 불리든지 그렇지 않든지, 인류세가 정확히 언제 시작되었든지 간에 우리는 지구적 규모의 생태 위기에 봉착해 있으며, 이로 인해 지질시대의 구분이 필요하다. 실제 "인류 역사는 코로나 팬데믹 충격 전과 후로 구분될 것이다"라는 주장이 당연한 것처럼 인식되고 있다. 어쨌든 현재 인류는 지난 만여 년 동안 지구의 안정된 기후 조건과 환경 덕분에 물질의 풍요를 향유하며 문명사적 발전을 이룰 수 있었던 시대, 즉 홀로세(Holocene)에 더 이상 살 수 없는 국면에 도달했다.

요컨대 오늘날 인류는 스스로 초래한 지구적 생태 위기로 인해 지구-인류의 운명을 결정하는 갈림길에 서 있다고 하겠다. 기후 변화로 인한 대재앙과 코로나 바이러스의 대유행은 이 갈림길에서 긴박하게 울리는 경고음과 같다. 인류 문명사의 마지막 한계에 도달해 절벽 아래로 떨어져 몰락할 것인가, 아니면 진지한 성찰과 실천으로 참된 의미의 인류세, 즉 새로운 생태 문명의 세계로 나아갈 것인가?

제1부

인류세와 녹색전환

제1장

지구적 생태 위기의 양상들

미세먼지의 비극 또는 희극
비닐 봉투와 플라스틱 인류세
기후 위기와 미래세대의 반란

미세먼지로 인한 재해는 그 자체로 비극이지만, 어떻게 대처해야 할지 해답을 찾기 어렵다는 점에서도 비극이다. 환경 위기와 관련해 흔히 '공유지의 비극'이라는 우화가 거론된다. 기업은 생산 과정에서 비용을 줄이기 위해 처리되지 않은 오염물질을 그대로 배출하고, 사람들은 자신의 편익을 위해 대중교통보다 개인 자동차를 이용한다. 그 결과 주인이 없는 하늘이 미세먼지로 가득 차게 되고, 이로 인해 더 이상 생산 활동이나 자가 운전을 하기 어려운 상황에 도달하게 된다는 것이다.

그러나 어떤 의미에서 '공유지의 비극'은 '희극'이다. 왜냐하면 이 우화를 제안했던 생태학자 개릿 하딘은 '공유지'를 이용하는 목동들의 행동을 무책임한 것으로 '희화화'하면서, 공유지의 합리적 관리를 명분으로 이를 사유화할 것을 주장했기 때문이다. 하지만 공유지의 사유화는 배타적 독점과 새로운 갈등을 유발할 수 있다는 점에서, 오늘날 당면한 환경 문제의 올바른 해결책이 되기 어렵다.

미세먼지의 비극 또는 희극

미세먼지에 대한 공포

언젠가부터 봄이 되면 밖으로 나가는 게 망설여진다. 전국 대부분 지역에서 하늘이 뿌옇게 흐려 있기 때문이다. 마스크 없이 잠시만 바깥에 나갔다 오면 목이 따가울 정도이다. 이를 두고 언론에서는 "연일 하늘을 뒤덮은 미세먼지로 인해 공포감이 극에 달했다"라고 표현하고 있다(연합뉴스, 2019.3.7). 정부는 "미세먼지 주의보 발령 해제 통보가 있을 때까지 외출을 자제하고, 외출 시에는 마스크를 착용해 달라"라고 당부한다. 미세먼지, 특히 초미세먼지로 인해 나라 전체가 비상 상태로 돌변한 것이다.

물론 미세먼지에 관한 공포감이 지나치게 조장되고 있다는 지적도 있다. 사실 과거에도 미세먼지는 심각했지만, 이번에는 어떤 이유에서든 부풀려지고 있다는 것이다. 세밀한 통계 자료를 찾아보지 않더라도, 인터넷 검색만으로도 이에 관한 너무 많은 말들이 쏟아지면서 시민들의 불안감을 자극하고 있는 것처럼 보인다. 이러한 분위기 속에서 정부도 제대로 된 대책을 마련하지 못한 채 우왕좌왕하고 있다. 환경운동 전문가조차

"막연하고 과도한 대중의 공포를 가라앉혔으면 하는데, 정부(와 언론)가 되레 확대 재생산하고 있다"라고 주장하기도 한다(장재연, 2019).

그러나 미세먼지의 위험성 자체를 부정하기는 어렵다. 특히 머리카락 굵기의 30분의 1 정도로 작은 초미세먼지는 호흡기에 걸러지지도 않고 바로 허파 꽈리까지 침투하기 때문에 미세먼지보다 인체에 더 해롭다. 2013년 세계보건기구(WHO)는 초미세먼지를 1급 발암 물질로 지정하면서 "폐렴, 심장병, 각종 암 외에도 다양한 호흡기 질환의 원인이 되고, 생식기능을 저해한다"라고 발표했다. 어린이, 임산부, 노약자는 더 취약하다. 단시간 노출돼도 유해하기 때문에 초미세먼지가 많은 날에는 건강을 위해 외출을 삼가고, 물을 많이 마시고, 불가피하게 외부와 접촉한 뒤에는 자주 씻는 게 좋다고 권고한다.

미세먼지 대책과 정치

이러한 상황으로 인해 미세먼지가 연일 정치의 핵심 화두가 되고 있다. 정부는 2019년 추가 경정 예산안을 편성하면서 미세먼지 대책을 최우선 명분으로 내세웠다. 노후 경유차 교체, 굴뚝 자동 측정기 설치 등에 최소 1조 원 이상이 소요될 것으로 추정했다. 그뿐 아니라 미세먼지 해결을 위한 범국가 기구를 설립하는 한편, 중국을 포함해 동북아 국가들의 다자간 협력 체제를 구축하기로 했다. 이 일을 맡아줄 것을 요청받은 반기문 전 유엔 총장은 기꺼이 수락하고 나섰다.

그러나 국민들은 이렇게 해서 정부가 과연 문제를 해결할 수 있을지 의구심을 버리지 않고 있다. 미세먼지 문제는 몇 달 또는 몇 년 사이에 생긴 것이 아니며, 그 결과로 누적된 미세먼지가 유달리 심하게 느껴지고 있기 때문이다. 사흘이 멀다 하고 하늘은 숨을 제대로 쉴 수 없을 정도의 뿌연 미세먼지에 뒤덮였다. 미세먼지가 '나쁜' 날에는 도시가 미세먼지의 바다 속에 빠져 있는 것처럼 보였고, 사람들은 외출을 자제하고 실내에 머물도록 권고 문자를 받았다. 나라 전체가 미세먼지의 공포에 휩싸이는 비극을 맞게 된 것이다.

정부는 이러한 비극적 상황을 초래한 미세먼지를 물리치기 위해 혼신의 힘을 다하고 있다고 생각한다. 초기에는 중국발 미세먼지를 줄이기 위해 서해상에서 인공 강우를 시험했고, 각급 교실과 심지어 옥외에도 공기 정화기 설치를 계획했다. 일부 언론에서는 이를 두고 임기응변이나 전시 행정이라 꼬집기도 했다. 하지만 환경 정책 담당 장관은 국민 건강이 위협받는 상황에서 모든 수단을 강구해야지, 이것을 희화화해서는 안 된다고 강변했다(조명래, 2019). 그 이후 정부의 대책은 다소 차분해진 것처럼 보이지만, 믿음이 가지는 않는다.

미세먼지, 비극인가, 희극인가

미세먼지로 인한 재해는 그 자체로 비극이지만, 어떻게 대처해야 할지 해답을 찾기 어렵다는 점에서도 비극이다. 환경 위기와 관련해 흔히 '공유지의 비극'이라는 우화가 거론된다. 기업은 생산 과정에서 비용을 줄이기 위해 처리되지 않은 오염물질을 그대로 배출하고, 사람들은 자신의 편익을 위해 대중교통보다 개인 자동차를 이용한다. 그 결과 주인이 없는 하늘이 미세먼지로 가득 차게 되고, 이로 인해 더 이상 생산 활동이나 자가 운전을 하기 어려운 상황에 도달하게 된다는 것이다.

그러나 어떤 의미에서 '공유지의 비극'은 '희극'이다. 왜냐하면 이 우화를 제안했던 생태학자 개릿 하딘(Garrett Hardin)은 '공유지'를 이용하는 목동들의 행동을 무책임한 것으로 '희화화'하면서, 공유지의 합리적 관리를 명분으로 이를 사유화할 것을 주장했기 때문이다. 하지만 공유지의 사유화는 배타적 독점과 새로운 갈등을 유발할 수 있다는 점에서, 오늘날 당면한 환경 문제의 올바른 해결책이 되기 어렵다.

비극과 희극은 흔히 관객들에게 안겨주는 슬픔과 즐거움에 따라 구분되며 더 중요하게는 문제의 해결책 유무와 그 방식에 따라 갈린다. 비극에는 문제의 해결책이 없고 불행하고 슬픈 파국에 이르러 끝이 난다. 반면 희극에는 반드시 해결책이 있고 행복하고 즐거운 희망 속에 막이 내린다. '공유지의 비극'은 해결책이 제시된다는 점에서 희극이지만, 그 해결책은 오히려 갈등과 불화를 초래할 수 있다는 점에서 또 다른 비극이다.

비극과 희극에 관한 다른 학자의 설명에 귀 기울여 볼 필요가 있다. 철학자 슬라보예 지젝(Slavoj Žižek)은 그의 저서 『처음에는 비극으로, 다음에는 희극으로』에서 21세기에 들어오면서 겪게 된 세계사적 사건으로 9.11 테러와 세계 금융 위기를 각각 비극과 희극으로 비유한다(지젝, 2010). 지젝의 비유는 단순히 비극적 역사가 나중에 희극으로 되풀이된다는 점보다 더 큰 의미가 있는데, 겉으로 희극처럼 보이는 사건의 반복이 본래의 비극보다 더 끔찍한 파국으로 끝날 수도 있다는 점이다.

비극이 되풀이되는 과정에서 자본주의는 이 비극을 별것 아닌 것처럼 보이게 만들고, 대처 가능한 것으로 둔갑시킨다. 그리고는 비극의 책임이 느슨한 법적 규제, 기술적 대처 능력의 미흡, 예상 밖의 외적 원인, 어쩔 수 없는 자연적 조건에 있는 것처럼 만든다. 국가는 비극에 대처할 능력이 있다고 주장하며 국민의 신뢰를 요청하지만, 국민이 이러한 주장을 신뢰하지 않는다는 점을 어렴풋이 알고 있다.

비극과 희극을 넘어서

미세먼지로 인한 재난은 지금 우리가 직면한 가장 심각한 환경 문제 가운데 하나이다. 이는 전력 생산이나 자동차 운행, 난방 등을 위한 화석 연료의 연소 과정에서 배출되는 오염물질이 원인이다. 중국에서 넘어온 미세먼지도 대기 중에 상당 정도 포함된 것으로 추정된다. 미세먼지의 재난에서 벗어나려면 우리나라의 발전량이나 자동차 운행을 우선 줄여야 하고, 한국으로 넘어오는 미세먼지를 통제하라고 중국에 요청해야 한다. 원만한 해결을 위해서 인접 국가들과 진정한 연대와 협력을 이뤄야 하며, 무엇보다 이윤 추구를 우선하는 자본주의 생산양식과 무분별한 소비생활의 양식을 바꿔야 한다.

미세먼지 재난에 대한 정부 정책으로 미세먼지 배출 규정 강화와 미세먼지 저감 운송 수단의 기술적 대처 등이 있다. 미세먼지를 줄이기 위해 가정이나 교실에 공기정화기를 설치하고, 국외 유발 미세먼지에 대한 공동 대책 구축과 정체된 오염물질을 해소할 수 있는 인공 강우 시험도 필요하다. 미세먼지를 기술적으로 저감시키는 상품들이 불티나게 팔리는 것을 보면, 자본주의는 나름대로 미세먼지의 비극에 대처할 능력이 있는 것처럼 보인다.

그러나 이러한 대책으로 미세먼지의 비극을 별것 아닌 것처럼 치부하거나 대처 가능한 것으로 오인해서는 안 된다. 과학기술의 발달과 자본주의 경제의 발전에도 불구하고, 미세먼지는 오히려 더 위협적이고 다른 지구적 생태 위기들도 더욱 깊어가고 있다. 이로 인해 현 시대는 지질적 연대로 '인류세(Anthropocene)'라는 새로운 명칭을 가지게 됐다. 이는 지구환경에 미치는 인류의 영향이 얼마나 심대하며, 인류가 얼마나 큰 책임을 통감해야 하는지를 일깨워 준다. 이제라도 사회의 정치경제 구조와 인간의 생활양식의 근본적인 변화를 추구하지 않는다면, 인류 역사는 비극으로 끝날 수밖에 없을 것이다.

비닐 봉투와 플라스틱 인류세

비닐 봉투와 플라스틱 시대

최근 대형 매점을 찾는 소비자들의 행동에 사소하지만 의미 있는 변화가 생겼다. 1회용 비닐 봉투 사용이 전면 금지됨에 따라, 장보기용 천주머니를 미리 챙겨 가는 소비자가 늘어나게 된 것이다. 초기에는 이에 불만을 가진 일부 소비자와 매점 관리자 사이에 실랑이가 있었다. 지금도 속포장지 사용과 재래시장에서의 비닐 봉투 사용이 허용되긴 하지만, 비닐 봉투 사용 금지는 점차 정착해 가고 있다.

이러한 변화는 다른 구매 활동이나 일상생활 전반으로 확산되는 경향을 보였다. 예컨대 2019년 1월 제과업체의 비닐 봉투 무상 제공이 금지된 후, 그해 5월까지 우리나라 2대 제과업체의 비닐 봉투 사용량은 전년 동기 대비 83.7%나 줄어들었다. 약국이나 커피숍에서도 비닐 봉투를 종이 봉투로 대체하고, 일회용 컵이나 플라스틱 빨대의 사용을 크게 줄이고 있다. 물론 1인당 플라스틱 소비량이 세계 최고 수준이라는 오명을 벗어나려면, 더 많은 노력이 필요하다. 정부도 이러한 동향에 부응해 기존 정책들에 연이어 해양 플라스틱을 2030년까지 절반으로 줄이는 종합 대책을 내놓기도 했다.

비닐 봉투 사용을 줄이려는 소비자 행동과 정부의 정책이 주목받는 이유는 20세기 후반 석유화학공업 발전에 따라 합성수지(비닐 봉투와 플라스틱, 스티로폼 등)가 대량생산되면서 전 세계적으로 쌓여가는 엄청난 쓰레기를 처리하지 못하고 있기 때문이다. 이런 점에서 플라스틱은 인류가 발명한 최고이자 최악의 산물로 간주되기도 한다.

플라스틱은 색상이 다채롭고 모양 만들기가 쉬우며 가볍다. 무엇보다 전기절연에 우수하다. 이러한 장점으로 인해 식품 용기, 포장재, 장난감, 섬유, 인조가죽 등 거의 모든 생활용품에서부터 자동차, 비행기, 각종 장비, 기계 제작 등의 주요 원료로 사용된다. 일상생활과 산업 생산의 많은 부문에서 플라스틱이 광범위하게 사용되면서, 이른바 '플라스틱 시대'가 열렸다는 말이 나오기도 한다. 그러나 사용량이 갈수록 증가하면서, 인간과 동식물들은 플라스틱의 유해성에 더 많이 노출돼 치명적인 손상을 입게 되고, 지구환경은 사용 후 버려진 폐플라스틱으로 뒤덮여 점점 더 황폐해지고 있다.

플라스틱의 유해성과 처리 문제

플라스틱은 인체 건강에 매우 해롭다. 플라스틱에 함유되어 있는 화학적 독성 물질이 사람의 혈액과 조직에서 발견되고 있으며, 과잉 누적될 경우 각종 암과 면역 기능 장애, 내분비 교란 및 여타 질병들을 유발한다. 또한 잘게 분쇄된 미세 플라스틱(5mm 이하)은 음식물 등을 통해 직간접적으로 인체에 유입돼 (대부분 배출될지라도) 일부는 상피세포와 점막, 혈액을 타고 흐르면서 잔류하게 된다. 예컨대 전 세계 소금의 90% 이상에서 미세 플라스틱이 검출되는데, 국내산의 경우 소금 1kg당 최고 280개가 검출된다고 한다(≪중앙일보≫, 2018.9.28). 세계자연기금(WWF)의 조사에 의하면, 한 사람이 일주일간 섭취하는 미세 플라스틱 입자는 약 2000개로 신용 카드 한 장 또는 불펜 한 자루 분량인 5g에 달하며, 대다수는 식수를 통해 흡수된다(≪국민일보≫, 2019.6.12).

폐플라스틱은 인체뿐 아니라 동물에게도 매우 유해한 결과를 초래한다. 야생동물들은 먹이로 착각해 섭취하거나 각종 폐플라스틱에 뒤엉켜서 활동을 못 하게 되기도 한다. 특히 바다에 버려지거나 떠내려간 플라스틱 쓰레기는 물고기나 거북, 바닷새, 여타 포유류 등에게 먹이로 오인되어 섭취됨에 따라 각종 질병을 유발하고 결국 죽음에 이르도록 한다. 또한 플라스틱에 함유된 유해한 화학 물질은 먹이 사슬을 통해 상위 소비자로 이동하여 농축되고, 결국 인체로 유입되기도 한다. 이러한 플라스틱(특히 미세 플라스틱)이 어떻게 질병을 유발하는지는 아직 완전히 밝혀지지는 않았지만, '침묵의 살인자'라고 불릴 만큼 인체에 치명적 영향을 미친다고 알려져 있다.

그뿐 아니라 토양과 수질을 오염시키는 주요한 요인이 되고 있다. 비닐은 농작물 재배에서 흙의 건조와 비료 유실, 병충해와 잡초 차단 등을 위한 멀칭(mulching)용이나 온실용 등으로 엄청난 양이 사용되지만, 사용 후 수거율은 50~60% 정도이다. 수거되지 못한 폐비닐은 불법 소각, 방치, 매립돼 토양 오염의 주요 원인이 된다. 특히 흙 속에 묻힌 폐비닐은 공기 흐름을 방해하고 생물 공극을 채워버림으로써 토양 생태계를 파괴한다. 최근 농업용 폐비닐로 인한 환경 문제를 줄이기 위해 일정 기간이 지나면 토양에서 자연 분해되는 제품이 출시되고 있지만, 일반 비닐에 비해 3~5배 이상 비싸다.

또한 사용 후 방치되는 폐비닐은 하천이나 호소, 바다로 떠내려가 누적되면서 물의 흐름을 막고 수중 생물의 대사 작용을 교란시킴으로써 수중 생태계에 악영향을 미친다. 폐플라스틱을 소각할 경우, 다이옥신, 납, 수은 등 인체에 치명적 위험을 주는 독성 물질이 방출된다. 최근 이 같은 플라스틱의 유해성이 널리 알려짐에 따라, 많은 사람이 경각심을 가지게 됐다. 앞에서 살펴본 바와 같이 비닐 봉투나 플라스틱 사용을 줄이기 위한 소비자 행동은 관련 정책의 시행 효과라고 할 수 있지만, 폐플라스틱으로 뒤덮인 지구환경의 참담한 현실 인식에서 비롯된 것이라고 하겠다.

일반 소비자들과 정부가 경각심을 가지게 된 또 하나의 직접적 계기는 2018년 4월 수거업체들의 폐비닐과 폐스티로폼 수거 거부로 발생한 '쓰레기 대란' 때문이다. 수거되지 않은 폐플라스틱이 아파트 단지 내에 쌓여가고 주민들은 수거업체에 대한 불만과 더불어 재활용 쓰레기의 분리 배출에 대한 회의감을 가지게 되었다. 그러나 이 사건은 단순히 국내 수거업체의 횡포가 아니라 국제적 배경 속에서 유발된 것이다. 중국이 폐플라스틱 등 각종 폐기물을 수입 금지 조치하면서 우리나라에서도 수출이 불가능해졌기 때문이다.

플라스틱 인류세 또는 자본세

중국이 폐플라스틱 수입 금지 조치를 강력하게 단행한 계기는 우리나라에서 〈플라스틱 차이나(塑料王國, Plastic China, 2016)〉라고 번역 방영된 중국 다큐멘터리 영상물 때문이라고 한다. 이 영상물은 고향을 떠나온 도시 서민들이 한국, 일본, 미국, 유럽 등지에서 수입한 폐플라스틱 더미 속에서 일하고 살아가는 모습을 보여준다. 어른들은 폐플라스틱을 분류·가공하는 힘든 노동을 하면서 자녀를 낳아 기른다. 아이들은 그 속에서 장난감을 찾으며 놀고, 오염되어 죽은 물고기를 먹으면서 자란다. 부모들은 작업장에서 번 얼마 안 되는 돈으로 아이들을 학교에 보내지만, 그 대가로 몸에서 정체불명의 혹이 자라난다. 이 영상물은 중국에서 폐플라스틱을 처리하면서 추가적으로 환경 오염을 유발하는 공해 업체를 더 이상 비난할 수 없게 만들 정도로 충격적이지만, 동시에 플라스틱 폐기물을 반드시 줄이는 정책을 실행해야 한다는 강력한 메시지를 담고 있다.

중국이 폐플라스틱 수입을 금지하자, 우리나라는 이를 베트남이나 필리핀 등지로 수출하고자 했다. 하지만 이 나라들도 수입 금지 조치를 하거나 검열을 강화했다. 2019년 2월에는 폐플라스틱 쓰레기를 일반 플라스틱으로 위장해 필리핀으로 수출하려다 적발되어 반송되는 불미스러운 사건이 발생하기도 했다. 2019년 쓰레기 대란 이후에도 폐플라스틱 처리 문제는 여전히 심각한 상황에 처해 있다. 국내 폐플라스틱 수거 및 선별 업체들이 한계에 도달했고 해외 반출도 거의 불가능해진 상황에서, 사용량 감축과 재활용 확대 외에 달리 방법이 없다.

우리나라에서도 2018년 7월 한국방송(KBS)에서 〈플라스틱 지구〉라는 제목의 2부작 영상물을 방송했으며, 2019년 6월 중순에는 한국교육방송 (EBS)이 창사 특집으로 〈인류세〉라는 제목의 3부작 영상물을 방송하기도 했다. 플라스틱은 발명된 지 고작 100여 년 만에 '플라스틱 인류세'라는 이름을 얻게 되었다. 인류가 발명한 최고이자 최악의 산물로 간주되는 플라스틱이 대기 중의 이산화탄소나 핵 방사능, 콘크리트 등과 함께 인류세의 대표적 화석이 될 것으로 추정되기 때문이다. 또한 이 영상물들은 인류가 폐플라스틱으로 뒤덮인 지구를 정화해야만 진정한 인류세를 맞을 수 있을 것임을 깨닫게 한다.

그러나 이러한 영상물만으로 지구환경이 폐플라스틱으로 황폐화된 근본적 이유를 알기는 어렵다. 인류세 관련 학술 연구에서도 플라스틱 재앙이 발생하는 사회적 배경에 관한 치밀한 분석과 이를 극복할 수 있는 대안의 모색이 부족하다. 앞에서 언급했듯이 플라스틱이 오늘날 거의 모든 생활용품과 장비 등에 활용되는 것은 소재 그 자체가 가지는 탁월한 특성 때문이다. 하지만 실제 플라스틱이 가지는 유해성에도 불구하고 오늘날 통제 불가능할 정도로 과잉 생산, 과잉 소비되고 있는 것은 결국 이윤만 추구하는 기업들의 생산 양식과 편익만 탐하는 사람들의 생활양식 때문이라고 하겠다. 플라스틱의 생산 → 소비 → 폐기 과정이 자본주의적 생산 및 생활양식과 밀접하게 관련돼 있다는 점에서 현 시대는 플라스틱 인류세라기보다 플라스틱 자본세라고 불러야 할 것 같다.

플라스틱 없는 지구와 진정한 인류세

과연 인류와 동식물은 플라스틱 없는 세상에서 살 수 있을까? 플라스틱이 없는 인간의 생활과 생산 활동을 상상하기란 불가능한 것처럼 보인다. 앞으로 플라스틱 소재는 각종 일회용품 용기나 수많은 가정용품에 적용될 뿐 아니라 자동차·전자·에너지 등 다양한 생산 분야로 적용 범위를 더욱 넓혀나갈 것이다. 현실적으로 플라스틱 산업 자체를 통제하기란 쉽지 않겠지만, 플라스틱 생산과 소비를 무분별하게 촉진하는 것은 막아야 한다. 플라스틱의 생산과 소비량을 줄이지 않고서는 현재 직면한 플라스틱 재난을 멈출 수 없다. 세계 어느 나라에서도 플라스틱 폐기물을 받아주지 않으며, 지구 어디에도 이를 처리할 곳이 없기 때문이다. 이대로 간다면 폐플라스틱 처리장의 노동자나 해양의 동물들처럼 지구상의 모든 인류는 유해한 폐플라스틱 더미 속에서 살아가야 할 것이다.

세계 플라스틱 시장 규모는 2017년 5000억 달러를 상회했으며, 앞으로 도 급속히 증대할 것으로 전망된다. 한국의 플라스틱 산업은 세계 시장에서 4위를 차지할 정도로 핵심 업종이다. 그러나 우리나라의 플라스틱 산업은 소재를 생산하는 일부 대기업 위주로 촉진돼 왔고, 관련 제품들에 부수적으로 적용되는 가공 산업은 중소기업 위주로 운영되며 인력 양성도 제대로 되지 않아 매우 취약하다. 이로 인해 관련 분야 전문가들은 우리나라 플라스틱 산업이 10년 내 몰락할 수도 있다는 전망을 내놓고 있다(≪매일경제≫, 2017.2.5). 이러한 점에서 국내 플라스틱 산업이 원료를 수입해서 단순 제품을 생산하는 양적 성장 단계에서 소재 소모량을 줄이면서 가공 기술을 중심으로 산업의 체질을 바꿔야 한다는 주장도 있다.

또한 생활용품이나 다른 분야에 사용되는 플라스틱이 일정 기간 후 자연 상태에서 안전하게 분해되는 친환경적 기술을 개발해야 한다. 사용 후 버려지는 폐플라스틱을 감량하거나 재활용할 수 있는 기술 개발도 요구된다. 폐플라스틱을 관련 기업이 회수해 재활용하도록 할 뿐 아니라 플라스틱 쓰레기에 대한 친환경적 처리에 정책적으로 더 많은 관심을 가져야 한다. 하지만 플라스틱으로 뒤덮인 지구를 구출하기 위해, 이러한 친환경 기술 개발이나 관리 정책의 모색만으로는 부족하다. 전 지구적 경제와 인류의 생활양식이 근본적으로 변하지 않고서는, 플라스틱 자본세라는 오명을 벗어나기는 불가능할 것이다.

오늘날 플라스틱 문제를 논의하면서 구태여 '인류세'라는 용어를 사용하는 것은 그만큼 폐플라스틱의 재앙이 심각하고 인류와 지구에 치명적 영향을 미치기 때문이라 하겠다. 인류세라는 용어는 한편으로 인류가 지구적 규모로 작동하는 '지질학적 힘'을 가지게 되었음을 의미한다. 이 힘은 자본주의 사회구조에 기반을 두고 있으며, 사회·공간적 불평등을 유발하는 힘, 지구적 생태 위기를 초래한 힘이기도 하다는 점을 이해할 필요가 있다. 따라서 인류세의 한계, 그 부정적 의미를 벗어나 인류가 지구환경의 진정한 주체가 되기 위해서는 자원순환 체계를 새롭게 구축하고 우리 사회의 정치경제적 구조와 사회문화적 생활양식 변화, 즉 사회 전반의 녹색전환을 위한 실천적 노력이 절실히 요구된다고 하겠다.

기후 위기와 미래세대의 반란

지금 당장 행동하라

"지금 말하고 당장 행동하지 않으면 미래는 없다", "온실가스 배출 제로 추진하라", "지금 바로 기후 정의 실현하라". 2019년 9월 21일 서울의 대학로에서 열린 '기후 위기 비상 행동'을 위한 집회의 참가자들이 외친 구호였다. 이 집회는 서울 외에도 부산·대구·전주·순천·홍성 등 10여 개 도시와 지역에서 동시에 열렸다. 참석자들은 현재 인류가 처한 기후 위기의 진실을 직시하고, 이에 대응하는 긴급 상황을 선포할 것을 촉구하며 이렇게 외친 것이다. 이들 가운데 상당수는 10대 청소년이었다.

이 같은 집회는 국내만이 아니라 뉴욕·베를린 등 서구 국가의 대도시에서부터 솔로몬 제도와 같이 해수면 상승 위기를 겪는 국가나 지역에 이르기까지 150여 개국의 청소년 400만 명이 참석하는 세계적 규모로 이뤄졌다. 유엔 총회와 기후정상회담에 앞서 열린 이날 집회에서 참석자들은 기후 위기에 침묵하면서 아무런 행동도 하지 않는 대기업과 정부 그리고 기성세대를 향해 외쳤다. "당신들에게는 미래가 있었다. 우리에게도 미래가 있어야 한다". 미래세대라 할 청소년들이 왜 자신들의 미래를 아주 불안해 하며, 이렇게 절규하는가?

기후 변화와 환경 재난

지구 기온은 산업혁명 이후 200여 년 동안 평균 1도 올랐다. 이에 대해 별로 심각성을 느끼지 못하는 사람들도 많겠지만, 세계적 권위를 가진 기후학자들의 모임인 유엔 기후변화정부간협의체(IPCC)에 의하면 문제가 매우 심각하다. 이들은 지구 온도가 1.5도 이상 올라가면 돌이킬 수 없는 재앙이 시작된다고 경고한다. 이미 1도가 올랐기 때문에 0.5도밖에 남지 않았다. 지구 기온은 점점 더 빠르게 상승할 것이고, 앞으로 20년 후인 2040년경에는 파국 상황에 들어가게 될 것으로 추정된다.

기후 변화는 세계 곳곳에서 위기 조짐을 보인다. 아마존과 인도네시아의 넓은 열대 산림이 불탔고, 북극권에서는 거대한 양의 얼음이 녹아 빙하 소멸을 애도하는 추모제가 열렸다. 해수면 온도 상승으로 유례를 찾기 어려운 강력한 허리케인과 태풍이 발생해, 인명과 주택 등에 엄청난 손상이 초래됐다. 기후 변화는 앞으로 더 빠르게 진행될 것으로 예상된다. 북극 동토층이 녹으면서 방출되는 땅 속 메탄가스는 온실가스 농도를 급증시킬 것이고, 극지방 빙하가 녹고 나면 태양열 흡수가 증가해 기온은 더 빠르게 상승할 것이다.

세계의 청소년들은 눈앞에 다가오는 이 같은 기후 변화와 환경 재난에 긴급하게 대응할 것을 요구하는 시위를 벌인 것이다. 이들은 자신도 북극곰처럼 멸종 위기에 처해 있다는 자조 섞인 분노를 드러냈다. 이 같은 상황에서 안일하게 학교 수업만 받고 있을 수 없다는 생각에 전 세계적인 기후 파업을 벌인 것이다. 이들은 학교로 가는 대신 도심 거리에 몰려들어 기후 위기로 인한 인류의 종말을 경고하는 '다이-인(die-in)' 퍼포먼스를 보여주었다. 이로 인해 세계의 도시 곳곳에서 경찰과 충돌이 벌어지기도 했다. 그러나 이를 두고, 유엔 사무총장은 언론과의 인터뷰에서 "기후 변화 대응의 절박성을 놓고 세계가 시끄럽게 떠들도록 만드는 일이 나의 목표"라고 말했다.

기후 위기에 대한 세계의 반응

이러한 요구와 행동은 청소년 환경운동의 세계적 상징인 그레타 툰베리(Greta Thunberg, 2003년 1월생)의 '기후 파업' 제안에 영향을 받았다는 점은 이제 잘 알려져 있다. 툰베리는 2019년 9월 유엔 사무총장이 개최한 비공식 '청소년기후정상회의'에 참석해, 대기업이 "젊은 미래세대보다 수익에 더 관심"을 가진다고 꼬집으며, '기후 파업'은 단지 시작일 뿐이라고 말했다. 또한 그 다음날 기후행동정상회의에서도 각국 정상들에게 "언제까지 돈타령만 할 텐가"라고 질타하면서 하루빨리 기후 위기 대응책 마련에 나설 것을 촉구했다.

툰베리와 함께하는 세계의 청소년들이 벌이는 '기후 파업'은 환경 위기를 초래한 기존의 삶의 방식과 사회 체제에 순응하는 사회화 교육을 거부하고, 기후 위기를 극복할 수 있는 대안적 사회생태 체제로의 전환을 요구한다. 이러한 점에서 이들의 요구와 행동은 새로운 혁명을 시작하기 위한 절박한 '생태적 반란'이라고 하겠다. 이들이 일으키는 이러한 혁명은 기후 위기를 극복하고 인간과 자연이 공생하는 세계로의 생태적 전환을 추구한다.

하지만 각국 정부와 기업들이 세계 청소년들의 이러한 요구와 행동에 대해 과연 제대로 대응할 것인지에 대해서는 회의적이다. '기후행동정상회의' 불참을 사전에 통보했던 트럼프 미국 대통령은 이날 회의장을 깜짝 방문했지만, 단 15분 만에 떠났다. 그는 툰베리의 따가운 비판을 직접 듣지도 않은 채 그를 "행복한 소녀처럼 보인다"라고 조롱했다. 그는 전임 대통령이 서명한 파리기후변화협정을 2017년 탈퇴했고, 2019년 8월에는 주요 7개국(G7) 정상회의를 계기로 열린 기후 변화 회의에도 불참했다. 트럼프 행정부는 그동안 힘겹게 만들어 놓은 환경 관련 규제들을 경제에 도움이 되지 않는다며 철폐했다.

≪뉴욕타임스(NYT)≫는 독일과 프랑스 등 약 60개국 정상들이 탄소 배출량 감축을 위한 자국의 계획을 발표했지만, 주요 온실가스 배출국인 미국과 중국이 이렇다 할 대책을 내놓지 않아 실질적인 성과를 거두진 못했다고 평가한다. 이 신문에 의하면, 미국과 중국뿐 아니라 인도에서는 최근 석탄 채굴에 열을 올리고, 브라질에서는 아마존에 상업 시설을 늘리려 한다. 이러한 사태가 발생한 것은 "기후 변화 공동 대응을 위한 다자주의가 위축되고, 권위주의 정부가 득세"하고 있기 때문이라고 설명한다.

기후행동정상회의에 참석했던 문재인 대통령은 이 자리에서 한국의 저탄소 발전 전략을 소개하며, 녹색기후기금 공여액 증액과 녹색성장을 위한 국제연대 포럼인 '피포지(P4G)' 정상회의의 한국 개최 계획 등을 밝혔다. 그러나 국내 기후 위기 비상 행동은 우리에게 필요한 것은 "하나의 국제회의 개최 소식"이 아니라고 주장한다. "공허한 말이 아니라 실제적인 행동"이 필요하다는 것이다.

한국은 세계 7위의 온실가스 배출국이다. 우리나라가 기후 위기로 인한 지구적 대재앙을 피하기 위해 요구되는 1.5도 목표를 달성하려면 2030년까지 2010년 대비 온실가스 45%를 감축해야 한다. 하지만 감축 계획은 18.5%에 불과하다. 이러한 점에서 '비상 행동'은 "기후 위기의 현실과 국제 사회의 흐름, 청소년을 비롯한 세계 시민사회의 절박한 요구를 제대로 인식하고 있는지 매우 의문스럽다"라고 주장한다.

미래세대에게 미래를

기후 위기는 대부분의 사람들이 생각하는 것보다 훨씬 더 갑작스럽게 도래할 수 있다. 물론 그 갑작스러움을 예상하지 못했던 것은 아니다. 기후 위기로 인해 동식물의 생명뿐 아니라 인류의 생존이 위협받고 있다는 주장은 끊임없이 있었고, 실제 지구환경이 위기에 처해 있다는 경험적 증거는 수없이 많다. 그럼에도 이에 대한 적극적 대응을 이끌어내기에는 기존 세대의 관심과 노력이 턱없이 부족했다. 기후 위기와 관련해 가장 큰 문제는 위기를 위기로 느끼지 못하고, 우리는 마치 아무 일이 없는 것처럼 일상적인 생활을 영위하고 있다는 점이다.

이제 인류는 지구적 기후 변화로 인해 미래 사회에 대한 고통스러운 전망을 피할 수 없게 되었다. 뿐만 아니라 지구적 차원에서 이에 대응해야 할 정치적 노력도 개별 국가들의 이해관계로 인해 교착 상태에 빠져 있다. 하지만 환경사회학자 울리히 벡(Ulrich Beck)이 주장하는 바와 같이 우리가 기후 위기를 완화하기 위해 투입해야 할 비용은 아무 것도 하지 않고 방치할 때 입게 되는 피해에 비해 훨씬 적다. 이 점과 관련해 그는 '해방적 파국'이라는 개념을 제시한다. 인류는 기후 위기로 파국적 상황에 처하게 되었지만, 이에 대한 성찰적 대응은 이러한 상황을 새로운 사회로 나아가기 위한 해방적 계기로 바꿀 수 있다는 것이다(Beck, 2015).

울리히 벡은 2014년 서울국제학술대회에 직접 참석해서 '해방적 파국, 기후 변화와 위험 사회에 던지는 함의'라는 주제로 공개 강연을 하기도 했다. 그에 의하면 해방적 파국을 위한 성찰적 대응에는 어떤 문제점이 내재되어 있다. 왜냐하면 기후 변화의 위험에 대해 의사 결정을 하는 세대는 이로 인해 영향을 받는 세대에 대해 전혀 책임을 지지 않으려 하기 때문이다. 이러한 문제점을 해소하기 위해, 벡은 세대 분열이라는 사고의 급진화가 필요하다고 주장한다. 즉 해방적 파국을 위한 성찰은 세대 간 형평성을 무시한 어떠한 대책도 반대한다.

이러한 점에서, 툰베리가 '기후행동정상회의'에서 피력한 주장을 되새겨 보아야 할 것이다. 즉 기후 위기에 대해 아무런 성찰적 대응을 하지 않는다는 것은 결국 현세대가 미래 세대에게 엄청난 피해와 비용을 전가하는 것이다. 이에 툰베리는 외친다. "미래 세대의 눈이 지켜보고 있습니다. 만일 당신들이 우리를 저버린다면, 우리 세대는 결코 당신들을 용서하지 않을 것입니다".

제2장

지구적 생태 위기와 인류세

인류세, 새로운 지질시대
'대가속화' 시기와 '행성적 한계'
인류세인가, 자본세인가

지구적 생태 위기의 시대이며 이 위기를 극복해 나가야 할 시대를 어떻게 지칭할 것인지는 중요한 문제이다. 그러나 더욱 중요한 점은 어떤 명칭이 사용되든지 간에, 당면한 위기의 원인을 체계적으로 규명하고, 이를 해소할 수 있는 대안적 방안을 제시하고 함께 실천해야 한다는 것이다.

　　특히 '자본세'라는 명칭이 사용되지 않는다고 할지라도, 지구적 생태 위기와 인류세에 대한 대응은 인간이 자연을 정복해 자본의 축적 과정에 포섭시키는 과정에 초점을 두고, 자본주의적 사회·자연 관계에서 형성된 제반 문제를 면밀히 분석하고 해결 방안을 모색하는 것이어야 할 것이다.

인류세, 새로운 지질시대

인류가 지구에 남긴 흔적

오늘날 인간은 일상생활을 영위하는 도시와 지역을 훨씬 넘어서 지표면의 육지 대부분, 심해에서 대기권, 우주 공간에 이르기까지 자연 생태계와 지구 시스템 전반에 지대한 영향을 미치고 있다. 인간이 산업혁명 이후 몇 세기 동안, 특히 20세기 중반 이후 몇십 년 동안 행한 활동은 이 지구상에 지질학적 규모로 지울 수 없는 흔적을 남기게 된 것이다.

이 흔적들은 학술적으로 해수면 상승, 오존층 파괴, 바닷물의 산성화 등을 통해 확인되지만, 일상생활에서도 광범위하게 찾아볼 수 있다. 예컨대 닭은 세계적으로 매년 약 500억 마리가 식재료로 도축되며, 매년 수백만 마리가 독감 백신 제조를 위해 희생된다. 이렇게 소비된 닭의 뼈는 음식물 쓰레기가 아니라 생활 폐기물로 분류되어 일반 매립장에 보내진다. 그 가운데 일정 조건을 갖춘 환경에서 오랜 세월을 거친 뼈는 그 시대를 대표하는 삼엽충이나 공룡처럼 우리 시대를 대표하는 화석이 될 수 있다.

뿐만 아니라 오늘날 인류의 절반 이상이 살고 있는 도시는 콘크리트로 뒤덮여 있고, 이로 인해 엄청난 양의 폐콘크리트가 발생·누적되고 있다. 일상생활에서 다양한 용도로 사용량이 급증하고 있는 플라스틱도 땅과 해양을 뒤덮은 채 오랜 기간 동안 썩지 않을 것이다. 원자폭탄 실험과 투하로 발생한 방사성 물질도 지표면 전체에 광범위하고 뚜렷한 흔적을 남길 것이다. 이러한 것들은 모두 현재 우리가 살아가는 시대의 대표적 물질이라고 할 수 있다.

요컨대 닭 뼈와 함께 콘크리트 폐기물, 폐비닐과 폐플라스틱, 폐기된 방사능 물질 등 인간이 쓰고 버린 각종 폐기물은 지구의 지층 구조에 층서학적 기록을 남길 것으로 예상된다. 이러한 흔적은 기하급수적으로 증가한 인구, 엄청난 자원을 소모하는 산업화와 대규모 도시화, 지구 시스템에 광범위하게 영향을 미치는 과학기술의 발달 등의 결과로 초래된 것이라고 하겠다.

인류세의 도래

지구환경의 변화와 그 흔적은 과거에는 경험하지 못했던 거대하고 돌이킬 수 없는 결과를 드러낸다는 점에서, '인류세'라고 지칭할 수 있는 새로운 지질시대의 도래를 알리는 증거라고 할 수 있다. 인류세(Anthropocene)라는 용어는 노벨상 수상자인 대기 화학자 파울 크뤼천(Paul Crutzen)이 2000년에 제안한 것으로(Crutzen and Stoermer, 2000; Crutzen, 2002), 오늘날 인류가 자연에 필적할 만한 '지질학적 힘'을 가지게 됐으며, 이로 인해 지구 시스템이 돌이킬 수 없을 정도로 변화했다는 점을 드러내고자 한다(해밀턴, 2018). 또한 이 용어는 인류에 의해 훼손된 지구환경이 자연 생태계의 대혼란과 더불어 인류의 생존을 위협하는 심각한 반격을 가하고 있음을 보여주고자 한다. 산업혁명 이후 급속한 산업화와 도시화 과정에서 발생한 기후 변화와 이로 인한 다양한 형태의 기후 재난은 인류세 담론의 핵심 과제로 거론된다.

인류세 개념에 대한 관심은 산업혁명 이후 지난 200년간, 특히 '대가속화(great acceleration)' 시기로 불리는 1950년대 이후 지구환경이 심각한 위기 상황으로 치닫고 있다는 사실에서 비롯된다(Steffen, 2015: 81~98). 인류세 개념은 지질학과 지구 시스템 과학에 기반을 둔 과학적 사고의 산물로 등장했지만 제안된 지 채 20년이 지나지 않은 시점에 거의 모든 학문 분야로 확산되어, 지구환경 변화와 이를 추동한 자연-사회 관계에 관한 새로운 융합적 담론을 만들어내고 있다. 국내 지질학계에서도 2010년대 중반에 이 개념이 소개됐고(김지성 외, 2016), 이를 전후해 사회과학 및 인문학 분야에서 논의가 시작됐다.

인류세 개념이 점점 더 많은 학자들의 관심을 끌게 되면서, 지구적 생태 위기는 단지 하나의 특정 학문 분야에 국한된 연구 주제가 아니라, 학문 분과를 초월해 전체 학문에서 통합적으로 접근해야 할 통섭적 주제가 되었다. 나아가 인류세 개념을 둘러싼 광범위한 논의들은 지구적 생태 위기의 원인에 대한 올바른 진단과 대처 방안의 모색이 절박하다는 점을 깨닫게 한다. 이 개념은 또한 세계적으로 대중매체의 폭넓은 관심을 끌고 있다. 국내에서도 2018년 7월 한국방송(KBS)에서 방영된 〈플라스틱 지구〉 2부작, 2019년 6월 중순 한국교육방송(EBS)에서 방영된 〈인류세〉 3부작 등의 사례를 찾아볼 수 있다. 이처럼 인류세 담론은 오늘날 다양한 양상을 보이며 심화되고 있는 지구적 생태 위기에 어떻게 정책적·실천적으로 대처해야 할 것인지에 대한 성찰을 촉구하고 있다.

인류세를 둘러싼 논쟁

인류세가 학술 연구자들과 더불어 대중매체 등을 통해 일반인의 많은 관심을 끌게 되자, 이 개념을 둘러싼 여러 논쟁이 일어나고 있다. 명칭과 시작 시기, 원인 분석과 결과 평가, 대처 방안 모색 등에 대한 학자들의 주장은 상당한 견해 차이를 보인다. 다양한 주장이나 견해 가운데 어떤 입장이 보다 적합한지에 대한 증거 제시나 합의 도출은 아직 제대로 이뤄지지 않고 있다.

인류세에 관한 논의에서 주요한 쟁점들 가운데 하나는 인류세의 시작 시기에 관한 것이다. 새로운 지질시대의 구분은 기준 설정, 시대별 특성 분석, 시대 간 차이 규명 등을 전제로 하며, 그 시대의 특성을 좌우한다는 점에서 매우 중요하다. 하지만 인류세가 언제부터 시작됐는지에 대해 아직 합의가 되지 않았다는 점은 인류세의 개념 자체를 모호하게 한다. 또한 새로운 지질시대를 과연 인류세라고 지칭하는 것이 옳은 것인지에 관한 논란도 있다. 왜냐하면 보편적 의미를 가지는 '인류'의 시대로 지칭하는 것은 시대적 특성을 모호하게 하고 인류 전체에 그 책임을 전가하는 느낌을 주기 때문이다.

인류세 개념을 둘러싼 논쟁에서 더 주요한 문제는 '이 시대를 어떻게 특징지을 것인가'라는 점이다. 예컨대 '생태적 근대론자(ecomodernist)'라고 자칭하는 일부 학자들(Asafu-Adjaye et al., 2015)은 인간이 자연을 완전히 지배하고 통제하게 됐음을 알리는 계기로서 인류세를 특징지으려 한다. 그러나 대부분 학자들은 지구 역사에서 인간의 지질학적 힘으로 인해 초래된 지구적 생태 위기에 대해 더 많은 관심을 가진다. 즉 인류세 개념이나 담론은 단순히 인류가 지구환경에 거대한 힘을 미칠 수 있음을 뜻하는 것이 아니다. 이는 인류가 훼손한 자연이 인류의 힘으로 감당하기 어려운 치명적인 반격을 가하고 있으며, 따라서 이에 대해 인류의 깊은 성찰이 필요함을 깨닫게 한다.

이러한 점에서 인류세의 시작 시기와 명칭에 관한 논의는 '이 위기가 언제 시작되었는가(위기의 기원)'에 관한 의문뿐 아니라, '위기가 어떻게 유발되었는가(위기의 원인과 특성)', '이 위기에 어떻게 대응해야 할 것인가(위기의 대응 방안)' 등에 관한 논의를 이끄는 중요성을 가진다(Angus, 2015). 그리고 인류가 새로운 지질시대에 진입했음을 인정하든지 그렇지 않든지, 새로운 지질시대를 인류세로 지칭하든지 다른 어떤 용어(예: '자본세')로 지칭하든지 간에, 인류세의 개념을 둘러싼 논의에서 분명한 점은 우리가 지구적 생태 위기의 시대에 살고 있다는 점이다.

진정한 인류세를 위해

인류세 담론은 지질학적 힘을 가진 인류가 스스로 지구적 생태 위기를 유발한 것에 대해 깊이 성찰하고, 이를 극복할 방안을 마련하여 실천해야 한다고 일깨워 준다. 즉 클라이브 해밀턴이 주장하는 바와 같이, 인류세란 인간이 어쩔 수 없는 자연의 힘에 끌려가는 것이 아니라 의식적이고 자발적인 행위자로서 새로운 지질시대를 열게 됐으며, 인류가 지닌 지질학적 힘으로 지구적 생태 위기와 이를 유발한 사회경제 체계를 전환해야 함을 의미한다(해밀턴, 2018: 20).

이러한 점에서 인류세는 지구적 생태 위기에 처한 인류가 이미 진입한 지질시대라기보다는, 앞으로 인간이 이 지구상에 만들어내야 할 새로운 생태 문명에 바탕을 둔 대안 세계를 추구하는 담론이나 메타포(metaphor)로 이해할 수 있다. 즉 인류세는 이미 도래했다기보다는 현재 '도래하고 있는', 또는 앞으로 '도래할' 지질시대를 의미하며, 이 지질시대의 특성은 현재 인류가 당면한 지구적 생태 위기를 어떻게 성찰하고 대처하는가에 따라 달라질 수 있다고 하겠다.

인류가 기존의 환경 파괴적 기술문명과 가중되는 생태적 고통 속에서 앞으로도 계속 살아갈 것인지, 아니면 반(反)생태 문명을 극복하기 위한 자기 성찰과 사회의 재구조화를 통해 생태적으로 해방되고 자유로운 세계에서 살아갈 것인지는 '도래하는 인류세'에 관한 논의와 실천에 달려 있다고 하겠다.

'대가속화' 시기와 '행성적 한계'

인류세는 언제 시작되었는가

인류세 관련 학자들이 홀로세가 끝나고 새로운 지질시대가 시작되었다고 추정하는 주된 이유는 대기 중 이산화탄소 농도가 급증하고 이로 인해 지구 시스템이 변화하면서 지구적 생태 위기가 초래되었다는 점 때문이다. 즉 대기 중 이산화탄소 농도의 급증 시점이 인류세의 시작점이 된다. 그 외에도 5000년 전 인류의 정착 생활과 농경문화의 시작에서부터 1945년 원폭 투하와 이로 인한 방사능 물질의 지표 누적 시점 등, 아주 다양한 계기들이 인류세의 기원으로 거론되기도 한다. 그러나 만여 년 동안 안정된 기후 조건 속에서 인류 문명의 발달을 가능하게 했던 홀로세가 끝나게 된 것은 무엇보다도 대기 중 이산화탄소 농도의 증가와 기후 변화, 그리고 이와 관련된 지구환경의 부정적 영향들(해양 산성화, 생물종의 감소, 질소 순환의 교란 등)에 기인한다고 하겠다.

하지만 대기 중 이산화탄소의 농도가 급격히 변화한 시기에 대한 논의도 다양하다. 인류세 개념을 처음 제안한 크뤼천은 영국에서 시작된 산업혁명, 특히 1784년 제임스 와트(James Watt)의 증기기관 발명을 인류세의 시작점으로 설정한다(Crutzen, 2002). 산업혁명 이후 이산화탄소의 배출량이 증가하기 시작했다는 점은 잘 알려진 사실이며, 이를 기준으로 하면, 인류세는 근대 산업화 또는 자본주의화와 밀접한 관련이 있는 것으로 해석된다.

다른 한편 지리학자인 시몬 루이스와 마크 매슬린(Simon Lewis and Mark Maslin, 2015)은 1600년대 초 남아메리카의 식민지화 및 그에 따른 주요 사건과 현상들이 당시 대기권 농도 감소와 관련이 있는 것으로 주장한다. 다소 다른 맥락이지만, 무어(Moore, 2017a) 역시 인류세의 기원을 산업혁명기로 설정하는 것은 콜럼버스 시대에서 시작한 자본주의의 초기 근대적 기원을 무시하는 것이라고 주장한다. 이러한 시점 설정은 인류세의 기원이 자본주의 초기 단계 또는 유럽 식민주의와 연계된 것으로 해석할 수 있도록 한다. 하지만 해밀턴(2018: 40)이 지적한 것처럼, 이들의 분석은 17세기 초 이산화탄소의 감소가 지구 시스템의 기능을 변화시켰다거나, 이러한 변화가 인간 활동에 의해 야기된 것인지를 정확히 밝히지 못했다.

지구 위기의 '대가속화' 시기

인류세와 관련된 시기 구분에 있어서 또 다른 주요 논제는 '대가속화(the great acceleration)' 시기에 관한 것이다. 인류세 개념에 근거한 일단의 지질학자들은 1945~1960년대 이후를 '대가속화' 시기로 지칭하면서, 이 시기에 대기 중 이산화탄소 농도가 급격히 증가함과 동시에 다양한 생태적·사회적 지표들에서 커다란 변화가 있었음을 보여주었다(IGBP, 2004; Steffen,

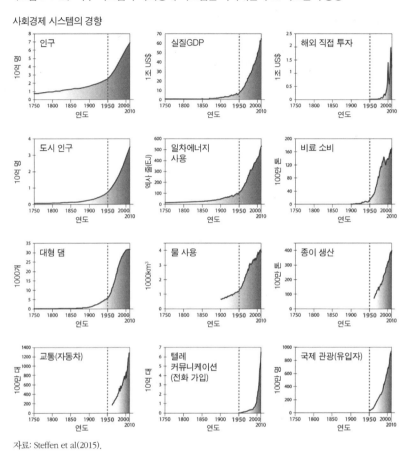

〈그림 2-1 ①〉 지구 시스템과 사회경제 시스템을 나타내는 주요 지표들의 경향

사회경제 시스템의 경향

자료: Steffen et al(2015).

Crutzen, McNeill, 2007; Steffen, 2015). 특히 이들은 〈그림 2-1〉과 같이 인류세의 시작을 알리는 지구 시스템의 변화 및 이를 추동하는 사회적 역동성을 나타내는 스물네 가지 지표 경향을 보여주었다.[1]

---

1) IGBP(2004)에서 제시된 그래프의 지표와 스테펜(Steffen et al., 2015) 등에서 제시된 그래프의 지표 간에는 약간 차이가 있다. IGBP에서 사회경제적 경향의 한 지표

〈그림 2-1 ②〉 지구 시스템과 사회경제 시스템을 나타내는 주요 지표들의 경향

지구 시스템의 경향

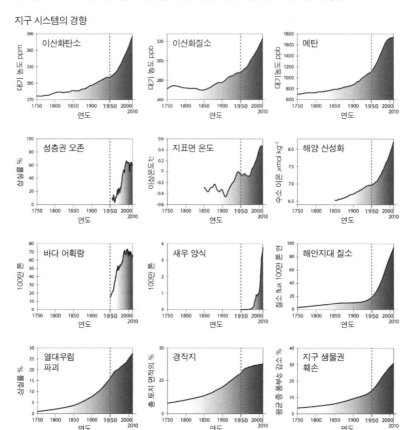

자료: Steffen et al(2015).

이 그래프들에서 알 수 있는 바와 같이 세계의 인구 증가, GDP 증가, 해외 직접 투자, 일차에너지 이용, 비료 소비 등을 통해 확인할 수 있는 사

로 사용되었던 맥도날드 매장 수는 스테펜 등에서 일차에너지 소비량으로 바뀌었고, 이전 연구에서는 빠져 있던 OECD 국가와 비OECD 국가 간의 차이에 대한 분석이 추가됐다.

회경제 시스템의 경향과 대기 중 이산화탄소, 질소산화물, 메탄, 성층권의 오존 분포, 지표면 온도, 해양 산성화 등을 통해 확인할 수 있는 지구 시스템의 경향은 1750년 이후 유사한 패턴을 보이며 변화해 왔다. 특히 1950년대 이후 이 두 시스템의 변화를 보여주는 지표들은 크게 변화했다. 예컨대 대기 중 온실가스 농도는 급속하게 늘어났고, 지구의 육상과 해양 생태계에서 생물종은 급격히 줄어들었다.

산업혁명 이후 사회경제 시스템의 변화와 더불어 지구 시스템의 생태 환경적 변화가 나타나기 시작했다는 점은 잘 알려져 있다. 하지만 1950년대 이후 그 이전과 비교할 수 없을 정도로 매우 급속하고 광범위하게 변화가 이뤄졌다는 점을 부각시키기 위해 '대가속화' 시기와 같은 용어의 도입은 매우 중요한 의미를 가진다. 스테펜 등(Steffen et al., 2015)은 핵심 환경 지표의 변화 경향 분석을 통해 "최근, 지구 시스템이 지난 50만 년 동안 보여주었던 범위의 자연적 편차 밖으로 상당히 벗어나게 되었다"라고 주장한다. 즉 지구 시스템에서 동시에 진행되고 있는 변화의 속성, 크기, 속도는 전례가 없고 지속 불가능하다는 것이다. 이처럼 1950년대 이후 지구 시스템은 사회경제 시스템과 동조하면서 인류 역사에서 과거에는 볼 수 없었던 변화의 경로로 빠져들고 있다.

물론 20세기 중반 이후 인간 사회와 지구환경 양자 모두(또한 이들 간 관계)에 급격한 변화가 발생했다는 점은 많이 지적돼 왔다. 특히 1960~1970년대 레이첼 카슨(Rachel Carson), 머레이 북친(Murray Bookchin), 배리 코모너(Barry Commoner) 등 환경론자들은 제2차 세계대전 이후 생산 기술의 전면적인 전환으로 환경 위기가 초래됐음을 주장했다. 그 이후에도 존 포스터(John Foster) 등 많은 연구자들은 "1945년 이후 인간의 경제 활동은 지구 생명의 기본 조건들에 완전히 새로운 방식으로 영향을 미치기 시작해, 세계는 행성적 위기의 새로운 단계로 들어섰다"라고 강조했다(Foster, 1994: 109).

이처럼 20세기 중반 이후, 이른바 '대량 생산 대량 소비' 경제 체제(즉 포드주의 축적 체제)의 발달과 더불어 지구 자원(소재 및 에너지원)의 소비량이 급격히 증가했고, 생산 및 소비 과정에서 발생한 폐기물의 종류가 다양해졌으며, 그 양도 급속히 증가·누적되었다. 인류세 관련 학자들은 바로 이러한 시기를 대가속화로 지칭하면서, 특히 인간 활동의 사회경제적 경향과 지구 시스템의 생태환경적 경향이 함께 급변하고 있음에 주목한다.

지구 시스템의 '행성적 한계'

인류세에 관한 논의에서 주목할 또 다른 주요 개념은 '행성적 한계 (planetary boundaries)'이다. 요한 록스트롬(Johan Rockström) 등이 처음 제안한 바에 의하면, 인간이 진화 과정에서 넘어설 것으로 우려되는 행성적 차원의 아홉 가지 생태적 한계가 있다. 각 부문은 인간의 생활 및 생산 활동에 의해 유발되는 주요 현상들을 나타내면서 이미 그 한계를 넘었거나 또는 넘어설 것으로 추정된다(〈표 2-1〉, 〈그림 2-2〉 참조).

이들은 현재 과학적 수준에서 기후 변화, 해양 산성화 등 일곱 가지 부문에서 행성적 한계의 수준을 특정할 수 있었고, 화학적 공해 물질과 대기 중에어로졸 부하 부문에서는 그 수준을 정하지 못했다. 이렇게 특정한 부문들 가운데 세 가지 부문은 이미 그 한계를 넘어서 재난적이고 돌이킬 수 없는 생태적 위기 상황을 가중시키고 있다고 주장했다(Rockström et al., 2009).

행성적 한계를 넘어선 세 가지 부문은 기후 변화, 생물 다양성의 상실, 질소 및 인의 생물지화학적 순환 등이며, 여섯 가지 부문인 성층권 오존

<표 2-1> 행성적 한계와 사회의 주요 활동

행성적 한계	주요 현상	주요 부문과 활동
1. 기후 변화	대기 중 이산화탄소, 아산화질소, 메탄, 염화불화탄소(CFCs) 농축	에너지 및 교통, 산업 시멘트, 농업 임업, 낙농업에서 화석 연료
2. 해양 산성화	해양에서 이산화탄소 분해	이산화탄소를 배출하는 모든 활동
3. 생물권 온전성 (생물 다양성 손실)	토지 및 자원 이용, 생태계 저급화, 기후 변화	임업, 농업, 어업, 도시 팽창, 관광
4. 토지 체계 변화	경작지 및 삼림 지역 변화	농업, 임업, 도시 팽창
5. 담수 이용	하천, 호수, 저수지, 지하수로부터 담수 이용	농업, 산업, 가사 활동
6. 화학적 공해 물질 (novel entities)	인간이 도입한 화학 물질과 여타 공학적 소재와 유기물	플라스틱, 제약, 살충제 등
7. 성층권 오존 결핍	대기 중 염화불화탄소 및 HCFCs 농축	에어컨, 냉장고, 발한 억제제
8. 생물지화학적 (질소와 인) 순환	비료, 산업 활동에서 쓰레기 배출	농업, 광업, 산업
9. 대기 에어졸 부하	블랙 카본(black carbon), 유기탄소 (organic carbon), 황산염, 질산염	난방, 요리, 교통, 산업 및 임업 연소, 화석 연료

자료: Sterner et al(2019).

결핍, 해양의 산성화, 담수(fresh water)의 이용, 토지 이용의 변화, 화학 공해 물질, 대기 중 에어졸 부하 등도 조만간 그 한계를 넘어설 것으로 추정된다. 왜냐하면 이러한 행성적 한계들은 각각 분리되어 작동하는 것이 아니라 서로 연계돼 있어서, 한 부문이 한계를 넘어서면 다른 부문에도 긴밀하게 영향을 미치기 때문이다(<그림 2-3> 참조).

또한 지구 생태환경 구성 요소의 한계와 더불어 사회적 대응도 한계에 처하게 되는 또 다른 문제들이 발생하고 있다. 인구 증가와 더불어 자본주의 경제와 소비주의, 에너지의 생산 방식, 기후 불안정의 관리 및 적응 방식, 자연 세계의 보존 방식, 지구적 생태 위기에 대처하기 위해 필요한

<그림 2-2> 인류세 개념에서 부문별 '행성적 한계'

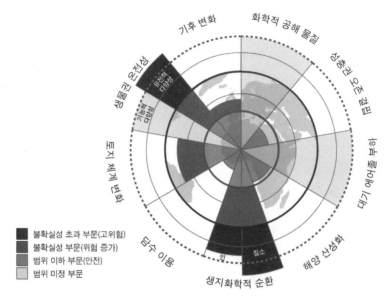

범례:
- 불확실성 초과 부문(고위험)
- 불확실성 부문(위험 증가)
- 범위 이하 부문(안전)
- 범위 미정 부문

자료: Steffen et al(2015).

제도적 수단의 강구 방식 등에서 한계 상황에 도달한 것으로 추정되기 때문이다(Bai et al., 2016: 351~362; Sterner, 2019: 14~21). 이러한 점에서 행성적 한계 개념은 지구 시스템의 거버넌스와 관리 방식에 대한 접근의 전환, 즉 부정적 외부 효과의 최소화를 목적으로 하는 성장의 한계 분석에서 나아가 인간 발전을 위한 안전한 공간환경의 구축을 위한 개념적 배경을 제공한다(Rockström et al., 2009).

지구의 생태환경이 행성적 한계를 넘어섰거나 조만간 도달할 것이라는 점은 인류가 재난적이고 돌이킬 수 없는 환경 변화의 위험에 빠질 것임을 경고하는 것이다. 인류세 담론은 인간의 지질학적 힘에 의해 지구 시스템에 심각한 변화가 초래됐고, '행성적 한계'를 넘어서는 생태 위기가 진행

〈그림 2-3〉 지구 시스템 예시 도해의 사례

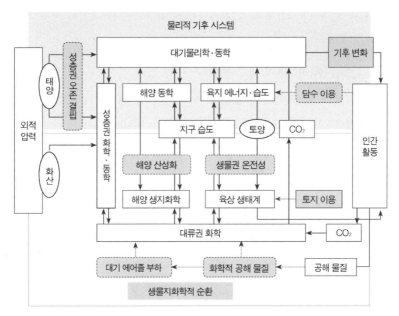

주: 기후 변화, 토지 이용, 생물지화학적 순환을 제외하고 행성적 한계와 관련된 부문들은 추가함.
자료: Millar and Mitchell(2017: 83).

되고 있음을 드러내고자 한다. 물론 인간 사회의 어떤 부문이나 활동이
지구환경 구성 요소의 행성적 한계를 넘어서 생태 위기를 초래하도록 하
는지 밝히는 것이 중요하다.

지구적 생태 위기의 재해석

인류세 담론과 이를 구성하는 세부 개념으로 '대가속화' 시기와 '행성적
한계'는 당면한 지구적 생태 위기의 해석에서 중요한 함의를 가진다. 우선

인류세 담론에서 인간은 지구 시스템의 변화에 지배적인 추동자가 됐다는 점을 강조한다. 이 점은 오늘날 당면한 지구적 생태 위기가 지구 시스템에 의해 유발된 것이 아니라 지질학적 수준으로 발달한 인간의 사회경제적 힘에 의해 유발되었음을 뜻한다. 달리 말해 인류세는 "인간이 지구 시스템의 기능에 미치는 영향에 있어 자연의 위대한 힘과 경쟁"하면서, 지구환경에 심원한 변화를 초래했음을 의미한다(Steffen et al., 2011).

또한 인류세 개념에서 유의한 사고는 이 개념을 뒷받침하기 위해 제시된 경험적 자료들이 지구 시스템 경향과 사회경제 체계 경향의 상호 동조 현상을 보여준다는 점이다. 이 두 체계의 주요 변수들은 1750년대 이후 점차 누적되기 시작했으며, 특히 1950년대 이후 급격하게 증가하는 유사한 패턴을 보여주고 있다. 이와 관련된 자료만으로 직접적인 인과 관계를 설명하기는 어렵다고 할지라도, 사회경제 체계 경향과 지구 시스템 경향은 서로 밀접하게 관련성을 가지고 진행되는 것은 분명하다.

이러한 점에서, 디페시 차크라바티(Dipesh Charkrabarty, 2009)는 인류세의 도래는 인간 사회 역사와 지구환경 역사가 수렴되고 있음을 보여준다고 이해한다. 또한 해밀턴(2018)은 이처럼 지구의 역사가 인류의 역사와 뒤얽혀 있기 때문에, 결국 "하나의 운명이 다른 하나의 운명을 결정"짓게 되었다고 주장한다. 이와 같은 지구 시스템 위기와 사회경제 체계 위기의 상호 동조는 뒤에서 논의할 바와 같이 서구의 근대성에 함의된 인간과 자연을 분리된 실체로 간주하는 이분법적 인식론을 넘어서 통합적, 또는 관계적 관점으로 이해해야 한다는 주장을 뒷받침한다.

물론 인류세와 이를 초래한 인간의 힘이 지구환경에 미치는 영향은 긍정적 측면과 부정적 측면을 모두 가진다고 할 수 있으며, 보는 관점에 따라 달리 평가될 수 있다. 예컨대 대가속화 시기에 관한 경험적 변수들 가운데 하나로 제시된 것처럼, 지난 백여 년 동안 지구상에 대형(높이 45m 이상) 댐은 평균 매일 1개씩 건설되었으며, 최근에 그 속도는 더 빨라졌다. 댐은 재생 가능한 수력에너지의 생산, 다양한 용도의 물 공급 등 긍정적 측면을 가진다고 하겠다. 그러나 돌이키기 어려운 하천 유로의 변경과 이로 인해 형성된 인공 호수의 수질 악화나 하천 생태계의 파괴, 수몰 지역 주민들의 대규모 이주 등 부정적 결과들이 초래되었다(Bai et al., 2016). 그뿐 아니라 사회경제 체계의 경향을 보여주는 주요 지표들 가운데 실질 GDP와 해외 직접 투자의 증가 등은 긍정적인 의미의 지구적 경제성장(자본 축적) 과정으로 볼 수 있다.

이처럼 인류가 지구에 미치는 지질학적 힘의 영향력은 어떤 관점에서 보는가에 따라 달리 해석될 수 있다. 한편으로 인간은 이 지구상에서 생존을 영위하게 된 이래 자연에 대한 끊임없는 도전을 통해 마침내 자연에 필적할 만한 힘을 가지고 지구환경을 지배하게 됐다고 주장할 수 있다. 이러한 점에서 생태적 근대론자들은 인류세의 도래가 지구를 정복한 인간 능력의 승리라고 해석한다. 비록 이 과정의 부차적 결과로 지구 시스템이 일부 손상됐다고 할지라도, 이는 인간의 능력으로 개선될 수 있다고 강변한다. 그러나 인류세 담론에 참여하는 보다 많은 학자들은 이에 대해 훨씬 더 부정적이고 회의적인 관점에서 이해한다. 오늘날 인간은 전례 없이 강력해진 지질학적 힘으로 지구환경을 파괴하고, 인간 사회도 절박한 위험에 봉착하게 됐다는 주장이다.

'대가속화' 시기와 '행성적 한계'의 개념에 바탕을 두고 이해하면, 인류세의 도래는 지구환경이 부담할 수 있는 어떤 한계를 가속적으로 넘어서는 재난적이고 되돌릴 수 없는 지구 시스템의 대파국으로 나아가고 있음을 의미한다. 또한 지구환경 시스템과 사회경제 시스템이 동조해 가속적으로 악화되는 상황에서 행성적 한계는 단지 지구 시스템에 한정되지 않으며, 결국 조만간 사회경제 시스템도 한계에 도달할 것(또는 이미 도달했을 것)이라는 우려를 자아낸다. 이러한 점에서 "행성적 한계 개념은 인간이 만들어낸 지구적 규모의 환경 변화가 그 한계를 벗어나지 않도록 인류의 '행성적 활동이 가능한 장'의 범위를 규정하는 것"이다(Rockström et al., 2009). 이처럼 인류세 및 이와 관련된 개념들은 지구적 생태 위기로 초래된 파국적 결과에서 벗어나 진정으로 새로운 인류세를 만들어가기 위한 논의의 장을 마련해 준다고 하겠다.

인류세인가, 자본세인가

인류세인가?

인류세는 인간의 힘이 지질학적 차원으로 발전해 지구 시스템에 지대한 영향을 미치고, 이로 인해 인류의 파멸을 스스로 초래할 수도 있는 지구적 생태 위기를 유발하게 됐음을 의미한다. 일부 학자들은 인류세를 단순히 인간이 자연 경관과 생태계에 지속적으로 미쳐온 영향을 가리키는 또 다른 명칭에 지나지 않는다고 주장하는 학자들도 있다. 하지만 인류세에 관심을 가지는 학자들 대부분은 이 개념으로 인간이 유발한 지구적 생태 위기에 대해 자신의 비판적 입장을 보인다. 이러한 점에서 인류세 담론은 최근 심화되고 있는 자원·환경 문제나 생태 위기와 관련해 제시된 어떠한 개념들보다 강력한 경각심을 불러일으킨다는 점에서 의미가 있다.

인류세 개념이 지질학과 지구 시스템 과학 분야에서 주창된 후 채 20년이 지나지 않아 사회과학 및 인문학 전반으로 확산되었다는 점은 인류가 처한 지구적 생태 위기의 심각성을 새로운 관점에서 논의하고 근본적 해소 방안을 모색하는 것이 긴박한 과제임을 보여준다. 즉 인류세 개념은 단순히 지질학적 시대(구분)의 개념을 넘어서 인류가 만들어낸 지구적 현실에 대처하기 위한 인간-자연 간 관계의 재인식과 사회구조의 재구성을 요청한다.

다른 한편으로 인류세 개념에 관한 그간의 논의는 중요한 한계가 있다. 인류세 담론은 새로운 지질시대를 초래한 지구적 생태 위기가 어떤 집단(계층이나 국가)에 의해 주도되었는가, 어떤 메커니즘에 의해 유발되었는가에 대한 의문을 모호하게 하면서 그 원인과 책임을 보편적(종적) '인류(Anthropos)'에게 전가한다는 것이다. 같은 맥락에서 인류세 개념은 인간의 역사를 종의 역사로 이해함으로써 근대 사회의 정치경제 구조, 특히 자본주의 역사의 특수성을 지워버리는 결과를 초래한다고 비판받는다(Moore, 2017a; 2017b).

새로운 지질시대를 인류세라고 지칭하고 이를 과학적으로 설명하고자 하는 연구들에 대해 비판적 입장을 가진 일군의 학자들은 기존의 '인류세' 개념의 한계를 지적하면서, '인류'라는 모호한 행위자보다 이를 초래한 사회구조적 원인을 규명하고 이에 따라 새로운 시대의 명칭을 붙여야 한다고 주장한다. 이러한 점에서 일부 학자들은 실제 존재하는 사회적 근본 배경과 역사적 관련성을 민감하게 고려해, 자본세·대농장세·툴루세 등과 같이 더 적합한 이름을 택해야 한다고 주장한다(해러웨이, 2019).

그러나 인류세 개념을 주창하거나 이를 강조하는 많은 연구자들은 그 명칭을 그대로 사용할 수 있다는 입장이다. 예컨대 해밀턴은 인류세 개념이 국가들의 차별적 책임성을 무시하고 있다는 비판에 대해 반론을 제기한다. 그의 주장에 의하면, 기후 변화의 경우 과거에는 책임의 상당 부분이 유럽과 미국에 있었지만 오늘날 중국의 연간 온실가스 배출량은 미국을 훨씬 넘어섰고, 누적 배출량도 곧 미국을 넘어설 전망이다. 따라서 선진국들이 역사적 책임을 면할 수 없지만, 이제 선진국과 개도국을 구분하는 것은 무의미해졌다고 주장한다. 그는 새로운 지질시대의 명칭은 자유롭게 논의할 수 있지만, 공식 명칭은 이를 관장하는 국제층서위원회의 몫이라고 지적한다(해밀턴, 2018: 62).

자본세인가?

새로운 시대를 '인류세' 대신 다른 용어로 지칭하자고 주장하는 학자들은 대부분 자신이 제안한 용어가 이 시대의 사회적 특성을 잘 나타내기 때문이라고 주장한다. 예컨대 '자본세'로 지칭하고자 하는 학자들은 우리가 특정한 유형의 물질문명인 자본주의라는 사회경제 체제 속에서 살아가고 있음을 부각시킨다. 당면한 지구적 생태 위기를 유발한 근본 원인과 사회구조적 배경이 바로 자본 축적 메커니즘이라는 점을 강조하기 위한 것이다.

'인류세' 대신 '자본세'를 옹호하는 학자들은 대체로 마르크스주의 생태학에 기반을 두고, 지구적 생태 위기를 초래한 자본주의에 대해 생태학적으로 비판한다. 마르크스주의 생태학 내에서도 학자들에 따라 다소 다른 주장들이 제시되지만, 대체로 마르크스의 물질대사(metabolism) 개념에 근거해 자연과 인간의 상호 관계를 강조하면서, 자본주의 경제사회 체제가 초래한 물질대사의 균열이 인간과 자연을 심각하게 교란하고 파괴했다고 주장한다(Malm and Hornborg, 2014).

이러한 물질대사의 개념 외에도 자본 축적 과정과 직접 관련시켜 인류세를 이해하거나 비판하기도 한다. 예컨대 강내희(2019)는 인류세의 형성을 자본의 가치 운동과 행성적 도시화와 연계시켜 설명하고자 한다. 특히 "자본주의적 생산 양식은 기본적으로 사회적 부를 가치 형태로, 사용 가치를 상품 형태로 생산한다는 데 그 특징이 있다"라고 주장하고, 여기서 인류세의 형성과 관련해 중요한 점은 "자본은 운동하는 가치이며, 가치란 증식해야만 가치"라고 강조한다(강내희, 2019: 115). 이러한 가치 증식 운동의 물적 토대는 기본적으로 행성적 도시화라는 점이 부각된다. 또한 다소 다른 맥락이지만, 밀러와 미첼은 인류세를 자본주의적 자연(그리고 공간)의 생산과 변증법적으로 관련된 것으로 이해한다(Millar and Mitchell, 2017).

'자본세'를 옹호하는 학자들은 기존의 마르크스주의와는 달리 인간 사회와 자연 생태계의 관계성을 강조한다. 무어(Moore, 2017a: 601)는 "비인간 동물 또는 자원(생명 자원뿐 아니라 석탄, 석유에서부터 물이나 기후에 이르기까지)과의 관련성을 무시하고 자본주의를 이해할 수 없으며, 동시에 자본주의의 발달은 모든 차원에서 지구 시스템의 쉼 없는 전환을 통해 이루어졌다"라고 강조한다. 사이토 코헤이(Kohei Saito)도 비슷한 맥락에서 그가 비데카르트적 이원론이라고 지칭한 변증법적 관계로 인간과 자연의 관계를 설정하고 자본주의로 인한 물질대사의 균열을 이론화하고자 한다(사이토 코헤이, 2017).

자본주의 발달 과정은 자연을 자본의 축적 과정에 (형식적·실질적으로) 포섭함으로써 이윤을 극대화하고자 하지만, 결과적으로 자연과 인간의 관계를 파괴하고 현재와 같은 지구적 생태 위기를 초래한다는 점이 부각된다(최병두, 2019). 이러한 점에서 인류세 대신 자본세라는 명칭을 사용해야 한다고 주장할 수 있다. '자본세' 옹호론자들은 자본주의적 착취를 전제로 한 생산력의 증대를 거부하고, '자연조건적' 생산력, 즉 자연과 인간의 균열을 초래하지 않는 생태적 재생산을 제안한다.

이들의 주장에 따르면 자본주의의 녹색전환은 단지 좁은 의미의 경제적 과정을 훨씬 능가해, 인간의 사유 체계와 더불어 사회 제도의 재구성을 의미한다(Moore, 2017a). 인간은 하나의 생물종으로 자연의 일부이지만, 자연으로부터 자신을 분리시킬 수 있는 특유한 능력을 가진 생물종으로 인식될 수 있다. 즉 인간-자연(비인간) 상호 구성의 관계적 속성을 배제하지 않으면서도 인간 고유의 특유한 능력을 인정한다는 점에서 탈인간 중심주의보다는 신인간 중심주의에 서 있다고 하겠다(이광석, 2019).

명칭을 둘러싼 논란의 의의와 한계

'인류세'라는 명칭에 대해 비판적 입장을 가진 학자들은 마르크스주의 생태학자들뿐인 것은 아니다. 이들 모두가 자본세로 대체하는 것을 찬성하지도 않는다. 예컨대 차크라바티(2019)는 자본주의가 지구적 생태 위기의 근원임을 부정하지는 않지만, 인류세를 자본의 문제로만 축소하는 데는 반대한다. 왜냐하면 인류세 개념은 '전체로서 지구 시스템', 즉 다른 종의 고통과 행성의 고통이라는 또 다른 차원의 문제를 직시해야 하기 때문이다.

유사한 맥락에서 도나 해러웨이(Donna Haraway)는 "지구적 생태 위기로 지구는 피난처도 없이 난민(인간이든 아니든)으로 가득 차 있다. 따라서 하나 (또는 하나 이상)의 커다란 새로운 이름이 필요하다"라고 주장한다(해러웨이, 2019). 기존의 인류세·대농장세(plantationscene)·자본세라는 이름이 있지만 인간을 포함해 풍부한 다종적 집합체의 번영을 위해 '툴루세(chthulucene)'라는 용어를 제시한다. 그리고 "피난처를 재구축하고 부문별로 강력한 생물학적·문화적·정치적·기술적 회복과 재구성을 가능하게 하는 힘에 합류"하기를 제안한다.

이처럼 현재 지구가 당면한 생태 위기와 지질학적 시대 이행은 인류세라는 용어 외에도 자본세 등 다양한 용어로 지칭될 수 있을 것이다. 물론 새로운 지질학적 시대를 지칭하면서 그 특성을 완전히 드러내기에는 자본세라는 용어가 전적으로 적합하다고 하기는 어렵다. 왜냐하면 지구적 생태 위기를 초래하거나, 이로 인해 유발되는 사회·공간적 문제는 단지 자본주의의 계급적 요인만이 아니라 젠더와 인종 등 다른 비계급적(그러나 계급과 밀접하게 연계된) 요인과 관련돼 있기 때문이다.

지구적 생태 위기의 시대이며 이 위기를 극복해 나가야 할 시대를 어떻게 지칭할 것인지는 중요한 문제이다. 그러나 더욱 중요한 점은 어떤 명칭이 사용되든지 간에, 당면한 위기의 원인을 체계적으로 규명하고, 이를 해소할 수 있는 대안적 방안을 제시하고 함께 실천해야 한다는 것이다. 특히 '자본세'라는 명칭이 사용되지 않는다고 할지라도, 지구적 생태 위기와 인류세에 대한 대응은 인간이 자연을 정복해 자본의 축적 과정에 포섭시키는 과정에 초점을 두고, 자본주의적 사회·자연 관계에서 형성된 제반 문제를 면밀히 분석하고 해결 방안을 모색하는 것이어야 할 것이다.

명칭 논란의 한계를 넘어서

인류세 개념이 점점 더 많은 연구자들의 관심을 끌면서 거의 전체 학문 분야로 확산되고, 나아가 대중매체 등을 통해 사회적 담론의 핵심 이슈가 됨에 따라, 인류세의 시기 구분이나 명칭 등을 둘러싸고 논쟁이 유발됐다. 그러나 이러한 논쟁으로 인류세의 개념적 한계를 극복하기는 어렵다. 왜냐하면 인류세를 유발한 구조적 배경과 근본적 해결 방안과 무관하게 진행되는 논쟁은 별 의미가 없기 때문이다. 인류세 담론의 유의성은 오늘날 인류가 지구적 생태 위기의 시대에 살고 있으며, 이 위기를 어떻게 해결할 것인가를 성찰하도록 한다는 점이다.

그리고 인류가 당면한 지구적 생태 위기는 서구적 근대화 과정에 내재한 두 가지 근본 요인에 기인한다는 점을 인식하는 것이 중요하다. 한 요인은 자연과 사회를 분리된 것으로 인식하는 이분법과 이에 따라 인간에 의한 자연의 지배를 정당화하는 계몽주의적 근대성이다. 또 다른 요인은 이러한 인식을 현실 세계에서 실현하고자 한 자본주의적 산업화와 도시화이다. 인류세 담론은 기본적으로 이러한 두 가지 요인의 한계를 규명하고 이를 극복하는 것이어야 할 것이다.

이러한 점에서 새로운 지질시대를 어떻게 지칭할 것인지는 크게 문제가 되지 않는다고 하겠다. '인류세' 혹은 다른 명칭이 사용된다고 할지라도, 이에 어떤 의미와 역할을 부여할 것인지는 또 다른 문제라고 할 수 있기 때문이다. 어떤 명칭이 사용되든지 간에, 이에 관한 담론은 지구적 생태 위기의 발생 원인과 책임을 모호하게 하거나 해결 방안을 왜곡해서는 안 될 것이다.

요컨대 인류세 담론은 지구적 생태 위기에 대한 철학적 성찰과 이를 유발한 근대 사회의 구조적 메커니즘에 관한 분석, 그리고 사회적 대응 방안과 실천에 관한 논의가 부족하다는 한계를 가진다. 그러나 새로운 지질시대를 자본세라고 명명하는 것은 지구적 생태 위기를 유발한 사회구조를 자본주의에 한정시키고 그 외 요인들, 예컨대 젠더·인종 등의 문제를 간과할 뿐 아니라 지구적 생태 위기를 극복한 이후의 사회를 지칭하기에는 분명 적절하지 않다고 하겠다.

그 외에도 다양한 명칭들이 대안으로 논의될 수 있겠지만 아직 이렇다

할 합의를 찾지 못하고 있다. 만약 지난 자본주의화 과정과 이로 인한 지구적 생태 위기의 시대를 지칭하는 것이 아니라 이러한 위기를 극복하고 앞으로 도래할 새로운 시대의 명칭을 정하는 것이라면, 오히려 '공생세(symbiocene)', 또는 '생태세'라는 명칭도 제안될 수 있을 것이다.

현재 도래하고 있는 새로운 지질시대에 관한 논의는 다음과 같은 두 가지 기본 사항에 관심을 기울여야 한다. 첫째, 지구 시스템에서 발생하는 위기와 사회경제 체계에서 나타나는 위기 경향이 상호 동조 현상을 보인다는 점에서, 사회와 자연이 인식론적으로 어떻게 연계되고 통합되는지에 대해 깊은 철학적 성찰이 필요하다. 어떠한 명칭이 사용되든지 사회와 자연을 이원론으로 인식하는 담론은 인간과 자연의 통합적 관계를 이해하지 못하도록 근대성 서사의 연속이라고 비판돼야 한다.

둘째, 인류세에 관한 연구를 포함해 관련된 많은 논의들에서 지구적 규모로 진행되는 생태 위기에 대한 과학적 증거는 많이 제시됐다. 하지만, 이러한 증거들을 체계적으로 분석해 위기를 유발하는 사회경제적 메커니즘을 설명하려는 노력은 아직 부족하다. 지구적 생태 위기를 극복하고 나아가야 할 새로운 생태적 사회에 대한 논의도 거의 이루어지지 않고 있다. 이제 인류세 개념은 지구적 생태 위기를 유발하는 사회경제적 메커니즘을 체계적으로 분석하고 '위기를 어떻게 근원적으로 해결할 것인가'에 관한 대안적 실천을 모색하는 방향으로 더욱 발전해 나가야 할 것이다.

제3장

인류세를 위한 녹색전환

:

녹색전환의 개념과 생태적 논리
사회·자연 관계의 인식 전환
자본주의 사회경제 체계의 전환

인류세 담론에서, 인류는 오늘날 지질학적 힘을 가지고 지구의 모든 영역에 영향력을 미치고 있지만, 그 결과로 자연은 인간 사회에 재앙적 위협을 가하고 있다고 주장된다. 여기서 자연이 인간의 영향력에 의해 변화됐다는 점에서, 자연은 인간에 의해 생산된 것으로 이해할 수 있다. 닐 스미스가 제안한 바와 같이, 인간은 자연을 생산하고, 이 과정에서 인간도 자연에서 생산된다고 하겠다.

인간에 의해 생산된 자연이 인간의 의도와는 달리 인간 사회를 위협하고 있다는 인식은 결국 인간이 만든 생산물이 인간에 의해 통제되지 않을 뿐 아니라, 낯설고 소원한 힘으로 돌아와 인간을 억압하고 있음을 의미한다. 이러한 점에서 제이슨 무어는 인간/자연의 "이원론은 자연으로부터 인간을 분리시키는 철학적 추상화로 소외를 유발하는 근대성의 역사적 과정을 모호하게 한다"라고 주장한다.

녹색전환의 개념과 생태적 논리

녹색전환이란?

오늘날 인류는 이 지구상에서 자멸할지도 모르는 심각한 지구적 생태 위기에 처해 있다. 이러한 상황에 대한 뼈저린 성찰과 새로운 세계로 전환하기 위한 혼신의 노력이 긴급히 요구되고 있다. 인류세 담론은 이에 관한 학술적 논의와 더불어 사회적 경각심을 높이기 위한 것이라고 하겠다. 당면한 생태 위기를 극복하고 새롭게 맞게 될 인류세를 위해 우리는 긴밀하게 연계된 두 가지 대전환이 필요하다. 하나는 사회·자연 관계에 관한 인식론적 패러다임의 전환이며, 다른 하나는 현실의 자본주의적 사회구조의 전환이다. 이 두 가지 전환을 통합적으로 지칭해 '녹색전환'이라는 용어를 사용하고자 한다.

'녹색전환(green transformation)'은 지구적 생태 위기를 벗어나서 진정한 인류세를 만들어가기 위해 지구환경과 인간 사회의 기존 경향에 대한 전면적인 대전환을 의미한다. 이는 단순히 지구 환경의 심각한 훼손에 대처하기 위해 자연 생태계를 보호하려는 정책적 전환이나 조만간 고갈될 화석 연료를 대체하기 위해 재생가능에너지 개발을 촉진하기 위한 에너지 전환보다 더 광의적 개념이다. 녹색전환은 이러한 정책적 전환이나 부문별 전환을 촉진하기 위한 인식적 및 사회구조적 전환을 의미한다. 즉 녹색전환은 서구적 근대성에 함의된 사회/자연의 이원론과 이에 의해 정당화된 인간의 '자연 지배' 의식에서 탈피할 수 있는 패러다임의 전환, 그리고 이러한 근대성에 근거를 두고 추동된 자본주의적 산업화 과정에서 추구된 자본 축적의 메커니즘에서 벗어나기 위한 현실 사회구조의 전환을 뜻한다.

물론 녹색전환이라는 용어는 아직 학술적 개념어로 체계화되지 않았으며, 학계나 대중적인 합의를 구축하지도 않았다. 이 용어가 사용된 기존 자료를 확인해 보면, 학술적 의미에서 녹색전환은 환경적 전환과 동의어로 지구환경의 역사적, 지리적, 지질학적 전환, 환경 위기의 심화로 인한 생태적 전환, 또는 지구 생태계의 변화에 조응하는 인간 사회의 전환을 의미하기도 한다(Whitehead, 2014; Scoones, 2015).

정책적 의미에서, 녹색전환이라는 용어가 인류세를 전제로 하든지 그렇지 않든지 간에, 생태 위기에 대처하기 위해 현재 진행 중인 각국의 자원(특히 에너지자원) 및 환경 정책의 변화 과정을 지칭하기도 한다(Lockwood, 2014). 이 용어는 리우+20(Rio+20) 이후 유엔에서 '지속 가능한 발전'을 넘어서는 개념(예: 포용적 녹색전환 등)으로 사용되었고, 2010년대에 들어와 영국(노동당), 독일(녹색당)이 사회구조의 생태적 변화(녹색뉴딜에서 나아가 녹색사회주의로의 전환)를 추동하거나 중국이 생태적 문명화를 촉진하기 위한 전략 등과 관련해 사용하기도 했다(UNECE, 2012; CCICED, 2015).

이처럼 녹색전환이라는 용어는 학술적·정책적으로 다양한 맥락에서 사용되고 있지만, 현대 사회의 심각한 자원·환경 문제나 생태 위기를 지칭하기 위해 기존에 사용된 개념들, 예컨대 '지속 가능한 발전'의 개념에 비해 널리 사용되지 않을 뿐 아니라 더 모호하게 규정되고 있다. 그러나 인류세 시대에 요청되는 보다 근본적인 사회생태적 변화를 개념화하기 위해 어떤 용어가 필요하며, 이를 위해 '녹색전환'이라는 용어가 사용될 수 있다. 그동안 지구적 규모로 확대·심화되고 있는 생태 위기에 대해 근본적인 전환이 필요하다는 점이 흔히 지적돼 왔지만, 대부분 무시되거나 제대로 실천적 추동력을 갖추지 못했다.

자연의 생태적 가치

인류세가 이때까지 인류가 경험하지 못한 새로운 지질시대의 도래를 의미한다면, 이에 조응하기 위한 개념으로서 녹색전환 역시 폭넓고 깊이 있는 의미를 가지고 이의 실천을 추동할 수 있어야 할 것이다. 이러한 점에서 우선 '녹색전환'은 사회기술적 변화로 추동되는 좁은 의미의 '전이(transition)'의 개념을 넘어서, 사회·자연 관계 전반에 걸친 인식적·구조적 변화로서의 '전환(transformation)'을 의미한다.

이러한 의미에서 전환은 지구환경의 경향과 인간 사회의 경향이 서로 동조하고 있음을 인식하고, 지구 생태환경의 거대한 전환을 위해 인간 사회의 근본적 재구성을 추구한다. 이는 이중적으로 연계된 관계의 전환을 의미한다. 첫 번째 관계는 인간 사회와 자연환경 간 관계이다. 인간은 지구적 생태 위기에서 벗어나기 위해 황폐화된 자연환경을 전환시켜야 한다. 그러나 이러한 자연환경의 전환은 인간 사회의 전환 없이는 불가능하다. 지구적 자연환경이 심각한 생태 위기에 처하도록 한 원인은 바로 인간 사회에 있기 때문이다.

두 번째 관계는 인간의 내적 정신세계와 외적 물질세계 간의 관계이다. 흔히 마르크스를 인용하며 거론되는 것처럼, 우리는 세계를 전환함으로써 동시에 우리 자신을 전환하게 된다. 달리 말해 우리 자신의 인식과 생활양식을 바꾸지 않고서는 사회경제 시스템과 지구의 자연 생태계는 바뀌지 않는다. 녹색전환을 위해 우리는 사회와 자연, 정신과 물질을 데카르트적 이분법으로 구분할 것이 아니라 상호 내재적으로 연계된 변증법적 관계로 이해해야 한다.

이러한 전환을 수식하는 '녹색'이라는 용어는 전환 과정에서 우선적으로 반영해야 할 '생태적 가치'를 의미한다. 여기서 생태적 가치란 자연에 내재된 고유한 가치(자연의 내재적 가치)를 의미하기보다는 인간과 자연 간 상호 관계에서 구성된 가치를 의미한다. 일부 생태주의자들은 '자연 그 자체가 어떤 가치를 내재하고 있다'고 이해하며, 이러한 자연의 내재적 가치는 피폐하고 파편화된 인간 생활에 어떤 존재론적 안전감과 심미성, 즉 생물 공동체의 통합, 안정, 아름다움을 제공한다고 주장한다(하비, 2017: 284; 고창택, 2001).

만약 자연이 어떤 가치를 내재하고 있다면, 인간이 자연의 가치를 알 수 있는 방법이 있어야 할 것이다. 하지만 자연이 내재적 가치를 가지는지의 여부, 그리고 어떠한 가치를 가지는지는 결국 이를 인식하는 인간과의 상호 작용에 의존한다. 인간과의 매개를 통한 자연의 가치 인식은 인간이 자연에 일방적으로 어떤 가치를 부여하는 것이 아니며, 인간 또한 이러한 매개 과정을 통해 자신의 가치를 인식하게 된다. 이러한 점에서 생태적 가치의 인식은 자연의 존재뿐 아니라 자연과 인간 간의 '위대한 존재의 사슬'에서, 인간의 지위와 능력의 특수성을 반영한다고 하겠다(Harvey, 1996; 하비, 2017).

데카르트적 덫, 자연의 대상화

자연의 생태적(또는 내재적) 가치에 대한 논제와 더불어 자연을 재인식하기 위해 논의돼야 할 주요 논제는 인간에 의한 '자연의 지배' 또는 대상화이다. 즉 인식론적 관점에서 보면, 인류세의 도래와 지구적 생태 위기는 인간에 의한 '자연의 지배' 개념과 이를 뒷받침하는 사회와 자연(그리고 인간과 사물, 주체와 객체 등)을 존재론적으로 구분하는 이원론의 결과라고 할수 있다.

이러한 이원론적 존재론은 데카르트 철학에서 비롯된다. 데카르트는 사유 능력(이성)을 가진 인간을 신의 창조물인 자연에서 분리하고, 자연을 인간 주체와 분리된 객체로 대상화했다. 나아가 『방법론 서설(*Discourse on Method*)』에서 "모든 인류의 일반적 선은 사색적 철학에 의해서가 아니라 자연의 정복자이며 소유자가 되도록 진력하기 위해 생활에 유용한 지식 성취로 가장 잘 추구될 수 있다"라고 주장했다. 이러한 점에서 데이비드 하비(David Harvey)는 "우리 모두가 데카르트적 이원론의 덫에 걸려 있다"라고 말했다(Harvey, 1996에서 재인용).

자연의 대상화(특히 도구적 가치화)와 인간의 자연 정복(지배)에 관한 주장은 계몽주의 이후 서구 근대 철학과 과학의 핵심 원칙으로 자리 잡았으며, 이에 근거한 기술의 발달과 산업화를 촉진하는 계기가 되었다. 사회와 자연의 이원론(그리고 이와 관련된 다양한 이원론적 구분)에 대한 비판은 바뤼흐 스피노자(Baruch Spinoza), 고트프리트 라이프니츠(Gottfried Leibniz) 등 당대 철학자에서부터 20세기 전반 프랑크푸르트학파, 20세기 후반 포스트모던 이론가들에 이르기까지 지속적으로 제기돼 왔다. 그럼에도 불구하고 이원론적 사고는 여전히 서구 철학과 인간 의식에 지배적인 인식틀로 작동하고 있다.

'자연의 지배' 개념은 서구 계몽주의적 근대성 속에 내재된 인간 해방과 밀접하게 관련된다. 과학기술 발달은 자연을 대상화하고 작동 메커니즘의 비밀을 풀어내며, 이를 응용해 촉진된 산업화 과정은 자연에서 얻은 물질적 풍요로움으로 인간을 자연으로부터 해방시킬 수 있다는 인식을 전제했다. 그러나 이 과정에서 인간에 의한 자연의 지배는 인간들 간 지배와 피지배 관계로 이어졌다. 자연 정복의 목적은 개인으로서, 종으로서 인간의 생명 안전과 자아실현 고양을 명분으로 한다. 하지만 이 목적을 추구하는 과정에서 인간은 다른 인간을 지배하고 많은 고통을 전가했으며, 동시에 자연을 지배하고 파괴하면서 황폐하게 만들었다.

자연의 지배에 대한 재성찰

인류세에 관한 해석에서도 이러한 이원론적·도구적 자연관을 그대로 적용하고자 하는 일군의 학자들이 있다. 이들은 생태근대론자 또는 '에코모더니스트(ecomodernist)'라고 자칭하며 자신들의 선언문에서 인간의 "지식과 기술이 지혜롭게 응용되면 좋은 (심지어 위대한) 인류세를 허용할 것"이라고 주장한다. 이들은 인간의 "사회경제적·기술적 과정"의 우월성에 초점을 두고, 이 과정이 "경제적 근대화와 환경 보전에 핵심"이며, 인간은 이 과정을 통해 "기후 변화를 완화하고, 자연 자원을 절약하며, 지구적 빈곤을 경감시킬 수 있을 것"이라는 입장을 밝히고 있다(Asafu-Adjaye et al., 2015).

생태근대론자들은 인류세를 기술-산업적 오만함에서 비롯된 통탄스럽고 두려운 결과가 아니라, 자연을 개조하고 통제할 수 있는 인간 능력의 새로운 기회로써 환영한다. 인간의 합리적 지식과 기술 발달을 통해 지구 환경을 통제하고 인간 사회를 관리함으로써 '좋은 인류세'를 맞을 수 있다는 낙관론을 피력한다. 서구적 근대화 과정에서 인간의 과학기술이 놀라운 속도로 발전해 왔으며, 오늘날 발생하는 환경 문제들은 사회 발전의 부산물로 간주하고 과학기술의 고도화로 해결할 수 있다고 여긴다. 실제로는 과학기술의 발전에도 불구하고 지구적 생태 위기가 해소되기보다는 점점 더 확산·심화되어 왔다는 사실을 인정하지 않는다. 요컨대 해밀턴이 주장한 바와 같이, "이들은 인류세를 지구적 자본주의의 근본적 결함을 나타내는 증거로 보지 않을 뿐 아니라 인류의 단견과 탐욕의 결과로 보지도 않는다. 대신 인류세는 인류가 마침내 그들 자신의 시대로 들어가게 되는 기회가 도래했다"라고 생각한다(Hamilton, 2016: 233).

인간이 자연을 지배·통제할 수 있다고 생각하는 것은 인간과 자연을 구분하고 대상화하는 근대성의 함정 또는 데카르트적 덫에 걸려 있기 때문이라고 하겠다. 생태근대론자들은 인간과 자연 간 상호 관계에 관심을 두고, "인간은 지구에 의해 만들어졌으며, 지구는 인간의 손에 의해 다시 만들어지고 있다"라고 서술하기도 한다. 그러나 이들은 인간/자연의 이원론을 신봉하며, 가능한 인간과 자연의 관계를 줄이는 것이 바람직하다고 생각한다. "많은 인간 활동, 특히 농경, 에너지 채굴, 삼림업, 취락 등을 집약화하고, 토지 이용을 줄이고 자연 세계와 접촉을 줄임으로써 환경적 충격으로부터 인간 발전을 탈동조화하는 것이 가능하다. 인류세는 이를 지향한다"라고 주장한다(Asafu-Adjaye et al, 2015).

그러나 인간의 역사를 보면, 과학기술이 눈부시게 발전해 왔음에도 인간과 자연의 관계는 탈동조화하기보다는 더욱 긴밀하게 결합된 동조 관계로 발전해 왔다. 토지는 점점 더 산업적·도시적 이용으로 전환됐고, 인간과 자연 세계 간의 접촉면은 급속히 증가해, 결국 인간 역사와 지구 역사가 수렴하는 인류세를 맞게 된 것이다. 인류세를 설명하기 위해 제시된 경험적 자료들은 지구의 생태환경 시스템과 인간의 사회경제 시스템이 1950년대 이후 어떻게 치밀한 동조 관계를 구축하고 있는지를 보여주고 있다.

새로운 지질시대로서 인류세의 도래는 지구환경에 대한 인간의 개입 능력에 자부심을 느끼면서 축복할 일이 아니다. 오히려 인류세를 특징짓는 지구적 생태 위기는 인류가 지질학적 힘으로 자연을 지배 대상으로 간주하고 그 생태적 가치를 무시해서는 안 된다는 점을 절실히 느끼게 한다. 진정한 인류세의 개념은 인간 사회와 자연환경 간 탈동조화가 가능하다는 환상을 버리고 악순환의 관계에서 벗어나 진정한 공생 발전으로 나아가기 위한 성찰과 실천의 담론적 기반을 제공하고자 한다.

사회·자연 관계의 인식 전환

신유물론: 지구의 물질적 조건에 대한 재인식

지난 수백 년 동안의 근대화 과정에서 인간은 '데카르트적 덫'에 빠져 자연과 분리된 '사회'에 살면서, 기술적·도구적 힘의 발달로 자연 지배가 가능하다고 믿었다. 또한 인간은 이러한 믿음에 기반을 두고 엄청난 물질적 부를 누적시키는 산업화와 도시화 과정을 촉진할 수 있었다. 그러나 그 결과 초래된 지구적 생태 위기는 이러한 믿음이 얼마나 잘못된 것인지를 보여준다. 이러한 점에서 인류세 담론은 인간이 자연과 무관한 사회 속에서 살아온 것이 아니라 지구의 물질적 조건 위에서 삶을 영위해 온 존재라는 사실을 자각하게 한다.

이러한 자각은 서구 휴머니즘의 전통 속에서 구축된 인간과 비인간(자연 또는 사물) 간의 구분, 자연에 대한 인간의 우월적 지위 부여에 대해 근본적인 자기 성찰을 요구했다. 이에 따라 사회생태적 관계의 구성에서 행위자로서 비인간 사물의 물질성(materiality)을 강조하는 포스트휴머니즘(post-humanism) 또는 신유물론(new materialism)이 등장하게 되었다. 2000년대 초

등장한 신유물론은 데카르트적 이원론에 뿌리를 둔 인간 중심 편향성을 극복하려는 시도로, 인간 세계(주체, 정신, 문화)와 비인간 세계(객체, 물질, 자연)가 분리되어 존재하는 것이 아니라 항상 결합되어 사회물질적 공동 세계를 이루어 나간다고 주장한다.

신유물론적 사고는 인류세 개념과 비슷한 시기에 등장했지만 서구 인간 중심주의적 휴머니즘을 극복해야 한다는 주장, 즉 포스트휴머니즘에 대한 논의는 그 이전에도 이미 상당히 넓게 이루어지고 있었다. 많은 이론가들은 신유물론적 관점에서 여러 갈래로 분화된 세부 이론을 발달시켜 왔으며, 이에 따라 세부적으로 다소 차이를 보인다.[1] 하지만 신유물론은 근대적 이원론에 기초한 기존의 철학적, 사회 이론적 전통에 도전하고자 한다는 점에서 몇 가지 공통점을 가진다(Fox and Alldred, 2018: 4; 김환석, 2018: 6).

첫째, 물질세계와 그 내용은 고정되거나 안정된 실체가 아니라, 관계적이고 불균등하며 항상 유동적이다(관계적 물질성). 둘째, '자연'과 '문화'는 서로 분리된 영역으로 취급해서는 안 되고 물질성이 지닌 연속선상의 일부로 취급되어야 한다(일원론적 존재론). 셋째, '행위성(agency)'의 능력, 즉 사회 세계를 생산하는 행위들은 인간 행위자를 넘어서 비인간과 무생물

---

1) 대표적 이론에는 라투르의 행위자-연결망 이론(Actor-Network Theory), 질 들뢰즈 (Gilles Deleuze)와 마누엘 데란다(Manuel DeLanda)의 어셈블리지 이론 (Assemblage Theory), 도나 해러웨이(Donna Haraway)와 카렌 바라드(Karen Barad), 로지 브라이도티(Rosi Braidotti) 등으로 대표되는 페미니스트 유물론 (Feminist Materialism) 등이 있다. 이 외에도 캉탱 메이야수(Quentin Meillassoux) 등의 사변적 실재론(speculative realism), 그레이엄 하먼(Graham Harman)의 객체지향존재론(object-oriented ontology), 제인 베넷(Jane Bennett)의 생기론적 유물론(vitalist materialism) 등을 포함한다(김상민·김성윤, 2019).

에까지 확장된다(비인간 행위성). 요컨대 이러한 공통점은 인간과 비인간 사물(동식물, 자연, 물질성 등) 간 관계에 관한 인식론적 전환을 요청한다.

특히 행위자-연결망 이론(ANT)을 주창한 브뤼노 라투르(Bruno Latour)는 인류세와 관련해 인간 종의 생존과 지구 시스템의 변화가 직결되어 있음을 강조하면서, 인간뿐 아니라 지구 시스템을 구성하는 모든 요소(생명체, 비생명체 사물들, 그리고 지구 그 자체를 포함해)를 행위자로 인식해야 한다고 주장한다. 그에 의하면, 근대적 서사는 자연과 인간의 이원론에 바탕을 두고 인간의 자연 지배를 정당화했지만, 실제 근대화 과정은 자연과 인간 관계를 점점 더 긴밀하게 연계하는 과정이었다(Latour, 2014).

인류세, 사회와 자연의 역사적 재결합

신유물론적 관점과 이론은 다양한 학문 분야와 주제들에 원용되고 있지만, 특히 인류세에 관한 철학적 논의의 지평을 확대하고 있다. 라투르에 의하면, 우리는 사물과 자연으로부터 분리된 '근대인'이었던 적이 결코 없다(라투르, 2009). 라투르를 포함해 여러 학자들은 자연과 사회에 관한 근대적 준거를 넘어 인류세에서 작동할 수 있는 비근대적(amodern) 가능성을 탐구한다. 신유물론적 관점에서 보면, 인류세 시대의 녹색전환은 단순히 오염 저감, 환경 보존, 기술 발전, 저탄소녹색성장 등의 문제라기보다 인간-자연(비인간 사물들) 관계에 조응하는 생존의 정치이며, 인간 종의 범위를 넘어서 더 포괄적인 다중 집합체의 공존 가능성을 모색하기 위한 프로젝트이다.

신유물론은 사회와 자연이 분리된 채 서로 영향을 미치는 두 개의 실체가 아니라, 사회·자연적 혼합체(assemblage)또는 혼종적 사회·자연 시스템으로 이해하도록 한다. 이에 근거한 주장들은 기존의 (에코)모더니즘이나 인간(중심)주의의 한계를 지적하고 이로 인해 유발된 부정적 결과를 비판한다. 신유물론의 관점에서 보면, 인류세 담론은 단순히 인간 사회와 분리되어 존재하는 자연환경의 보존이나 기술 발전을 통한 자연 지배의 문제라기보다는, 인류가 인간과 비인간 세계의 얽힘 속에서 어떻게 상호 부정적 관계를 청산하고 새로운 공생 관계를 찾아 나갈 것인지의 문제에 천착한다(김상민·김성윤, 2019).

이처럼 신유물론은 인류세의 개념화와 녹색전환을 위한 실천에 중요한 단초들을 제공한다. 지구적 생태 위기를 극복하기 위한 인류세와 녹색전환에 관한 논의는 인간(주체, 사회, 문화 등) 대 비인간 사물(객체, 자연, 물질 등)을 존재론적·인식론적으로 분리시키기보다 이들 간 역동적 관계로 이해할 것을 요구한다. 이에 따라 인류세 담론은 사회 이론 및 인문학 분야에서 학자들의 보다 넓은 관심을 끌면서, 사회·자연 혼합체라는 사고를 포함해 포스트휴머니즘이나 신유물론의 관점에서 제시된 주장을 반영하게 됐다.

예컨대 차크라바티의 주장에 의하면, 기후 변화를 포함해 모든 지구적 생태 위기에 관한 "인류세적 설명은 자연 역사와 인간 역사 간 오래된 인간주의적 구분을 허물어뜨리도록 한다"(Chakrabarty, 2009: 201). 달리 말해 지질학이 태동했던 18세기에 인간 역사와 지구 역사가 갈라졌다면, 인류세의 도래는 이 두 역사가 다시 만났음을 의미한다. 두 역사가 다시 만난다는 것은 사회를 자연에서 분리해 후자를 전자의 통제 아래 두려는 시도로 인해 인간이 자연을 통제하는 것이 더욱 불가능해졌으며, 결국 인류와 지구는 운명 공동체임을 말해준다.

인간은 역사적으로 특정한 인식론, 특히 인간/자연 이원론의 계몽주의 전통을 형성한 데카르트 인식론에 근거해 자연으로부터 자신을 분리된 존재로 인식해 왔다. 이러한 이원론적 인식론의 발달에 따라 인간은 오히려 더욱 복잡한 인간-자연 혼합체를 만들어내게 되었다. 역설적으로 이러한 인식론적 분리의 결과는 인간과 자연을 분리된 실체로 인식해서는 안 되며 서로 유기적으로 연계된 혼합체임을 자각하고 새로운 방식으로 사회·자연 관계를 재편하도록 요구하고 있다고 하겠다.

사회-자연 혼합체 또는 생태적 소외

사회-자연 혼합체라는 사고, 특히 라투르의 신유물론은 몇 가지 의문을 자아낸다. 우선 비인간 사물(특히 비생명체)이 어떻게 행위자가 될 수 있는가라는 의문이다. 자연이 어떤 행위자로서 작동하고 있다는 점은 실제 자연이 가지는 힘(다양한 유형의 에너지)으로 입증할 수 있으며, 또한 자연을 의인화한 수사(메타포)에서도 그 의미를 찾아볼 수 있다. 예컨대 해밀턴(2018: 83)은 다음과 같이 서술한다. "자연은 잠에서 깨어나고 있다. 어디를 둘러봐도 인간의 영향력이 미치지 않는 곳은 없지만, 동시에 자연은 분노하고 복수심에 찬 움직임을 보여주고 있다". 이러한 메타포는 자연을 의인화함으로써 그 자체로 하나의 행위자처럼 보이게 하며, 나아가 인간과 대립적 관계를 가지는 것처럼 인식하게 한다.

그러나 인간의 행위성에 대한 인간 중심적 사고가 인간에 의한 자연 지배 개념을 만들어낸 것처럼, 자연의 행위성에 대한 지나친 강조는 생태 중심적 사고에 매몰되어 인간이 자연의 질서에 순응해야 한다는 태도로 이어질 수 있다. 물론 사물이나 자연의 행위성을 강조한다고 해서, 자연이 인간의 운명을 좌우한다는 환경결정론적 사고에 빠지는 것은 아니다. 그러나 인간과 자연을 완전한 통합체로 보는 것은 인간과 자연이 동일한 특성을 가지는 것처럼 인식하도록 한다. 따라서 '사회-자연 혼합체'라는 사고는 완전한(즉 미분화된) 통합체라기보다 서로 분화된(분리된 것이 아니라) 사회 시스템과 자연 시스템이 상호 관계에 따라 실체성을 가지고 행위자로서 역할을 수행함을 의미한다고 하겠다. 물론 여기서 각각의 실체성은 그 자체로서 고유하게 주어진 것이 아니라 상호 관계 속에서 형성된 것으로 이해되어야 한다.

근대성에 관한 라투르의 주장과 관련해 또 다른 의문이 제기될 수 있다. 즉 근대성에 내재된 이원론에 따라 사회와 자연이 분리되어 있다는 인식은 완전한 허구인가, 또는 어떤 현실성, 즉 자연으로부터 인간의 소외를 반영한 것인가라는 의문이다. 여기서 소외란 단순히 인간이 자연으로부터 떨어져 살게 되었기 때문에 격리되었음을 의미하는 것은 아니다. 소외란 인간이 노동을 통해 만든 생산물이 자신에 의해 통제되지 않고, 오히려 낯설고 소원한 힘으로 인간을 다시 억압하는 현상을 의미한다. 인간과 자연 간 관계성 속에서 이들의 실체적 존재가 특성을 가지게 되지만, 이러한 관계성이 괴리된 상황에서 자연 그 자체가 어떤 실체로 인식된다는 것은 결국 이들이 서로 소외되어 있음을 의미한다고 하겠다.

인류세 담론에서, 인류는 오늘날 지질학적 힘을 가지고 지구의 모든 영역에 영향력을 미치고 있지만, 그 결과로 자연은 인간 사회에 재앙적 위협을 가하고 있다고 주장된다. 여기서 자연이 인간의 영향력에 의해 변화됐다는 점에서, 자연은 인간에 의해 생산된 것으로 이해할 수 있다. 닐 스미스(Neil Smith)가 제안한 바와 같이, 인간은 자연을 생산하고, 이 과정에서 인간도 자연에서 생산된다고 하겠다(스미스, 2017).

　인간에 의해 생산된 자연이 인간의 의도와는 달리 인간 사회를 위협하고 있다는 인식은 결국 인간이 만든 생산물이 인간에 의해 통제되지 않을 뿐 아니라, 낯설고 소원한 힘으로 돌아와 인간을 억압하고 있음을 의미한다. 이러한 점에서 제이슨 무어(Jason Moore)는 인간/자연의 "이원론은 자연으로부터 인간을 분리시키는 철학적 추상화로 소외를 유발하는 근대성의 역사적 과정을 모호하게 한다"라고 주장한다(Moore, 2017a: 5).

　뿐만 아니라 이러한 자연으로부터 인간의 소외는 인간으로부터 인간의 소외로 이어진다. 즉 인간은 오늘날 지질학적 영향을 미칠 정도로 강력한 힘을 가지게 되었지만, "자신이 가진 힘을 스스로 조절하는 게 불가능해 보이는 …… 기이한 상황"(해밀턴, 2018: 5)에 처해 있다. 이러한 점에서 인류세 담론은 인간이 자연으로부터 소외되어 있을 뿐 아니라, '종으로서 인간' 자신으로부터도 소외돼 있음을 의미한다.

누가 인류세에 대해 책임을 질 것인가

　또 다른 의문은 오늘날 지구적 생태 위기와 이에 따른 인류세로의 진입에 대한 책임과 대응 방안을 어떻게 설정해야 할 것인가라는 점이다. 인류세에 관한 그동안의 논의에서 이러한 의문에 대한 해답은 크게 세 가지 다른 견해로 제시되었다(해밀턴, 2018: 140). 첫째는 생태적 근대화론자들의 주장처럼 인간이 자연을 지배할 수 있는 새로운 기술 개발을 통해 위기를 극복할 수 있다는 인간중심주의를 고수하는 것이다. 둘째는 반대로 인간 종의 특권적 자연 지배를 포기하고 인간과 자연 간의 대등한 공생 관계를 추구해야 한다는 탈인간 중심주의 견해이다. 셋째는 지구적 생태 위기를 초래한 인간이 황폐화된 지구환경을 치유해야 할 책임을 가져야 한다는 신인간 중심주의 견해이다.

이러한 대응 방안의 구분은 결국 인간과 자연의 상호 관계적 통합에서 어디에 더 많은 관심을 두어야 할 것인지에 대한 의문으로 되돌아가게 한다. 탈인간 중심주의적 대응에는 자연에 대한 관심과 부여하는 의미에 따라 다양한 주장을 포함하지만, 공통적으로 기존의 인간 중심주의적 사고가 인간에 의한 자연의 지배를 정당화하고 그 결과로 오늘날과 같은 지구적 생태 위기를 초래하게 되었다고 비판한다. 따라서 이들은 인간과 자연 간 상호 관계를 전제로 보다 급진적이고 사회생태적인 의제를 정치화하고 실천해야 한다고 주장한다. 그러나 신인간 중심주의는 인간이 어리석은 방식(즉 기존의 인간 중심주의)으로 지구의 지배자가 된 것처럼 보였지만, 이제는 그 한계를 깨닫고 황폐화된 지구의 자연환경에 대한 책임감을 가져야 한다고 주장한다(해밀턴, 2018: 71~78).

신인간 중심주의를 주창하는 해밀턴에 의하면, 인간 중심주의 때문에 생태계의 위기가 발생했다면, 그 해결책은 생물(또는 생태) 중심주의 또는 어디에도 중심을 두지 않는 관점으로 대체하는 것이 바람직한 것처럼 보인다. 하지만 이에 대해, "인간 중심주의를 포기하는 것이 가능한가, 그리고 행여 가능하다고 할지라도 너무 늦지 않았는가?"라는 의문이 제기될 수 있다. 해밀턴은 자신이 신인간 중심주의에 찬성하는 것은 그동안 지구 시스템을 파괴한 인간이 이제는 이에 대해 스스로 책임을 져야 하기 때문이라고 주장한다. 이 주장은 앞서 논의한 에코모더니즘의 주장과 혼동될 수 있지만, 인간이 지구적 생태 위기에 대해 어떻게 해서든 책임을 져야 한다는 인식 체계를 만들어내야 할 것이다.

이와 관련해 해밀턴은 과학적 사실로서 인간 중심주의와 규범적 주장으로서 인간 중심주의를 구분하고자 하지만, 현실적으로 이 구분이 가능한지는 의문스럽다. 뿐만 아니라, '인간 중심주의를 포기하는 것'이 왜 불가능한지 뚜렷한 답이 없다. 인류세의 도래와 지구적 생태 위기에 대한 책임은 분명 인간에게 있다. 그러나 사회·자연 관계에 대한 인식의 전환 없이 인간의 책임성을 강조하는 것은 결국 기존의 이원론으로 회귀하는 것이다. 즉 해밀턴이 주장하는 새로운 인간 중심주의에 근거한 인간의 책임성은 인류세 시대에 사회·자연의 상호 관계 속에서 인간이 부여받은 새로운 역할로 이해돼야 할 것이다.

자본주의 사회경제 체제의 전환

녹색전환의 기존 모형들

녹색전환은 자연환경 체계와 경제사회 체계의 결합적 작동을 전제로 이들의 전환을 동시에 고려할 수 있어야 한다. 또한 녹색전환은 단지 학술적 논의에 국한되는 것이 아니라 정책에 반영되어 실행될 수 있어야 한다. 즉 녹색전환은 사회경제 체계의 보다 광범위하고 전면적인 변화를 추구하지만, 이러한 변화를 실현하기 위한 과제들은 구체적 영역별로 나누어 설정·실행되면서 또한 영역들 간 연계성이 고려돼야 할 것이다. 이러한 점에서 기존의 '지속 가능한 발전' 전략에서처럼, 경제·사회·정치 등의 각 영역에서 수행돼야 할 원칙과 구체적 과제를 재검토해 볼 수 있다.

최근 지속 가능한 발전에 관한 논의들은 '인류세적 전환'이라고 지칭할 정도로 인류세 개념의 등장과 더불어 새로운 의미를 가지게 되었다(Arias-Maldonado, 2016; James, 2017). 그동안 지속 가능한 발전의 개념이 국가적·지구적 환경 문제에 대한 관심의 촉발과 실천을 위해 큰 기여를 했다는 점은 인정된다. 그러나 이 개념은 관련된 정책의 입안 과정에서 경제적 측면의 지속 가능성을 우선하면서, 사회적 형평성이나 환경의 생태성 함양은 이를 위한 부차적 과제로 간주하는 경향이 있었다. 또한 지속 가능한 발전의 개념은 인간 사회와 자연환경 간 이원론에 명시적으로 근거를 두지 않는다고 할지라도 이들 간의 상호 관계에 관심을 두기보다는 자연환경과의 관계를 인간 사회의 여러 측면들 가운데 하나로 이해한다는 점에서 한계가 있다.

회복(또는 복원)력 개념은 지속 가능한 발전의 개념과 관련이 있고 이와 비슷한 맥락에서 인류세의 관점에 의해 재해석되고 있다. 회복력(resilience) 개념은 지구적 기후 변화나 도시에서 발생하는 여러 재난들로 인한 충격에 대해 수용 가능한 수준에서 생존하고 변화함으로써, 적응하는 능력을 의미한다. 회복력 개념은 도시적 차원에서 지구적 차원에 이르기까지 다양한 층위에서 발생하는 생태적 위기에 대응하기 위한 모형 또는 전략으로 이해될 수 있다.

이 개념은 인류세에 의해 드러난 서구 정치철학의 근원, 즉 인간(정치)과 자연을 구분하는 근대성의 한계를 지적하는 한편, 인류세적 상상력에 기반한 정치의 재자연화를 통해 신자유주의적 정치를 벗어나서 대안적 미래 사회를 위한 전환을 추구하고자 한다는 점에서 의의를 가진다(Grove and Chandler, 2016; Chandler et al., 2020). 특히 회복력 개념은 인류세 담론에서 논의되는 기후 변화나 그 외 '지구적 한계' 영역이 인류의 존립을 위해 회복 가능해야 함을 강조한다. 하지만 회복력 개념과 이에 근거한 정책적 거버넌스는 지속 가능한 발전의 개념과 마찬가지로 지구나 도시에 영향을 미치는 충격이 왜 발생하는가에 대한 원인이나 배경에 대해서는 제대로 설명하지 못하며, 또한 '누구를 위한 회복력인가'라는 의문이 제기된다(Cretney, 2014).

〈그림 3-1〉 도넛경제학에서 환경과 사회경제

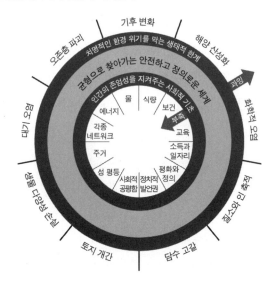

자료: 레이워스(2018).

　최근 거론되고 있는 케이트 레이워스(Kate Raworth)의 '도넛경제학'은 생태적 한계와 사회경제적 문제 영역을 동시에 검토하고 지구적 규모로 발생하는 사회·환경적 문제에 대처하면서 균형 있는 세계를 만들어나가는 데 기여하고자 한다. 이 모형은 '치명적인 환경 위기를 막는 생태적 한계'와 '인간의 존엄성을 지켜주는 사회적 기초'를 충족하고, 사회·자연적 균형과 안전하고 정의로운 세계를 이루기 위한 구체적 과제들을 설정한다고 주장한다(레이워스, 2018).

　사실 도넛경제학이 제시한 모형은 인류세 연구에서 제시된 '행성적 한계'의 개념을 그대로 원용한다는 점에서 직접적 연계성을 가진다. 〈그림 3-1〉에 제시된 모형을 앞에서 논의했던 〈그림 2-2〉와 비교해 살펴보면, 도넛의 바깥 면은 인류세에서 제기된 아홉 가지 유형의 행성적 한계로 설정되고, 안쪽 면은 열두 가지의 사회경제적 요소들이 배치된다. 동전의 양면처럼 도넛의 바깥쪽과 안쪽 면의 생태환경적 요인들과 사회경제 활동은 상호 연계성 속에서 과잉과 부족을 유발한다. 이 모형은 생태적 한계와 사회적 기초 사항들을 동시에 고려한다는 점에서 유의성을 가지지만, 이들 간에 어떤 연관성을 가지는지에 대한 설명은 미흡하다.

녹색전환을 위해 원용할 수 있는 모형들은 나름대로 생태환경적 요인과 사회경제적 요인을 동시에 고려하면서 이들을 전환해 나가야 한다고 주장하는 점에서 의의가 있다. 그러나 기존 모형들은 이러한 두 가지 요인들 또는 체계들이 실제 어떻게 접합되어 동시 작동하는가를 설명하지는 못했다는 점에서 한계가 있다. 진정한 녹색전환을 추진하기 위해 자연환경 체계와 경제사회 체계를 단순히 병렬적으로 연결하는 모형이 아니라 이들이 어떻게 결합적으로 작동하며 그 작동 과정에 어떠한 모순 또는 상호 조응 관계가 성립하는지를 설명해 줄 수 있는 모형이 필요하다.

사회·자연 시스템의 결합적 순환

사회·자연 시스템은 내적으로 분화되어 있지만 하나의 공통 축으로 연결된 자연환경 시스템과 사회경제 시스템의 상호 조응적 또는 모순적 작동과정으로 모형화될 수 있다. 이 모형에 의하면, 인간은 생산과 소비를 공통의 축으로 작동하는 두 가지 시스템, 즉 사회경제 시스템과 자연환경 시스템으로 분화된 세계 속에서 살아간다. 삶을 영위하는 동안 생산 활동에 참여하고 그 과정에서 얻은 재화를 소비함으로써 자신의 욕구를 충족하고 사회적 생활의 질을 개선해 나간다. 생산과 소비 활동은 자연으로부

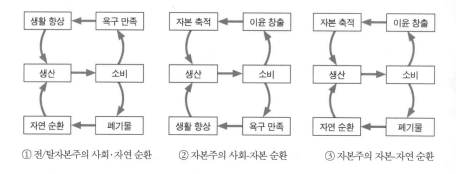

〈그림 3-2〉 사회·자연 순환 모형

① 전/탈자본주의 사회·자연 순환　　② 자본주의 사회-자본 순환　　③ 자본주의 자본-자연 순환

터 얻은 자원의 사용과 폐기물의 배출로 이어지며 자연의 순환 과정을 통해 정화되고 다시 생산 원료나 연료로 사용된다. 〈그림 3-2〉는 두 개의 시스템으로 구성된 사회·자연의 통합 모형으로서, 이 시스템들이 어떤 관계 속에서 작동하는지를 보여준다. 특히 이 모형은 자본주의 사회-환경 체계에 어떤 모순이 내재되어 있는지를 설명하는 데 주요한 단초를 제시한다.

　전 자본주의 사회에서도 인간은 자연에서 자원을 생산해 소비함으로써 필요와 욕구를 충족하는 생활을 영위하며 향상시켜 나갔다. 이 과정에서 발생하는 다양한 종류의 폐기물들은 자연으로 돌아가, 순환 과정을 통해 다시 생산 과정에서 자원으로 활용됐다. 이러한 과정은 〈그림 3-2 ①〉과 같이 유기적 전체 순환 과정 내에서 분석적으로 구분된 두 개의 순환 과정, 즉 인간 사회의 재생산 과정과 자연 자원의 순환 과정으로 표현될 수 있다. 여기서 한 순환 과정은 맞물려 있는 다른 순환 과정과 분리되거나 괴리(또는 모순적 관계)되지 않은 채 접합해 원활하게 이루어졌다.

　그러나 자본의 무한한 축적을 추구하는 자본주의의 발달로, 인간의 생산과 소비 활동은 욕구 만족과 생활의 향상이라는 일차적 목적보다는 이윤 창출과 자본 축적을 주된 목적으로 하며 전개됐다(〈그림 3-2 ②〉). 이 과정에서 자본가의 이윤 창출을 위해 노동자들은 기본 필요나 욕구조차 충족시키지 못하거나, 역으로 이윤 실현을 위해 소비를 촉진하는 다양한 수단에 의해 과시적 욕구가 추동되기도 한다. 뿐만 아니라 이러한 자본주의 사회경제 체제의 발달은 지구 시스템의 순환 과정에 내재된 생태적 한계를 초과한 생산과 소비를 촉진함으로써 생태 위기를 점점 심화시키게 되었다(〈그림 3-2 ③〉).

사회-자연 체계의 작동 원리

사회경제 체계와 자연환경 체계로 분화된 사회-자연 체계의 통합적 순환 과정에 관한 모형은 분화된 통합 체계의 작동 방법에 대해 좀 더 명확한 설명을 요청한다. 우리는 그 설명을 통해 지구적 생태 위기와 인류세에 관한 논의, 그리고 자본주의적 사회경제 체계의 전환을 위한 연구 및 대안적 정책의 모색을 위한 시사점 등을 얻을 수 있을 것이다.

① 생산과 소비를 공통 축으로 전개되는 자연환경 체계의 순환과 사회경제 체계의 순환은 통합적으로 사회-자연 체계를 구성한다. 이러한 통합적 체계 구성에서 어느 한 순환 체계는 다른 순환 체계에 영향을 미치면서 공진화한다. 달리 말해 한 순환 체계의 위기는 다른 순환 체계의 위기를 초래하며, 인간이 자연을 대상화해 정복하는 것은 자연뿐 아니라 인간을 대상화하고 지배하려는 것이며, 이는 결국 사회와 자연의 공멸을 의미한다.

② 생산-소비 과정에 기반한 인간의 사회경제 활동은 지구 생태계의 순환 과정에서 허용된 행성적 한계 내에서 이루어진다면, 지구 생태계에 어떤 부담을 주거나 위기를 초래하지 않는다. 따라서 (전자본주의 사회에서처럼) 인류세라고 불릴 수 있는 새로운 시대(즉 탈자본주의 사회)의 생산-소비 활동은 생활 향상에 필요한 기본 욕구의 충족과 인간 복리의 향상에 기여하며, 지구적(또한 지역적) 사회·생태적 한계를 벗어나지 않는 범위 내에서 이루어져야 한다.

③ 자본주의 사회경제 체제에서 전개되는 생산과 소비 활동은 이윤 극대화 또는 무한한 자본 축적, 즉 인간 욕구를 억압하거나 또는 허구적 욕구를 추동하는 맹목적인 경제성장은 자연 생태계가 허용하는 한계를 벗어나 지구적 생태 위기를 심화시킨다. 따라서 인간의 욕구 충족 및 생활의 질 향상과 괴리된 성장지상주의는 통제되어야 한다. 즉 사회·자연적 공진화를 위해 자본주의적 생산-소비 과정에 관한 제도적 관리와 조정이 요구된다.

④ 자본주의 사회경제 체제에 대한 관리와 조정 없이 당면한 지구적 생태 위기를 기술적으로 극복하는 것은 불가능하다. 사회경제 활동이 자연 생태계에 미치는 영향을 최소화하기 위해 경제성장과 자연환경을 분리시키고 그 접촉면을 (기술적으로) 최소화해야 한다는 주장은 결국 생태근대론자처럼 사회/자연의 이원론에 빠지는 것이다. 따라서 자연과 사회를 매개하는 기술의 발달은 이들 간의 모순적 접촉이 아니라 공생적 통합과 공진화에 기여해야 한다.

이러한 점들은 지구적 생태 위기의 해소와 진정한 인류세의 도래를 위한 녹색전환의 기본 원칙이라 할 수 있으며, 이러한 전환을 위한 사회경제 체계의 재구성에 직간접적으로 반영되어야 할 것이다. 사회경제 체제를 어떻게 재구성할 것인가의 과제는 사회-자연 체계와 관련된 규범들, 예컨대 사회생태적 정의, 공간환경적 불평등의 완화, 사회·자연적 소외 극복과 상호 인정 등을 설정하는 한편, 사회경제 체계 및 지구 시스템의 위기 경향을 초래한 원인을 밝히고 이를 해소할 수 있는 방안을 담고 있어야 할 것이다.

물론 특정한 생태 위기 현상이 사회경제 체제에서 어떤 특정 부문의 문제로 유발되었는지를 한정하기는 어렵다. 왜냐하면 사회경제 체제도 내적으로 다양한 영역들로 분화되어 있으며, 동시에 상호 연계되어 있기 때문이다. 뿐만 아니라 기존의 사회경제 체계의 전면적인 해체 없이 각 부문별 재구성으로 지구적 생태 위기를 극복할 수 있을 것인가에 대한 의문이 제기될 수 있다.

녹색전환을 위한 영역별 주요 과제들

녹색전환을 위한 사회경제 체제의 각 영역별 주요 과제들을 설정해 보면 〈표 3-1〉과 같이 요약할 수 있다. 이 과제들은 각 영역별로 세분화한 것이라고 할지라도, 매우 거시적·포괄적 계획과 실천을 요구한다. 또한 이들 각각은 분리된 것이 아니라 서로 밀접하게 연계되어 있다는 점에서, 상호 관련성을 전제로 수행돼야 할 것이다. 이러한 영역별 주요 과제들의 수행은 궁극적으로 새로운 시대, 새로운 지구의 미래로서 인류세의 도래, 즉 지구적 생태 위기의 극복과 더불어 우리 사회의 사회·생태적 공생과 공진화를 목표로 한다.

〈표 3-1〉 녹색전환을 위한 영역별 주요 과제

영역	문화	사회	경제	정치	국토 공간	환경
주요 과제	사회자연 공생 의식	빈곤과 기아 극복	탈성장 경제 정착	숙의 민주주의	균형 국토, 연계 도시	환경 의제 최우선화
	생태적 생활양식	자원 배분 공평성	인간·생태적 일자리	생태적 거버넌스	공동체 재지역화	생태환경 빅데이터화
	사용 가치 소비 문화	소통, 신뢰 네트워크	기술의 생태적 혁신	녹색전환 법제도	생태적 주거 환경	환경 사회 이론화
	사회생태적 탈소외	탈근대화 교육	자연의 탈상품화	사회-환경 정의	생태적 교통, 이동	지리-생태적 관리
	다문화, 생태 평등	건강 사회와 위생	사회적 공유경제	시민 생태운동	공적 공간 확충	국제 환경 협력 강화

우선 문화적 측면에서, 사회/자연 이원론과 자연 지배 의식을 해소하고, 생태적 공생과 공진화 의식을 함양하는 것이 중요하다. 의식주 등 생활문화에서 자연과 유기적으로 통합된 생활양식을 고양하고, 가시적 소비 의식에서 벗어나 사용 가치에 기반을 둔 소비문화를 장려해야 한다. 생태적 놀이 문화와 예술 활동의 촉진, 생태적 소외를 해소, 상호 존중 의식 고취, 젠더·인종적 불평등과 생태적 불평등(예: 자연에의 접근) 해소, 자연 관련 다문화 등을 존중해야 한다.

좁은 의미의 사회적 측면에서, 생존에 필수적인 식량의 적정 배분으로 모든 사람들이 기아와 빈곤에서 벗어나도록 하며, 특히 물·에너지 등 자연 자원의 공평 배분으로 절대적·상대적으로 부족하지 않도록 한다. 자연 이용에 관한 정보 전달과 관련된 의사소통과 협력·신뢰를 위한 네트워크를 강화하는 한편, 산업인력 기술 교육에서 탈피해 생태적·상호협력적 태도와 실천 교육을 함양한다. 또한 모든 사람들의 건강과 위생 환경을 보장하고, 특히 저출산 고령사회에 대비한다.

경제적 측면에서, 탈성장(또는 저성장) 경제를 내실화하고 자원 절감, 폐기물 저감형 산업 구조로 개선한다. 노동을 통한 자연의 생산 과정에서 인간적이고 생태적인 가치를 가진 일자리를 확보하는 한편, 생산에 투입되는 소재의 축약화와 공해 물질의 감축을 위해 기술을 생태적으로 혁신한다. 자연을 자본 축적 과정에 편입시키기 위한 자연의 상품화, 민영화, 금융화를 폐기하고, 자연의 배타적·사적 소유와 독점적 이용을 지양하고, 사회적 공유경제를 촉진한다.

정치적 측면에서 자연 개발과 관리, 오염물질 처리를 위한 공론화와 생태민주주의(거버넌스)를 추구한다. 녹색전환에 필요한 정부 체계의 개편과 법 제도 정비, 규제와 인센티브의 체계화 및 예산 확보 등을 추진한다. 또한 사회환경적 정의와 동물 및 무생물 권리를 제도화한다. 자원의 독점 및 지구적 생태 위기에 대처하기 위한 정책적 대응 방안을 마련하여 적극 시행한다. 나아가 지구적 생태 위기에 대한 시민들의 지역적 실천을 장려하고 이를 위한 시민생태운동을 지원한다.

국토 공간의 측면에서 가장 중요한 과제는 국토 공간의 균형 발전을 추구하는 것이며 이를 전제로 분산·연계형 압축 도시들로 재정비한다. 지역 환경의 수용 능력을 고려한 생태적 공동체를 구성하고 경제사회 체계를 재지역화하고, 자연과 유기적으로 연계된 주거 환경과 경관을 구축한다. 또한 에너지 이용과 배기가스 배출을 절감하는 생태적 교통과 이동 수단을 활용하고 지역 공동체에서 공동으로 소유, 관리, 이용하는 공적 공간을 확충한다.

좁은 의미의 환경적 측면에서 제시되는 과제로 우선 사회적·정책적 의제에서 기후 변화 등 지구적 생태 위기 대응을 최우선 순위로 설정하는 것이 긴요하다. 또한 지역적·국가적·지구적 생태 용량과 훼손 현황 파악을 위한 빅데이터의 수집·분석 역량을 강화한다. 생태 위기를 초래하는 사회적 영향력을 분석하고 평가하기 위한 사회 이론 및 인문학 연구를 촉진하는 한편, 사회적·지리적 영향력을 고려한 생태계 관리 체계(예: 유역 중심 물 관리)를 구축한다. 그리고 국제적·지구적 규모로 확산되는 생태 위기에 대처하기 위해 국가 간 환경 협력을 증대한다.

제2부

코로나19 대유행의 연대기

제4장

코로나19 위기의 발현과 확산

自然의 역습과 생명 권력
봉쇄된 도시, 격리된 도시인
코로나19의 확산과 종교적 방종

앞으로도 신종 바이러스는 변형된 형태로 계속 출몰할 것이다. 이를 통제할 수 있는 백신과 치료제 개발도 중요하고, 국가의 통제 능력도 더 체계화돼야 하겠다. 그러나 환경전염병을 통한 자연의 반격은 기술 관료주의적 생명 관리와 통제만으로 막을 수 있는 것은 결코 아니다. 푸코의 주장에 함의된 것처럼, 이러한 생명 권력은 국민들의 삶과 죽음을 조율할 수 있겠지만, 코로나19가 발현하게 된 원인을 제거하지는 못한다.

이번 사태는 단순한 의학적 문제가 아니라 생태학적 문제이며, 또한 정치적 문제와 긴밀하게 결합돼 있음을 보여준다. 앞으로 언제 재발할지 모르는 신종 바이러스의 역습을 막으려면, 우리는 자연의 지배자가 아니라 자연의 생명 그물 속에 있는 수많은 종들 가운데 하나임을 깨달아야 한다. 그리고 자연 생태계 속에서 공생할 수 있는 대안적 생활과 생산 양식을 만들어나가야 한다.

자연의 역습과 생명 권력

새로운 환경전염병의 발현

현재 인간은 '환경전염병'이라는 자연의 역습에 직면해 있다. 과거에는 없었던 신종 전염병이 출현해 사람들의 일상생활과 경제 활동을 가로막을 뿐 아니라 인간의 생명에 치명적인 위협을 가하고 있다. 『자연의 역습: 환경전염병』의 저자 마크 제롬 월터스(Mark Jerome Walters)가 주장한 바와 같이, 광우병·에이즈·사스 등의 환경전염병은 동물을 매개로 감염되지만, 새로운 질병을 불러들인 주범은 자신의 욕망을 충족하기 위해 자연을 지배하고 지구환경을 파괴한 인간이다(월터스, 2008).

2019년 12월 중국 후베이성 우한에서 발생한 신종 코로나 바이러스(이하 '코로나19') 감염병은 극히 심각한 환경전염병의 새로운 사례라고 하겠다. 코로나19가 중국뿐 아니라 우리나라를 포함해 전 세계로 급속히 확산됨에 따라, 사람들은 엄청난 충격과 공포에 휩싸이게 되었다. 확산의 초기 단계에 며칠 증가세가 주춤하자, 사태가 조만간 정점을 지나 진정 국면에 접어들 것이라는 기대 섞인 예측도 있었다. 그러나 2020년 3월 12일

하루 만에 세계의 코로나19 확진 환자가 1만 4000여 명이 추가되면서, 이번 사태에 대한 섣부른 낙관론은 삼가야 한다는 점이 새삼 강조되었다.

사태를 낙관할 수 없었던 것은 중국 당국의 발표 자료가 축소됐다거나 그 당시 중국에서 춘절 연휴 후 복귀하는 인파들로 환자가 다시 급증할 수 있다는 우려 때문만이 아니었다. 사태의 발생 원인과 앞으로 사태의 재발 가능성에 대해 풀리지 않는 의문들이 많이 남아 있었기 때문이었다. 코로나19는 어디에서 처음 생성되어 어떻게 인체에 감염됐는가? 엄청나게 늘어날 것으로 우려되는 감염 확진자를 살릴 수 있는 백신이나 치료제가 개발될까? 이번 사태를 이 지경으로 만든 중국 당국의 대응 전략은 어떻게 평가해야 하는가? 사태의 재발을 막기 위해 우리는 앞으로 어떻게 해야 하는가?

자연의 파괴와 바이러스의 진화

'코로나19'는 중국 우한(武漢)의 화난(華南) 수산 시장에서 판매한 야생 박쥐를 먹은 사람이 처음 감염되면서 시작한 것으로 알려져 있다. 그러나 최초 발병자를 포함해 환자 상당수는 이 시장에 들른 적이 없는 것으로 파악됐다고 한다. 첫 발생 장소와 감염 경로에 대한 모호성은 사람들을 불안하게 하고, 사태의 대처 방안을 세우기 어렵게 한다. 하지만 정확한 감염 과정을 알지 못 한다고 할지라도, 박쥐가 옮긴 것으로 추정되는 사스(2002년)나 낙타를 숙주로 감염된 메르스(2012년)처럼, 이번 코로나19도 박쥐나 다른 야생동물들을 통해 인체로 옮겨 온 것은 분명하다.

야생동물들이 인간에게 치명적인, 새로운 바이러스성 감염 질환을 매개하는 이유는 인간과의 접촉 기회가 늘었기 때문이다. 고온건조한 이상 기후로 유발된 산불이나 경제적 이익을 위한 삼림 벌목은 야생동물의 서식지를 파괴하고 이들의 생명을 위협한다. 그뿐 아니라 야생동물의 밀거래와 취식에서 집약적 농업, 공장형 축산, 항생제 남용 등에 이르기까지, 자연에 대한 인간의 무분별한 개입은 새로운 변종 바이러스의 창궐을 초래해 부메랑효과를 일으킨다. 코로나19 사태도 이러한 변종 바이러스의 반격이라 하겠다.

신종 바이러스가 창궐할 때면, 인간은 생명의 위험과 사회경제적 충격으로 공포와 불안에 휩싸인다. 그러나 사태가 어느 정도 진정되면, 사람들은 곧 둔감해지면서 잊어버린다. 다시 과거의 행태로 되돌아가게 되고, 지구환경은 더욱 악화된다. 이러한 과정을 되풀이하면서, 인간은 자연 통제 능력을 향상시켜 왔다고 하겠지만, 거듭된 신종 바이러스의 등장에 인간은 속수무책으로 당하고 있다. 유사한 바이러스 감염병인 사스와 메르스를 경험했음에도, 이번 사태를 막기 위해 사회적 거리두기와 손 씻기, 마스크 쓰기 외에는 별 뾰족한 대책이 없다.

코로나19를 치유할 수 있는 백신이나 치료제가 조만간 개발될 것이라고 했지만, 해당 약물을 개발한 후 임상 단계를 거쳐 인체에 처방돼야만 확신할 수 있을 것이다. 메르스 백신은 사태 후 5년이 지났지만 아직도 개발되지 않았다. 변종 바이러스는 유행기 이후 대부분 소멸하기 때문에, 다국적 제약업체들은 엄청난 연구비를 들여 백신이나 치료제를 개발하려 하지 않는다. 이번에도 아마 사태가 심각하게 악화되어 많은 국가들이 엄청난 연구 개발비를 투입하거나 고가의 약값으로 수많은 사람들이 접종을 해야만 하는 상황이 돼야 백신이나 치료제가 개발될 수 있을 것이다(뒤에 언급했지만, 실제 이 같은 상황이 돼서야 백신이 개발됐다).

그러나 현재 확산되고 있는 코로나19 바이러스에 대한 처방책이 강구된다고 할지라도, 바이러스는 다시 새로운 변종을 만들어내어 인간에게 반격을 가할 것이다. 이미 황폐할 대로 황폐해진 지구의 자연환경 속에서, 바이러스는 결코 사라지지 않고 계속 진화하면서 새로운 변종으로 나타날 것이다. 인간의 생명 의료 기술이나 자연 통제 기술은 바이러스의 진화를 따라가지 못한다. 인간은 황폐해진 지구 생태계를 복원할 의지를 별로 가지지 않는 것처럼 보이고, 의지를 가지고 실천한다 할지라도 엄청난 시간과 노력이 필요할 것이다.

생명 권력과 국가의 통제 능력

신종 바이러스가 발생하면, 국가는 우선 이를 부인하거나 숨기려 한다. 이번 사태의 발생 초기에 중국 당국은 이를 처음 알린 의사 리원량(李文亮)을 유언비어 유포 혐의로 반성문을 쓰도록 했다. 그는 자신도 감염되어 죽음에 이르게 되었음에도, "건강한 사회라면 하나의 목소리만 나와선 안 된다. 해야 할 일을 했을 뿐"이라고 담담하게 말했다. 만약 당국이 정보를 공개하고 대비하도록 했다면, 사태는 이렇게까지 악화되지 않았을 것이다. 그러나 중국 당국은 그 후에도 실태를 알리려는 사람들을 구금하고, 언론의 자유를 막았다.

지역사회에서 코로나19 환자가 급증하고 빠르게 전파됨에 따라, 중국 당국은 주민 이동을 통제하고 인구 천만 명의 거대도시를 봉쇄해 버렸다. 현대 사회에서 공적 의료 보건은 국가의 책임이라지만, 실제 국가는 이를 책임지기보다 권력, 정확히 말해 '생명 권력'으로 행사한다. 미셸 푸코

(Michel Foucault)의 용어로, 생명 권력(또는 생체권력, biopower)이란 "종으로서의 신체, 즉 개체 증식, 출생률과 사망률, 건강 수준, 수명 등과 그것들을 변화시킬 수 있는 조건들에 개입하고 조절하는 '통제' 전체, 다시 말하자면 '인구의 생명 정치'"로 정의된다(푸코, 2004: 155~156). 요컨대 생명 권력은 국민을 '살게 만들고 죽게 내버려 두는' 권한을 말한다.

코로나19가 급속히 확산되는 상황에서, 생명 권력은 마치 당연한 것처럼 일부 환자들만이 아니라 국민 전체를 대상으로 작동하며, 점차 세련되고 명시적인 방식으로 일상생활 속에 파고든다. 정부는 확산 차단을 위해 국민에게 사회적 거리두기, 마스크 쓰기, 손 씻기 등과 같은 생활 수칙의 준수를 요구한다. 일본 요코하마항에 정박한 대형 크루즈선에 대한 일본 정부의 대책은 탑승자들을 선박 내에 고립시킨 채 '죽게 내버려 두는' 반면, 이들과의 접촉 차단으로 국민의 생명을 보호하고자 하는 생명 정치의 또 다른 면모를 보여주었다.

이번 사태가 얼마나 오래 지속될지 아무도 알지 못한다. 앞으로도 신종 바이러스는 변형된 형태로 계속 출몰할 것이다. 이를 통제할 수 있는 백신과 치료제 개발도 중요하고, 국가의 통제 능력도 더 체계화돼야 하겠다. 그러나 환경전염병을 통한 자연의 반격은 기술 관료주의적 생명 관리와 통제만으로 막을 수 있는 것은 결코 아니다. 푸코의 주장에 함의된 것처럼, 이러한 생명 권력은 국민들의 삶과 죽음을 조율할 수 있겠지만, 코로나19가 발현하게 된 원인을 제거하지는 못한다.

이번 사태는 단순한 의학적 문제가 아니라 생태학적 문제이며, 또한 정치적 문제와 긴밀하게 결합돼 있음을 보여준다. 앞으로 언제 재발할지 모르는 신종 바이러스의 역습을 막으려면, 우리는 자연의 지배자가 아니라 자연의 생명 그물 속에 있는 수많은 종들 가운데 하나임을 깨달아야 한다.

그리고 자연 생태계 속에서 공생할 수 있는 대안적 생활과 생산 양식을 만들어나가야 한다.

봉쇄된 도시, 격리된 도시인

코로나19의 창궐과 도시 봉쇄

현대사회의 대도시는 높은 인구 밀도와 역동적 사회 활동으로 발전하고 있지만, 이에 비례해 늘어난 접촉과 이동으로 전염병의 온상이 될 위험을 안고 있다. 일단 전염병이 발생해 도시 안팎으로 확산되기 시작하면, 접촉과 이동을 차단하기 위해 도시인의 격리와 도시 봉쇄가 불가피한 것처럼 보인다. 그러나 긴급 상황에서 이루어지는 조치라고 할지라도, 왜, 어떻게 이루어지는가에 따라 그 의미와 효과는 달라진다.

코로나19가 대구·경북에서 창궐하기 시작하던 시점에, 당시 여당의 대변인이 당정청 협의회 결과를 브리핑하면서 "대구·경북은 …… 최대한의 봉쇄 정책을 시행해 확산을 조속히 차단하기로 했다"라고 밝혔다. 이 발언은 대구를 중국의 우한처럼 물리적으로 봉쇄한다는 뜻으로 해석되면서, 야당과 많은 대구 시민들의 거센 반발을 초래했다. 이 발언을 한 대변인은 결국 사퇴했고, 대통령까지 나서서 봉쇄의 의미를 해명해야 했다.

정부의 해명에 의하면, 봉쇄는 방역 용어이며 적극적 차단과 격리로 코로나19의 지역사회 전파를 최대한 막겠다는 뜻으로 해석된다. 사람들은 감염원으로부터 자신을 스스로 격리하고, 감염된 사람들은 신속하게 병원이나 자가에 격리함으로써, 전염병의 확산과 차단을 위해서는 봉쇄가 필요하다는 것이다. 봉쇄를 둘러싼 논란은 코로나19 대유행의 긴박한 상황으로 인해 더 이상 물의를 일으키지 않았지만 이 용어는 이번 사태를 설명하는 핵심어들 가운데 하나가 되었다.

불가피하지만 불가능한 봉쇄

봉쇄란 지역이나 집단을 구분해 경계를 설정하고 상대방의 침투나 접근을 막는 것을 의미한다. 봉쇄는 안과 밖을 구분하는 영역적 개념이며, 차단·격리·폐쇄·장벽·제한·배제·적대·차별 등 여러 동의어를 가진다. 봉쇄는 물리적 공간 현상이지만 사회적 관계와 개인의 심리 상태에 직간접적으로 영향을 미친다. 봉쇄는 자가 격리에서, 병원이나 시설 폐쇄, 도시나 국경 차단에 이르기까지 중층적이고 다양한 유형으로 이루어진다. 그러나 인간과 더불어 모든 사물들은 상호 연계되어 있다는 관점에서, 완벽한 봉쇄가 불가능해 보인다.

우선 방역과 치료의 측면에서 봉쇄는 코로나19 환자들에게 절대적으로 필요한 조치이다. 사태 초기 대형 병원의 음압 병실에서 격리 치료를 받고 있는 환자들은 어떤 의미에서 다행이라고 할 수 있다. 사태의 급진전으로 병실이 부족해서 입원하지 못하고 자가 격리된 확진자들은 얼마나 불안하겠는가? 정부가 마련한 생활치료센터는 확진자의 격리 치료를 보다 원활하게 하기 위한 조치로 인정받고 있다. 이처럼 코로나19 확진자에게 격리 봉쇄는 불가피하다고 하겠다.

코로나19 확진자와 사망자의 상당수가 거동이 불편한 노인이나 장애인들이 입원해 있는 병원이나 요양시설, 그 외 다른 기저 질환을 가진 환자들의 병원(예: 정신병원)에서 나왔다는 점은 사회적으로 심각하게 성찰해 보아야 할 문제이다. 이들은 요양이나 치료 보호라는 명분으로 병원에서 생활하지만 실제로 바깥 사회로부터 격리되어 있다. 이런 상황에서 코로나19의 감염을 우려해 가족들의 면회조차 금지될 뿐 아니라, 확진자가 발생하면 거의 대부분 코호트 격리를 당하게 된다.

코호트 격리는 코로나19의 외부 전파를 차단하고 병원 내 환자들을 집중적으로 관리하기 위한 조치이다. 하지만 실제 격리를 당한 의료진과 환자들 사이에 코로나19가 급속하게 전파되면서 수십 명에서 수백 명의 환자가 발생하는 집단 감염이 이루어지고 심지어 치료도 제대로 받지 못하고 가족의 얼굴도 보지 못한 채 사망하는 비극이 발생하고 있다. 방역 당국은 이러한 불행이 발생하지 않도록 최선을 다해야 한다. 관련 인력과 시설을 확충하고, 확진 환자가 발생하면 전담 의료 병상을 확보해 우선적으로 적절한 치료를 받을 수 있도록 해야 할 것이다.[1]

이렇게 다양한 유형의 사회적 봉쇄와 격리가 어디서 기원했는지 이해하려면 좀 더 넓게 살펴볼 필요가 있다. 이번 사태를 근원적으로 보면, 봉쇄는 자연과 사회 간 관계에서 비롯된다. 자연에서 생성된 코로나19가 야

---

[1] 서울 동부구치소 등 교정 시설에서 1200명이 넘는 확진자의 발생은 또 다른 이유로 격리된 공간에서 발생하는 집단 감염의 사례라고 할 수 있다. 수용자들은 시설 부족 등으로 인해 환기가 잘 안 되는 시설에서 과밀 수용되어 있었고, 심지어 밀접 접촉자들도 마스크도 없이 '혼거 수용'되었다. 이로 인해 확진자가 급증하자, 당국은 수용자들을 다른 지역 교정 시설로 분산 이송시켰지만, 이감된 곳에서도 산발적으로 상당수의 확진자가 추가 발생했다.

생동물들을 숙주로 인간 세계에 침투한 것이다. 이를 막기 위해 인간은 스스로 사회를 봉쇄하고자 한다. 그러나 봉쇄는 실패한 것처럼 보이고, 엄청난 희생과 손실을 치르고 있다. 현대 의료 기술과 방역 체계의 한계도 있지만, 근본적으로 인간과 자연 간의 관계를 차단하기란 불가능하기 때문이다.

봉쇄와 격리 대책의 한계

'중국인 입국 금지'는 봉쇄와 관련된 또 다른 논란거리이다. 코로나19 공포와 불안이 가중되자, '중국인 입국 금지' 청원이 쇄도했고, 보수 야당도 편승해 이를 집요하게 요구한다. 발원지인 우한과 후베이성 입국 제한이 시행되는 상황에서, 중국인 전면 봉쇄 요구는 '대구 봉쇄'보다 더 어렵거나 실효성이 없다고 하겠다. 지구화 과정과 교통 통신 기술의 발달은 국가 간 상호 의존성과 도시 간 상호 연계성을 돌이킬 수 없을 정도로 촉진시켰기 때문이다.

일반 시민들의 자발적 자가 격리도 봉쇄의 한 유형이다. 정부도 외출을 최소화하고 불필요한 접촉을 가능한 줄이는 사회적 거리두기를 당부한다. '집콕'이라는 신조어가 생기고, 슬기로운 집콕 생활, 즐거운 집콕 문화를 위한 홍보물이나 인터넷 사이트가 관심을 끌고 있다. 이러한 능동적자기 봉쇄는 감염 차단을 위해 불가피하며, 일시적으로 가능한 조치이다. 그러나 생계를 위해 외부 출입이 불가피한 시민들은 어떻게 할 것인가? 또한 사회적 관계의 차단은 개인적 불안과 스트레스, 대면적 만남 기피와 상대 불신 등을 유발할 수 있다.

이번 사태에서 또 다른 유형의 봉쇄는 신천지교회와 관련된다. 특이한 예배 방식과 은폐된 포교 활동이 사태의 결정적 원인임이 드러나자, 예배 모임은 금지되고 시설들은 강제 폐쇄되었다. 종교의 본질을 벗어나 권력화된 조직은 해체되고, 지도부는 처벌받아야 마땅하다. 그러나 교인 개개인은 이단 종교의 희생자이며, 전염병의 피해자이다. 이들에 대한 혐오와 적대로 야기되는 사회적·심리적 봉쇄는 이들에게 참된 성찰과 새로운 희망을 가져다줄 수 없다.

코로나19의 충격과 비상 상황에서 사태의 안정을 위해 봉쇄가 불가피한 측면도 있다. 특히 전염병 감염 환자의 치료나 전염병 확산 차단을 위해 필요한 방역과 봉쇄는 더욱 철저히 이뤄져야 한다. 그러나 일반적 의미에서 봉쇄는 이동의 자유, 표현의 자유, 종교의 자유 등 시민들의 기본권을 제한하고 문제 해결을 명분으로 방역 정책을 강제함으로써 문제의 근본 해결과는 다른 방향으로 빠질 수 있다. 우리는 봉쇄와 격리가 아니라 그 반대에서 근원적 해결책을 찾아야 할 것이다.

이번 사태를 계기로 우리의 생활 및 생산 양식을 바꾸기 위해 성찰해야할 점은 '괴리된 자연과 어떻게 공생·공존할 것인가', '경쟁적 국가들과 어떻게 교류·협력할 것인가', '일상생활에서 어떻게 만나고 소통할 것인가', 참된 삶을 위해 어떻게 종교적으로 포용하고 화해할 것인가'라는 의문에 관한 것이다. 이러한 관계성의 회복을 위한 근본적 해결책을 찾지 못한다면, 코로나19 위기를 벗어날 수 없을 것이다. 설령 벗어난다고 할지라도 또 다른 신종 바이러스가 찾아와 우리를 봉쇄하고 격리시킬 것이다.

코로나19 위기 이후의 도시

도시 봉쇄와 도시인 격리 정책의 또 다른 한계는 코로나19 비상 상황에 한시적으로 시행해서 효과를 얻을 수 있는 대책이며, 위기 이후의 도시 관련 계획이나 정책이 결코 될 수 없다는 점이다. 코로나 팬데믹이 도시와 도시인들에게 전반적으로 어떤 사회·공간적 영향을 미칠 것인지 아직은 완전히 알 수 없지만, 이를 극복한 이후의 도시는 어떻게 변해야 할 것인지에 관해 상당한 논의들이 진행되고 있다. 이러한 논의에서 기본적인 전제는 오늘날 이 지구상에 살고 있는 인류가 도시적 생활양식과 공간구조를 벗어나서 살아가기란 거의 불가능하다는 점이다. 도시를 지속적으로 봉쇄할 수도 없을 뿐더러 도시를 탈출해서 살 수도 없다면, 전염병에 취약한 대도시의 사회 공간을 근본적으로 전환해야 한다.

이러한 점에서 제안할 수 있는 대안적 도시 발전 전략들 가운데 하나는 회복력(또는 탄력성, resilience)을 가진 도시이다. 유엔의 지속 가능한 도시 발전 목표에 관한 논의에 명시한 것처럼, 도시 회복력은 위기에 노출된 도시가 수용 가능한 수준의 구조와 기능에 도달하기 위해 견디고 변화함으로써 적응하는 능력을 의미한다(김리영·허창호, 2020). 코로나19 위기를 겪으면서 우리는 흔히 '결코 과거로 돌아갈 수 없다' 또는 '새로운 노멀(정상)을 만들어내야 한다' 등의 말을 듣고 있다. 이와 관련해, 도시 회복력이란 어떤 충격을 받아 변화한 도시가 단순히 이전 상태로 되돌아가려는 힘을 의미하는 것이 아니라, 도시의 여러 구성원들과 도시 시스템 자체가 어떤 외적 충격이나 만성적 스트레스에서도 생존하고, 적응하고, 성장하는 능력을 배양해야 함을 의미한다.

도시회복력 개념은 코로나 팬데믹 이전에도 많은 국내외 도시 연구자나 계획가, 정책입안자들의 관심을 끌었다. 예컨대 세월호 사건이나 메르스 사태 등의 충격적 재난을 겪으면서, 회복(탄력)성에 관한 구상이 제안되기도 했다. 이 제안에 따르면 "도시 공동체의 구조적 취약성에 대한 분석을 보완해 재난으로 인한 파국적인 사회 변화에 대한 도시공동체의 저항 및 적응을 주제화"해야 한다(노진철, 2016).

특히 이번 코로나 팬데믹이 도시에 미치는 영향에 관한 논의에서 도시 회복력 개념이 부각되고 있다. 예컨대 샤리피 등(Sharifi, 2020)은 코로나 팬데믹이 도시에 미치는 영향에 관한 논의들을 종합적으로 검토·논평하면서, 기존 논의들이 전반적으로 "코로나19 위기는 도시계획가와 정책입안자들에게 보다 정의롭고, 탄력적이며, 지속 가능한 창조적 도시를 지향하는 전환적 행동을 행하도록 하는 대단한 기회를 제공한다는 점을 보여주고 있다"라고 결론짓는다.

문제는 '현대 도시가 대재난의 충격을 이겨내는 회복력을 가지려면 구체적으로 어떻게 전환적 행동을 계획하고 시행해야 하는가'라는 점이다. 도시 회복력에 관한 연구에서 주요하게 강조되는 주제는 신진대사의 흐름(경제), 거버넌스 네트워크(정치), 사회적 역동성(사회), 건조 환경(공간환경)에서 영역별 회복력이다. 그러나 코로나19 위기와 이에 대처하기 위한 도시 봉쇄와 도시인의 격리 상황에서 회복돼야 할 점은 관계성의 회복이라고 할 수 있다.

코로나19 위기 이후의 도시를 위한 중요한 과제는 도시 내 사람들 간, 국내외 도시들 간, 도시(사회)와 자연 간 관계성을 어떻게 회복할 것인지에 관한 것이다. 일부 연구자들이나 정책입안자들은 코로나19 위기 이후 도시로, 정보통신기술의 발달에 기반한 스마트 도시 또는 비대면 도시를 제안한다. 비대면을 통해 바이러스 감염을 차단할 수 있을지는 모르지만,

결코 코로나19 위기를 이겨낸 도시라고 할 수 없다.

코로나 팬데믹 상황에서 사회적 거리두기, 자가 격리, 통행금지, 국경 봉쇄, 이로 인한 고립과 단절, 소통의 부재가 만연하고 있다. 코로나19 위기 이후 도시에서도 배달 음식, 인터넷 쇼핑, 재택근무, 원격 교육 등 비대면이 일상화되고 이로 인해 우울한 나날을 보내야만 하는가? 코로나19 바이러스가 지구상에서 완전히 사라지지 않고 독감처럼 우리 주변에 토착화될 것인가? 이러한 우려 때문이라도 앞으로의 도시는 사람들이 바이러스 감염을 통제하고, 사람들 간 대면적 만남이 가능한 생활 방식과 도시 공간으로 재편돼야 한다.

지난 몇십 년간 진행된 지구화 과정에서 도시들 간 연계성이 코로나19 바이러스의 통로가 됐다고 할지라도, 도시들 간 국제적 교류는 결코 차단할 수 없을 것이다. 물론 도시(그리고 국가) 간 국제적 관계의 회복은 경쟁적 자본 축적과 배타적 국가 이익을 위해 구축된 신자유주의적 지구화로의 회귀가 아니라, 전염병을 포함해 각종 위협에서 벗어나기 위한 진정한 협력, 인간의 삶과 지구 생태계의 복원을 위한 사회생태적 연대 관계를 지향해야 한다. 또한 코로나19 바이러스가 창궐하게 된 배경으로 자연을 대상화하고 지배하는 관행에서 벗어나 인간과 자연 간 생태적 관계를 새롭게 회복하는 것이 무엇보다도 중요하다고 하겠다.

코로나19의 확산과 종교적 방종

확산의 진원지가 된 종교 집단

우리나라에서 2020년 1월 21일 코로나19 감염자가 처음 확인된 이후 일 년이 지나는 동안 세 번에 걸쳐 확진자 수가 크게 증가하는 대유행이 있었다. 1차 → 2차 → 3차 대유행기로 진행되면서 시간 간격은 줄어들었고, 발생의 공간 범위는 확대되어 1차 대구·경북 중심에서, 2차 서울·수도권으로, 3차는 수도권을 중심으로 전국 도처에서 소규모 확산이 이루어지는 양상을 보이고 있다.

특히 2020년 1월 중순부터 시작된 3차 대유행기에는 하루 확진자 수가 1000명 넘게 발생하기도 했고, 그 후 다소 진정되었지만(현재 2021년 3월 중순까지) 300~500명 수준을 유지하고 있다(〈그림 4-1〉). 2021년 2월 후반 우리나라에서도 백신 접종이 시작됐지만, 당분간은 언제 다시 확산이 재발할지 모르는 상황에서 방역 단계를 쉽게 낮추지 못하고 있다. 이처럼 국내에서 코로나19 대유행이 진행되는 동안 여러 특징이 드러나고 있지만, 그 가운데 하나는 세 번에 걸친 대유행의 계기마다 종교 집단이 등장하고

〈그림 4-1〉 우리나라 코로나19 확진자 및 격리 해제자의 일별 증감 추이 　　　(단위: 명)

자료: 연합뉴스(2021.1.3).

〈표 4-1〉 코로나19 대유행에서 주요 집단 감염 고리들(2021.1.17. 0시 기준) 　　　(단위: 명)

	신천지 예수교	동부 구치소	사랑제일 교회	BTJ 열방센터	8.15 도심 집회	괴산정신 요양 등 협력병원	서울 강서구 댄스교습	서울 이태원 클럽	서울 강서구 성석교회	울산 양지 요양 병원
관련 확진자	5,213	1,221	1,173	763	650	438	329	277	258	246
구성비(%)	7.21	1.69	1.62	1.05	0.90	0.61	0.45	0.38	0.36	0.34

자료: ≪한겨레≫, 2021.1.18.

있다는 점이다.

　코로나 대유행이 촉발·진행되는 동안 다른 대규모 집단 감염의 고리들이 있었지만, 특히 앞의 두 차례 대유행이 유발되는 데는 신천지 예수교와 사랑제일교회와 같이 이단적 성격을 가진 교회가 확산의 진원지로서 결정적 역할을 했다. 세 번째 대유행에서도 BTJ열방센터에서의 선교 모임이 중요한 매개체가 되었다(〈표 4-1〉). 코로나19 위기 속에서 많은 교회들이 정부의 모임 자제나 금지 요구에도 불구하고 주말 예배를 강행했고, 대유행을 촉발한 종교 집단들이 우리나라 개신교 전체를 대표하지도 않는다. 하지만 이러한 특정 종교 집단이 사회적으로 비난의 대상이 된 것은 이들이 단지 개신교의 일부이기 때문이 아니다. 이들은 어떤 공통적 특성으로 인해 코로나19 대유행의 계기를 만들었고 국가의 방역 활동에 대한 부정적 태도를 보였으며 심지어 음모론을 유포했다. 우리 사회가 생명의 위협과 불안에 휩싸여 있음에도 불구하고, 이 특정 종교 집단들은 이를 치유하고 위로하기보다 오히려 사회에 심각하고 부정적인 영향을 미쳤기 때문이다.

첫 번째 대유행은 2020년 2월 20일 31번째 코로나19 확진자에서 시작되었다. 이 환자가 신천지예수회 대구교회의 교인이라는 점이 밝혀졌고, 바로 이어서 이 교회의 교인들 사이에 확진자가 폭발적으로 증가하는 양상을 보였다. 그 후 두 달 정도 지나면서 신천지발 코로나19의 확산은 진정됐지만, 이 기간 동안 이 종교 집단의 특성과 행태가 드러나면서 전 국민의 관심을 집중시켰고, 극도의 불안감을 자아냈다. 신천지 예수교는 조건부 종말론에 바탕을 두고 국내뿐 아니라 중국 우한을 포함해 해외 지부 운영으로 교세를 확장해 왔다. 24만 명에 달하는 신도 가운데 20~30대가 다수를 차지하고 고학력 신도들도 상당수이지만, 교리 자체보다 개인적 약점이나 사회적 고립감 등으로 인해 신천지의 교인이 된 것으로 알려졌다. 이러한 점에서 이 교회는 다른 개신교회들로부터 이단으로 치부돼 왔다.

신천지예수회가 코로나19 대확산의 진원지가 되면서 사회적으로 맹비난을 받은 것은 이 교회의 몇 가지 특성에 기인한다. 우선 지적될 점으로 수많은 신자가 밀폐된 교회 공간에서 밀착해 손뼉 치고 큰 소리로 노래하는 특이한 예배의 분위기를 들 수 있다. 코로나19의 대규모 집단감염이 일어날 수 있는 3밀(즉 밀폐, 밀집, 밀접)의 환경을 모두 갖춘 것이다. 또한 신천지 전도자들은 신분을 감추거나 속이고 일반인이나 다른 교회 신자들에 접근해 신도를 확보하는 과정에서 무증상 감염이 이루어졌을 것으로 추정된다.

신천지 교단 측은 대규모 집단 감염에 대한 역학 조사에 필요한 방역 당국과 지자체의 자료 요구에 제출을 지연했고, 제출한 자료조차 조작·누락해 신뢰할 수 없었다. 또한 교인들은 자신의 신분을 감추고 검진 과정에 마지못해 참여하거나 자신과 접촉한 사람들을 제대로 밝히지 않음으로써 방역 활동을 어렵게 했다. 특히 이들 가운데 보건소 직원, 의사, 간호사로 종사하는 신도들은 감염의 위험을 가중시켰다. 이러한 이유로 인해 신천지가 사회적 지탄의 대상이 되자, 결국 교단 회장이 언론 앞에 나와서 사과하는 모습을 보이기도 했다. 신천지 교인들과 접촉자들에 대한 검사가 진행되면서, 대구를 중심으로 확진자가 대규모로 드러났고 이들을 수용힐 수 있는 의료시설의 부족으로 혼란이 초래되기도 했다.

신천지 사태 이후 종교 활동을 통한 소규모 감염은 이어졌지만, 대규모 확산은 얼마 동안 없었다. 그러다가 8월 15일을 전후해 서울 소재 사랑제일교회의 활동과 광화문 집회가 코로나19 재확산의 기폭제가 되었다. 이 교회에서 감염 환자가 속출했지만, 신자와 방문자의 상당수는 자가 격리나 자발적 검사를 기피했다. 이 교회에서는 8월 12일 첫 확진자가 나오기 직전까지 서울 지역 신도들뿐 아니라 지방에서 올라온 방문자들이 교회 강당에 모여 숙식을 같이 하며 철야 기도를 했고, 일요일에 목사가 마스크를 쓰지 않은 채 수백 명의 신도들과 예배를 진행한 것으로 밝혀졌다. 특히 이 교회의 목사는 자가 격리 통지를 받았음에도 8월 15일 광화문 집회에 참석해 마스크를 착용하지 않은 채 연설을 했다. 며칠 후 코로나19 확진 판정을 받아 입원 치료를 받았고, 격리가 해제된 후에는 결국 재구속되었다. 이 목사는 이른바 '태극기 집회'를 주도해 '공직선거법 위반'으로 구속된 후 보석 상태였다.

세 번째 대유행에서는 특히 'BTJ열방센터'라 불리는 개신교 선교단체가 앞선 두 교회처럼 결정적 계기를 만들지는 않았다고 할지라도 주요한 매개체가 됐다. BTJ(Back to Jerusalem의 약자)는 기독교의 성지로 불리는 예루살렘으로 돌아가자는 뜻이고 '열방(列邦)'이란 모든 나라, 즉 전 세계라는 의미이다. 이 센터는 인터콥(전문인국제선교단)이라는 선교 재단의 훈련 센터로, 홈페이지에 소개하고 있는 것처럼, "미전도 종족 전방 개척 선교를 수행하는 평신도 전문인 선교 단체"이다. 여기서 훈련을 받은 신자들은 해외 선교에 나서거나 지역 교회로 돌아가 핵심적 역할을 담당한다.

이 단체도 모임 이후 많은 확진자를 유발했음에도 관련 자료 제출을 거부하거나 지연시켰고, 모임 참석자들도 감염 여부에 대한 검진을 기피했다. 이러한 점에서 이 단체 역시 앞선 대유행의 두 교회와 마찬가지로 반사회적이라는 비난을 받고 있으며, 또한 극단적 기독교 근본주의 집단으로 추정된다는 점에서 주목을 받는다. 그러나 이 단체가 개신교의 교리 자체를 부정하진 않기 때문에 특정 이단 집단으로 간주되지는 않는다(《이데일리》, 2021.1.17). 이 단체의 운영 방식과 활동 내용이 크게 드러나지 않았다는 점에서, 일단 앞선 대유행의 진앙지가 된 두 교회의 공통된 특성을 확인해 볼 수 있다.

우선 행태적 측면에서 지적될 수 있는 점은 양 교회의 교인들은 적극적인 예배 활동뿐 아니라 교회에서 숙식을 함께하면서 자신의 삶을 영위할 정도로 강한 결속력을 가진 교회 공동체를 형성하고 있다는 점이다. 또한 상식적으로 이해할 수 없는 종교적 교리를 맹신하고 지도자의 권위에 무조건 따랐다. 이들은 종교적 신념으로, 코로나19에 감염되지 않거나 '걸렸던 병도 나았다', 또는 '감염돼도 상관없다'고 생각한다. 이들은 교단의 요청 등에 의해 검사를 기피하거나 가능한 지연시키고자 했다.

더 큰 문제는 교단의 지도자나 운영자라고 할 수 있다. 이들은 자신을 '제2의 요한' '대예언자'로 지칭하거나 "대한민국이 자신을 중심으로 움직인다"라고 주장한다. 이로 인해 양 교회는 개신교 내에서 이단으로 취급되거나 극보수주의자로 치부되면서 갈등을 빚어왔다. 특히 교단 운영자들은 코로나19 검사 및 자료 제출 요구 등과 같은 방역 활동이 자신들을 탄압하기 위한 음모라고 주장하면서, 이를 거부하거나 지연시켰다. 교회 목사가 밝힌 성명서는 "격리 수용을 핑계로 국민을 체포, 연행하고 있다. 계엄령보다 더 무서운 방역 공안 통치다"와 같은 표현들로 가득 차 있다. 코로나19 위기 상황이라고 할지라도, 국민이 불법적으로 체포·연행되어서는 안 되며, 종교의 자유, 집회의 자유는 임의적으로 제한되어서도 안 된다. 그러나 당시 상황에서 성명서에서 주장된 내용에 과연 얼마나 많은 국민이 공감했을까?

불신과 혐오의 대상이 된 종교

이러한 상황을 지켜보면서 시민들이 종교를 바라보는 시각이 바뀐 것 같다. 교회가 코로나19의 확산 및 재확산의 진원지가 되고 국가 방역으로부터 일탈하는 모습을 지켜보면서, 종교에 대한 부정적 여론과 종교적 방종에 대한 비난이 쇄도하게 된 것이다. 코로나19로 사회 전체가 불안과 불확실성에 휩싸여 있는 상황에서, 교회는 종교 본연의 자세로 환자와 시민의 고통을 줄여주고 사태를 해소하거나 진정시키려는 노력을 거의 기울이지 않았다. 오히려 자신들의 이해관계나 배타적 믿음을 위해 방역 수칙을 어기면서 대면 예배를 강행하거나, 당국이 요청하는 자료를 제대로 제공하지 않고, 심지어 법적으로 금지된 집회에 참석해 코로나19를 확산시키며 사회에 피해를 입히는 모습을 보여주었다. 이 때문에 교회는 일반 시민들로부터 외면과 비난을 받는 집단이 되었고, 종교는 사회적 불신과 혐오의 대상이 된 것이다.

코로나19의 확산 및 재확산 과정에서 두 교회 외에도 상당수의 개신교 교회도 코로나19 방역에 역행하는 모습을 보였다. 물론 전국의 많은 개신교 교회들이 정부의 단계별 방역 수칙을 지키면서 예배와 모임 활동을 조절했지만, 상당수의 교회들은 수칙을 지키지 않고 대면 예배를 보거나 심지어 소독을 한다면서 교인들의 입에 소금물 분무기를 사용하기도 했다. 밀폐된 공간에서 신도들 간 밀착 접촉이 불가피한 대면 예배는 한 명의 확진자가 단시간에 여러 명을 감염시키게 되고, 이로 인해 교회가 크고 작은 집단 감염의 근거지가 되었다.

상당수의 교회가 대면 예배를 고집한 데는 나름대로 이유가 있을 것이다. 이 가운데 현실적으로 가장 중요한 이유는 대면 예배를 포기할 경우 헌금 감소와 교인들의 소속감 이완이 우려되기 때문인 것으로 해석된다. 그러나 주말 미사를 보는 가톨릭 성당이나 정기적·비정기적 법회를 여는 불교 사찰도 정부의 방역 대책에 맞추어 대면 모임을 유보했고, 이로 인해 상당한 재정적 어려움을 겪은 것으로 파악된다.[2] 그럼에도 불구하고 교회가 유독 대면 예배를 강조하면서 코로나19 확진자를 양산하게 된 것은 개신교 나름대로 부정적 특성을 안고 있기 때문이라고 하겠다.

우리나라 개신교회는 규모면에서 양극화되어 있다. 한편으로 세계 50대 초대형 교회 가운데 23개가 한국에 있다고 한다. 하지만 개신교 교회의 70~80%는 자체 시설을 소유하지 못하고 세 든 건물에서 예배 등의 활동을 하고 있다. 대형 교회들은 종교의 자유를 명분으로, 중소형 교회들은 비대면 예배를 위한 장비 미흡을 이유로 현장 예배를 고집한다. 그러나 "오늘날 한국의 교회는 세속 도시에 남아 있는 '성소'가 아니라 종교적 권력과 헌금을 걷기 위한 '업소'가 되었다"라는 비판과 더불어 종교의 자유가 아니라 '종교로부터의 자유', 또는 '교회로부터 거리두기'라는 표현이 나오고 있다(≪한겨레≫, 2020.8.23).

물론 종교에 대한 불신이나 혐오는 코로나19 사태에서 비롯된 것만은 아니다. 국가적 재난이나 큰 사건이 발생할 때마다 기독교의 모습을 띤 이단 종파들이 드러나 물의를 일으키곤 했다. 대표적 사례로 세월호 참사와 관련해 '기독교복음침례회'라는 이름을 가진 구원파의 교주가 연루되어 여론의 질타를 받았고, 박근혜 전대통령의 국정농단 사건에서도 이른바 영세교를 세운 인물과의 연관성이 수사 대상이 되기도 했다. 그 외에도 많은 교회 지도자들이 각종 부정부패와 추문에 얽혀 부정적 이미지를 키워 왔다. 이러한 상황에서 일부 교회가 코로나19 대확산의 진앙지가 되었을 뿐 아니라 이에 대처하기 위한 정부의 방역 정책에 역행했다는 점은 종교, 특히 개신교에 대한 불신과 혐오를 가중시켰다고 하겠다.

---

2) 가톨릭 평신도 연구 기관인 우리신학연구소가 격월간으로 발간하는 ≪가톨릭평론≫ 5, 6월호에 '코로나 이후, 종교의 길을 묻다'라는 주제로 진행된 좌담회 참조. 이 좌담회에는 연구소 이미영 소장의 사회로 박문수 가톨릭 신부, 유승무 중앙승가대 교수, 이상철 개신교 목사가 자리를 함께했다.

종교의 역할과 종교의 자유

코로나19 대유행은 그동안 사회적으로 큰 관심을 기울이지 않았던 여러 영역에서 잠재된 문제를 겉으로 드러내면서 새로운 성찰과 해결 방안을 모색해 보도록 한다. 이러한 문제 가운데 하나가 종교 문제라고 하겠다. 종교의 사회적 기능과 역할은 무엇이며, 특히 위기 상황에서 종교의 자유는 어디까지 사회적으로 허용될 수 있는가?

종교는 사회생활에서 초래되는 불안과 고통에서 벗어나 정신적 안정과 평온을 얻기 위해 어떤 교리에 대한 믿음을 공유하는 사람들의 신념 체계 및 이의 실천 양식을 의미한다. 교인들은 해당 종교의 교리나 실천 방식을 통해 자신의 정체성을 형성하고 이를 반영한 특정한 삶을 영위하게 된다. 이러한 종교 활동은 이를 수행하는 개인뿐 아니라 사회에 지대한 영향을 미친다.

종교는 흔히 합리적 사고로는 풀 수 없는 의문이나 불확실성을 해결하기 위해 초월적 절대자나 영적 존재에 의존하는 믿음과 삶의 방식을 의미하기도 한다. 그러나 세계적으로 발전한 종교의 신념 체계가 결코 비합리적인 것은 아니다. 막스 베버(Max Weber)에 의하면, 세계의 모든 고등 종교는 나름대로 합리성을 가지는데, 해당 종교가 어떤 방향으로 합리화되었는가는 그 종교의 발생과 발전을 주도하는 사회계층의 관념적 및 현실적 이해관계에 의해 크게 좌우된다(베버, 2008).

종교가 사회에 미치는 영향은 순기능과 역기능으로 구분될 수 있다. 종교는 개인의 삶을 위한 목적을 제시하고, 믿음을 통해 자신의 정체성을 확립하게 하는 순기능이 있다. 믿음을 공유하는 사람들로 구성된 신앙 공동체는 사회적 관계를 구축하고 소속감을 가지게 함으로써 생활의 안정과 통합에 기여한다. 특히 생명을 좌우하는 질병이나 사회적 불평등과 박탈감으로 고통받는 사람들에게 종교적 믿음을 통해 고통을 이겨낼 수 있는 용기와 희망을 줄 수 있다.

그러나 개인이 종교에 지나치게 의존하거나 종속되면, 불안감이나 죄책감으로 판단력이 흐려져 상식적 사고를 할 수 없고, 사회적 정체성이나 책임감을 잃어버릴 수 있다. 특히 맹목적 근본주의나 극단적 원리주의에 빠지게 되면, 종말론적 세계관 등으로 자포자기식 생활을 하게 되고, 윤리의식의 상실, 자기 정체성의 왜곡, 사회적 일탈 행동 등을 하게 된다. 심지어 일부 종교지도자들은 이러한 상황을 악용해 신도들을 심리적으로 지배하고, 사회·정치적으로 권위적 영향력을 확대하고자 할 수 있다. 또한 특정 종교에 대한 배타적 소속감으로 다른 종교나 문화를 무시하거나 적대시함으로써 집단 간에 갈등이 유발되고 급기야 종교적 충돌로 전쟁이 발발하기도 한다.

종교의 자유가 인간의 주요한 기본권 가운데 하나가 되는 것은 이와 같은 종교의 근본적 목적에 걸맞게 사회적으로 부정적 기능보다 긍정적 기능이 더 크기 때문이라고 하겠다. 인간은 신체적 생존의 욕구와 함께 삶의 궁극적 의미와 가치를 찾으려는 실존적 욕구도 갖고 있다. 종교는 인간이 원초적 본능으로 가지는 이러한 두 가지 욕구를 충족하고자 한다는 점에서 기본적 자유로 인정되고 보장돼야 한다. 그러나 종교가 이러한 본연의 임무를 외면하고 특정 개인이나 집단의 세속적 권력을 추구한다면, 더욱이 교인의 의식과 생활을 왜곡시키거나 사회적으로 무분별한 피해를 유발한다면, 종교의 자유는 법적으로 더 이상 보장되기 어려울 것이다. 우상화된 종교나 종교적 방종은 일반인들의 신뢰와 믿음을 얻지 못하고 비난과 멸시의 대상이 될 것이다.[3]

코로나 대혼돈 속에서 종교의 성찰

우리 사회는 코로나19 대유행으로 생명에 치명적 위협과 고통을 느끼고 있으며 사회경제적으로도 지대한 충격과 피해를 겪고 있다. 이러한 대혼돈 상황에서 교회는 종교의 본분을 벗어나 세속적 이해관계나 입장만 내세울 것이 아니라, 불안과 불확실성으로 가득 찬 현 상황을 이겨내고 사회가 안정과 평화를 되찾을 수 있도록 함께 노력해 나가야 하지 않겠는가? 우리 사회가 위기를 겪고 이겨내는 과정에서 크게 변화하는 것처럼, 종교도 본연의 역할에 더욱 충실해지도록 발전해 나가야 할 것이다.

이를 위해 첫째, 교회는 코로나19 위기 상황에서 사회적 책무를 방기하지 않았는지 성찰해 보아야 한다. 코로나19 확진자를 양산했던 번잡스러운 예배나 기만적인 선교 활동이 아니라 코로나19 환자의 치료나 심리 상담에 자원봉사자로 참여하거나 코로나 블루로 불리는 시민들의 우울한 심정을 어루만지기 위한 기도를 할 수는 없었는지 돌이켜 봐야 할 것이다. 교인들을 빼가는 신천지식 선교는 분명 지탄을 받아야 하지만, 신천지 신자들을 무조건 혐오할 것은 아니다. 오히려 기존 종교가 이들을 왜 제대로 포용하지 못해 신천지에 빠지도록 했는지를 사회적으로 물어봐야 할

---

3) 2021년 1월 개신교 여론 조사 기관인 목회데이터연구소의 조사 결과에 따르면, 한국 교회를 '매우·약간 신뢰한다'는 응답은 21%, '별로·전혀 신뢰하지 않는다'는 비율은 76%로 나타났다. 특히 개신교인 중 신뢰한다는 비율은 70%였으나, 비개신교인은 9%에 불과했다. 이는 2020년 1월 한 교계 단체에서 조사한 자료에서 한국 교회에 대한 '매우·약간 신뢰' 응답 비율이 32%였던 것과 비교하면 상당히 떨어진 수치이다. 또한 위의 조사에서 '국가가 공익을 위해 종교 자유를 제한할 수 있는지'를 묻는 질문에 86%가 '제한할 수 있다'라고 밝혔다. 이는 작년 8월 또 다른 교계 단체에서 실시한 조사에서 '제한 가능하다'는 비율이 59%였던 것과 비교하면 크게 높아진 것이다(≪한겨레≫, 2021.1.30).

것이다. 나아가 종교가 사회적 불평등과 위화감이 팽배한 상황에서 사회적 약자를 어떻게 배려하고 포용할 수 있는가를 생각해 봐야 한다.

둘째, 교회는 코로나19의 충격으로 왜 자기 절제를 할 수 없는 상황에 빠지게 됐는지를 스스로 따져봐야 한다. 개신교뿐 아니라 불교나 가톨릭 등 다른 종교 기관들도 조직체를 운영하기 위해 많은 비용이 들고, 따라서 코로나19 위기로 인해 상당한 재정적 타격을 입을 수밖에 없을 것이다. 사회적 거리두기 방역 수칙을 지키기 위해 예배, 미사, 법회를 중단한 종교 단체들은 신도들이 갑자기 오지 않고 헌금도 크게 줄어들어 경제적 어려움을 겪고 있다. 그럼에도 유독 개신교만이 대면 예배에 집착한 것은 어떠한 이유에서든 종교인으로 자기 절제를 하지 못했기 때문이라고 하겠다. 이는 신천지나 사랑제일교회만의 문제는 아니라고 하겠다. 대형 교회를 중심으로 운영되는 한국의 개신교 전반의 문제이다. 그동안 신도 확보와 시설 확대의 경쟁 과열 결과로 코로나19 위기에도 자기 절제를 할 수 없게 되었음을 깨달아야 한다.

셋째, 교회 지도자들은 종교가 왜 사회적으로 불신을 받고 혐오의 대상이 되었는지를 성찰해 봐야 한다. 일부 교회 지도자들은 다른 사람이 무엇이라고 하든지 염두에 두지 않고, 자신의 신념과 교리만이 옳다고 주장하면서 사회적 상식이나 질서를 넘어서려 한다. 예컨대 '믿음을 가지면 감염되지 않는다'는 등 과학적으로 근거 없는 주장을 하거나, '코로나19 확진률이 조작되었다'라는 가짜뉴스 등으로 사회적으로 인정된 사실을 부정하기도 한다. 심지어 일부 지도자들은 극보수적으로 정치화되어 오만한 태도를 보이거나 스스로 자신을 권위화하고자 한다. 하지만 교회 지도자들이 이단적 교리나 주장을 통해 신도들을 정신적으로 지배할 뿐 아니라 일반 시민과 사회 위에 군림하고자 한다면, 시민들의 불신은 더 커지고,

교회는 결국 사회로부터 고립되어 위축될 수밖에 없을 것이다.

넷째, 교회는 종교의 자유가 무엇이며, 어디까지 향유될 수 있는가를 성찰해 봐야 한다. 종교의 자유는 헌법에 명시된 기본권이지만, 무한정 주어지는 것이 아니다. 종교의 자유는 크게 두 부분으로 구분될 수 있다. 종교 선택의 자유(개인이 특정 종교를 가지거나 가지지 않을 자유)와 종교 실천의 자유(자신의 종교를 실천할 수 있는 자유)이다. 종교 선택의 자유는 거의 절대적 자유라고 할 수 있지만, 이 자유가 주어진다고 해서, 종교를 명분으로 사이비 이념을 타인에게 기만적으로 선교하거나 개인이나 사회에 피해를 입히는 종교적 실천이 무조건 허용되는 것은 아니다. 즉 종교의 자유가 법적으로 보장된다고 해서, 타인의 권리를 침해하고 사회 질서에 반하는 활동까지 보장되는 것은 아니다. 종교적 실천의 자유가 공적 보건에 위협이 된다면 이러한 위협이 제거될 수 있는 정도로 제한되어야 한다. 종교의 자유를 명분으로 종교적 방종으로 빠져서는 안 된다.

다섯째, 교회는 코로나19 대유행의 극복을 위한 근본적 방안이 무엇인지를 성찰해 보아야 한다. 이는 비단 교회에만 요구되는 것이 아니라 우리 사회 전반에서 필요한 것이다. 오늘날 과학이 고도로 발달했다고 하지만, 코로나19와 같이 인류의 생명과 사회 발전을 위협하는 질병이 잇따르고 있다. 심지어 과학자들도 지구적 생태 위기로 인류가 소멸할지도 모르는 시대에 접어들었다고 경고한다. 아무리 과학이 발달했다고 할지라도 과학으로 모든 것이 해결될 수 없기 때문에, 종교의 의미와 역할은 더욱 중요해졌다. 그러나 인류의 소멸에 대한 과학적 우려와 일부 이단 종교에서 주장하는 인류 종말론과는 성격이 전혀 다르다.

종교는 이 지구상에서 인간만이 아니라 모든 생물들이 가지는 생명의 가치를 고양하고, 나아가 무생물이나 이 지구, 즉 이 땅과 현세의 소중함을 재인식하는 데 기여해야 할 것이다. 개신교 교리는 생명의 가치를 고양시킬 수 있는 다양한 내용들을 함의하고 있다. 2020년 5월에 있었던 한 특별 강좌는 이의 본보기가 될 수 있다.[4] 개신교 관련 단체 및 기관에서 주최한 이 강좌의 전체 주제는 '코로나19' 이후 삶의 변화와 사회 공동체로서 교회의 역할이었다. 여기서 한 강연자는 '만물동체(萬物同體)와 생태적 적합소(ecological niche)'라는 주제로 설교하면서 향후 교회가 '생명, 평화, 정의'를 지향해야 한다고 제시했다. 다른 발표자는 '코로나19 이후의 문명과 사회의 생태적 전환과 삶의 변화'라는 주제로 발표하면서, 우리는 "모든 것은 연결되어 있다"라는 진리를 깨닫고, 인간 이외의 동식물과 환경과 관계 맺기를 통해 구현되는 생명에의 '가까움'을 추구하며 문명의 생태적 전환을 해야 한다고 강조했다.

또 다른 발표자가 제시한 것처럼, 인류는 현재 '신이 내린 마지막 생존 시험'을 거치고 있는지도 모른다. 코로나19 대유행으로 드러난 현재 위기는 단지 인간의 신체적 생명이 위협받고 경제적 부가 붕괴되는 물질문명의 위기만이 아니라 인간 의식과 영성이 분열되고 나락에 빠지는 정신적 위기라고 하겠다. 이러한 위기를 극복하기 위해 인류는 사람들 간, 그리고 사람과 자연 간 사회적·생태적 관계를 회복할 수 있어야 할 것이다.

---

4) 이 특별 강좌는 한국기독교장로회 목회자협의회와 영성수련원 후원으로 한신대학교 신학대학원이 2020년 5월 21일 개최하였다. 이 강좌에는 한신대 명예교수인 김경재 목사, 한신대 강성영 교수, 총회영성수련원의 홍순원 목사 등이 참석했다. 이에 관한 요약 글로 이윤진(2020) 참조.

제5장

코로나19 위기의 심화와 대응

.
.
.

코로나19 대유행과 국가주의의 한계
코로나19와 인종·빈곤의 굴레
생활 방역과 도시 공간의 재편
한국형 뉴딜과 녹색전환의 논리

현 사회 체제의 구조적 개편은 인위적으로 불가능할지도 모른다. 그러나 이를 위한 가설이라도 설정해 보아야 하지 않겠는가? 리영희 교수는 『전환시대의 논리』 머리말에서 지동설을 증명한 코페르니쿠스의 『천체의 회전에 관해』를 언급하면서, 자신의 저서 역시 정치권력이 우상화된 암울한 시대에 코페르니쿠스적 '가설'이 될 것임을 암시한다. 같은 맥락에서 우리에게도 당면한 위기를 극복하기 위한 가설의 설정과 현실의 한계를 넘어 이를 입증하기 위한 실천이 요구된다.

지구적 생태 위기를 극복하기 위한 녹색전환의 논리는 기본적으로 두 가지 가설로 이루어진다. 첫째, 자연에 대한 인간의 의식 전환이 없다면 위기는 극복될 수 없다. 위기 극복을 위한 녹색전환은 성장의 화폐적 가치가 아니라 생존의 생태적 가치를 우선해야 하며, 자연과 공생하는 사회생태 체계를 지향해야 한다. 둘째, 사회경제 전반의 체제적 전환이 없다면 위기는 극복될 수 없다. 위기 극복을 위한 녹색전환은 자연의 사적 소유와 대기업 중심의 상품화가 아니라 공정한 배분과 시민사회의 공유화에 기반한 사회경제 체제를 지향해야 한다.

코로나19 대유행과 국가주의의 한계

코로나19의 가속적 확산

2019년 12월 1일 중국 우한에서 발현해 확산된 코로나19의 세계 누적 확진자는 기하급수적으로 늘어나 2020년 3월 5일 10만 명, 4월 2일 100만 명, 6월 28일 1000만 명을 넘었다. 전파 속도는 더욱 빨라져서 1000만 명씩 증가하는 데 걸린 시간은 43일, 38일, 31일, 21일로 단축되었고, 11월 8일 5000만 명에 달했다. 그 이후에도 전 세계 코로나19 확진자는 15~17일 만에 1000만 명씩 늘어나 2021년 1월 25일에 1억 명을 돌파했고, 사망자 수도 200만 명을 넘어섰다(〈그림 5-1〉).

최근 코로나19 백신이 여러 제약 회사에서 개발돼 접종 단계에 들어갔고 하루 60~70만 명씩 늘어나던 신규 확진자 수도 많이 줄어들긴 했지만, 우리나라를 포함해 전 세계가 안심할 단계는 결코 아니다. 세계적으로 일정 수준 이상의 백신 접종이 이뤄진 뒤에야 집단면역이 형성될 것으로 추정된다. 뿐만 아니라 세계 여러 곳에서 코로나19의 변이가 발생하면서 코로나19를 완전히 퇴치하기란 불가능할 것이고, 또한 코로나19 외

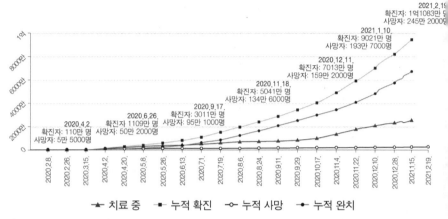

〈그림 5-1〉 전 세계 코로나19 확진자 및 사망자 추이   (단위: 명)

2021.2.19.
확진자: 1억1083만 명
사망자: 245만 2000명

2021.1.10.
확진자: 9021만 명
사망자: 193만 7000명

2020.12.11.
확진자: 7013만 명
사망자: 159만 2000명

2020.11.18.
확진자: 5041만 명
사망자: 134만 6000명

2020.9.17.
확진자: 3011만 명
사망자: 95만 1000명

2020.6.26.
확진자: 1109만 명
사망자: 50만 2000명

2020.4.2.
확진자: 110만 명
사망자: 5만 5000명

─▲─ 치료 중   ─■─ 누적 확진   ─○─ 누적 사망   ─●─ 누적 완치

자료: 코로나19 실시간 상황판(https://coronaboard.kr/).

에도 다른 바이러스 변종들이 발생할 것이라는 예측이 거의 기정사실화
되고 있다.

이처럼 인류 전체를 공포와 긴장의 도가니 속으로 몰아넣은 코로나19
팬데믹은 세계적 확산 과정에서 여러 특징을 보여주고 있다. 특히 그 가
운데 하나는 미국과 서유럽 선진국들이 코로나19 누적 확진자 및 사망자
상위 국가로 기록되면서, 의료 체계가 거의 붕괴되고 극도의 경제 침체가
유발되는 상황을 겪고 있다는 점이다(〈표 5-1〉). 흔히 세계적 전염병은 빈
곤과 의료 수준이 낮은 저발전국에서 창궐할 것으로 여겨졌지만, 현재 대
유행에 휩싸인 국가들은 대부분 부유하고 의료 수준이 높은 서구 선진국
이다. 아이러니하게 대유행이 선진국에서 우선 진행된 이유는 이 국가들
이 안고 있는 어떤 역설, 즉 신자유주의적 지구화와 국가주의 간 모순에
기인한 것이라고 하겠다.

지난 1970년대 심각한 경제 침체를 겪었던 서구 선진국은 영국의 대처

〈표 5-1〉 코로나19 누적 확진자 및 사망자 상위 국가들 (단위: 천 명)

	미국	인도	브라질	러시아	영국	프랑스	스페인	이탈리아	터키	독일
누적 확진자	28,523	10,962	10,030	4,125	4,083	3,536	3,121	2,765	2,616	2,372
구성비(%)	25.7	9.9	9.1	3.7	3.6	3.2	2.8	2.5	2.4	2.1
누적 사망자	505.3	156.1	243.6	81.9	119.3	83.3	66.7	94.8	27.8	67.5
발병률	86.1	7.9	47.1	28.2	60.1	54.1	66.7	45.7	31.0	28.3

주: 2021년 2월 19일 누적 확진자 기준, 발병률: 인구 1000명당 확진자 수.
자료: 코로나19 실시간 상황판 (https://coronaboard.kr/).

정부와 미국의 레이건정부에 의해 추동된 신자유주의화 과정을 주도하게 되었다. 그 이후 몇십 년간 진행된 신자유주의적 지구화 과정은 국가들 간 상호 연계성을 극적으로 확대했고, 행성적 도시화를 촉진했다. 하지만 자본주의 경제가 오히려 침체의 늪에 빠지자, 미국·영국·일본 등을 선두로 많은 국가들이 자국의 이익을 최우선으로 도모하는 자국 중심적, 권위적 국가주의로 돌아섰다. 지구화 과정을 통해 구축한 네트워크는 코로나19의 급속한 전파 경로가 되고, 개별 국가의 국가주의적 전략은 이를 관리·통제하는 데 심각한 한계를 드러낸 것이다.

국가주의와 서구 우월주의

국가주의란 국가를 가장 우월한 정치 조직체로 간주하고, 국가 권력이 경제나 사회 전반을 통제해야 한다고 인식하는 이념이다. 이 이념이 배타적 민족주의(또는 국민주의)와 결합하면서 자국 우월주의를 만들어낸다. 대유행과 관련해 국가주의의 한계로 우선 지적될 점은 각 국가들이 협력과 연대보다 견제와 대립을 통해 당면한 위기에 대처하고 있다는 점이다. 서구 선진국들은 가장 먼저 어려움을 겪었던 중국에 지원과 협력보다는 비민주적 언론 탄압과 강제적 도시 봉쇄 등을 비난했다. 중국의 대응 방식이 비난받아 마땅할지라도, 그 비난 속에는 서구 우월주의, 인종 차별과 혐오가 깔려 있었다.

당시 서구 선진국들은 두 가지 상반된 인식을 가졌던 것 같다. 한편으로 코로나19의 대유행을 분명 두려워했다. 영국 총리는 2020년 3월 12일 대국민 담화에서 완전한 봉쇄가 불가능하기 때문에 "많은 사람들이 사랑하는 가족을 잃을 것"이라고 말했다. 다른 한편 실제 상황에 봉착하게 되면, 자국의 역량으로 적절히 대처할 수 있을 것이라고 생각했다. 중국에 대해 입국 금지 조치를 가장 먼저 내렸던 이탈리아 총리는 2020년 2월 말경 무증상자에 대한 진단 검사가 과도하다고 지적하면서 "이탈리아는 다른 곳보다 안전하다"라고 주장했다. 그 후 2주가 채 지나기도 전에 감염자의 급증으로 이탈리아 정부는 전국에 이동 통제령을 내려야만 했다.

서구 선진국에 대유행이 들이닥쳤을 때는 이미 늦었다. 중국이 먼저 사태를 겪으면서 다른 국가에 대비할 시간을 주었다는 주장 역시 국가주의적 발로라고 하겠지만, 서구 선진국은 실제 이 기간에 거의 아무런 대비도 하지 않았던 것 같다. 확진자와 사망자가 급증하면서, 치료 병상과 여타 의료시설들은 턱없이 부족함이 드러났다. 국가주의적 자만심만 가득한 채, 정작 국가의 역할은 제대로 수행하지 못하고 치부만 보여주고 있다.

서구 국가 방역 대책의 한계

이런 상황에서 서구 국가들이 취할 수 있는 주요 대책 가운데 하나는 국가 비상사태를 선포하면서, 국경 폐쇄와 자국 내 이동 및 집회 금지령을 내리는 것이었다. 한국처럼 확진자의 개인정보를 이용해 동선과 접촉자를 확인해 관리하려 했다. 일상생활의 통제는 시민사회가 누리는 다양한 유형의 자유들, 즉 언론·이동·집회·종교의 자유 등을 유보하는 것이다. 독일 앙겔라 메르켈(Angela Merkel) 총리의 주장처럼, 긴급 상황에서 이러한 조치는 "민주주의에서 가볍게 받아들여선 안 되며 단지 일시적"으로만 불가피하다고 하겠다. 그러나 사태가 진정된 후에도, 국가주의적 정치가들은 이러한 제한과 감시 체제를 유지하려 할 수도 있다.

서구 국가들이 취하고 있는 또 다른 주요 대책은 대유행에 동반된 경제적 위기를 완화하는 것이다. 일상생활의 통제와 국가 간 이동 차단으로 소비와 생산 활동이 급속도로 위축되면서, 소득 격감과 대량 실업이 발생했다. 사태를 완화시키기 위해, 각국 정부는 앞다퉈 기준 금리를 대폭 인하하고 전례 없는 재정 확대 정책을 펼쳐왔다. 미국은 4차에 걸친 부양책을 통해 단일 국가로는 재정지출 규모가 가장 큰 4조 달러를 투입했다. 일본은 3차례 코로나19 경제 대책을 통해 2조 4000억 달러를 투입하고 있는데 국민총생산(GDP) 대비 비중이 48.9%로 주요국 가운데 가장 높다. 서유럽의 독일과 영국도 각각 GDP 대비 39.1%와 25.8%에 달하는 1조 5000억 달러, 7000억 달러의 재정을 투입하고 있다. 이러한 정부의 재정지출은 정부 채무를 급증시켜서, 2021년 선진국의 GDP 대비 정부 채무 규모는 125%로, 2009년 글로벌 금융위기(89%)나 제2차 세계대전 직후(124%)보다 더 심각한 수준에 달할 것으로 전망된다(≪한국경제≫, 2020.12.23).

이처럼 상상을 초월하는 역사상 최대 규모의 재정 투입으로 주요국들은 코로나19로 급격히 위축된 고용과 소비를 진작하고 격심한 매출 감소로 폐업의 위기에 처한 중소기업에 자금을 지원하는 것을 목적으로 한다고 밝히고 있다. 재정지출 방식은 국민들에게 직접 현금으로 재난 지원금을 지원하거나, 기업의 종업원 급여 보조, 영업이 정지된 기업과 음식점 등을 위한 매출의 일정 부분 보전 등 다양하다. 주요국들의 재정 확대 정책이 코로나 팬데믹으로 피해를 입은 국민 생활과 중소업체들의 생존을 지원한다는 점에서 의미를 가진다. 하지만 경제를 우선하는 국가주의에서, 이 전략은 실제 피해를 입은 사회적 취약 가구나 영세 자영업자, 중소기업을 위하기보다 이를 명분으로 기업의 이윤 보전책으로 변질되거나 자산 가격의 폭등으로 이어질 것이라는 우려가 나올 수 있다. 사회·생태적 위기에 대한 자본주의적 대응 전략은 언제나 자본 축적을 최우선으로 고려하는 경향이 있기 때문이다.

민주주의, 생태주의, 세계시민주의

코로나 팬데믹에 대한 서구 국가들의 국가주의적 대응 전략은 다른 여러 문제들도 내포하고 있다. 우선 지적될 수 있는 점은 선진국을 포함해 세계 모든 국가에서 코로나 팬데믹을 이겨내기 위한 국내적 민주주의가 더욱 성숙해야 한다. 서구 선진국은 경제적 측면뿐 아니라 정치적 측면에서 민주주의가 발달한 것으로 인식된다. 이러한 점에서 이 국가들은 코로나19 확산 초기 단계에 중국이나 한국 등에서 시행했던 방역 대책에 대해 비민주적이라고 비난하기도 했다.

민주적 정부는 비록 코로나19 위기 상황이라고 할지라도, 국민에게 주어진 자유나 권리를 최우선으로 고려해야 한다. 유엔(UN, 2020)이 제시한 것처럼, 코로나 팬데믹에 대한 국가 대책은 인권을 그 기준으로 삼아야 한다. 그러나 국가는 흔히 비상 상황을 명분으로 국민의 권리나 자유에 대한 일정한 제재가 당연한 것처럼 인식하는 경향이 있다. 예컨대 정보를 은폐하고 이의 공개를 차단하는 것은 언론의 자유를 통제하는 것이며, 당사자의 동의 없이 정보를 수집·관리하는 것은 정보권을 침해하는 것이다. 도시 전체를 봉쇄하고 통행을 금지하거나 사람들이 모여 의견을 표현하는 것을 막는 것은 이동의 자유, 집회의 자유를 무시하는 것이다. 이러한 정책은 권위주의 국가의 발로이며, 원칙적으로 비난받아야 한다.

그러나 서구 선진국도 코로나 팬데믹이 걷잡을 수 없이 확산되는 상황에서 이동을 통제하고 영업시간을 단축하는 조치를 취했으며, 시민사회의 격렬한 반대를 초래하기도 했다. 시민들의 반대 시위는 사회가 그만큼 민주화했음을 보여주는 것이지만, 동시에 서구 선진국 역시 국가 중심적 방역 대책을 추진하고 있음을 입증하는 것이기도 하다. 국가가 긴급 상황을 이유로 이동·집회·언론 등의 자유를 강제로 제한할 것이 아니라, 시민들이 스스로 자제하고 유보하는 민주주의로 한 단계 더 발전해야 할 것이다. 코로나 팬데믹 극복을 위해, 국가가 주도하는 방역 대책이나 백신의 개발도 중요하지만, 일상생활 속에서 성숙한 의식을 가진 시민들의 자발적 실천이 더 중요하다.

또한 서구 국가의 대응 전략이 코로나 팬데믹 극복을 위한 모범이 되려면 팬데믹이 유발된 생태환경적 배경에 대해 더 많은 관심을 가져야 한다. 서구 선진국들은 기후 변화에 많은 관심을 가지고 이산탄소가스 배출 통제나 재생에너지의 개발 대책을 위해 노력하고 있다고 자부하는 것처럼 보인다. 특히 코로나 팬데믹 상황에서 계획한 재정지출의 상당 부분은 생태환경의 개선을 명분으로 경제 대책에 투입될 예정이다. 예컨대 영국은 신재생에너지 부문 고용 창출 등 '녹색 산업혁명'을, 독일은 전기자동차 구입 장려 등 지구온난화 대책을, 일본은 탈석탄 사회 실현과 디지털화를 내세우고 있다(≪한국경제≫, 2020.12.23).

생태환경 부문에 대한 정책과 투자 계획은 매우 중요하며, 우리나라에서도 이와 유사하게 그린뉴딜을 강조하고 있다. 지구적 생태 위기가 해소되지 않고서는 코로나 팬데믹을 극복할 수 없을 것이다. 문제는 생태환경 정책이 경제 대책의 하위 범주에 포함되어 환경산업을 장려하여 경제성장을 촉진하는 수단으로 전락할 수 있다는 점이다. 만약 자연이 생태적 가치가 아니라 화폐적 가치로 인식되고, 또 다시 자본 축적을 위해 포섭된다면, 진정하게 생태환경을 되살리기는 불가능할 것이고, 코로나 팬데믹은 되풀이될 수밖에 없을 것이다.

끝으로 서구 선진국 중심의 국가주의적 대응 전략은 제3세계 국가의 문제에 대해서는 아무런 관심도 보이지 않는다는 점이 지적될 수 있다. 개도국이나 후진국은 코로나 팬데믹에 대처할 수 있는 마스크 등 방역 물품의 조달이나 검진과 치료를 위한 의료 도구와 장비의 확보에서 서구 선진국보다 더욱 심각한 문제에 봉착해 있을 것이다. 더욱이 서구 선진국은 최근 개발된 코로나19 백신의 생산 물량을 90% 정도 독점하고 있다고 한다. 그러나 저명한 국제학술지, ≪네이처≫의 논평에 의하면, 백신 확보를 위한 경쟁과 독점은 백신 가격을 상승시킬 뿐 아니라 경제적으로도 부정적 결과를 초래할 것이라고 추정된다.[1]

---

1) 영국 비영리 정책연구 단체인 '랜드 유럽'의 최근 연구에 따르면 저소득 국가 모두에

이러한 문제를 해소하고 부유한 국가와 빈곤한 국가 간의 불평등을 넘어서기 위해 국가주의가 아니라 새로운 지구적 협력과 연대가 필요하다. 신자유주의적 지구화와 강대국에 휘둘리는 세계 기구가 아니라 당면한 코로나 팬데믹과 앞으로 닥쳐올 전염병 대재앙을 예방하고 통제하기 위해, 나아가 이러한 사태의 원인인 지구 생태환경의 황폐화를 막고 복원하기 위해, 진정한 세계시민주의적 연대와 협력 체계가 구축되어야 하며, 또한 이를 운영하고 감시할 대안적 세계 시민 기구가 조직되어야 할 것이다.

백신을 고르게 공급하는 데 드는 비용은 약 250억 달러(약 28조 3000억 원)로 추산되는 반면, 이들 국가에 백신을 공급하지 않음으로써 고소득 국가가 받는 피해는 연간 약 1190억 달러(약 134조 7600억 원)로 예상된다(≪조선일보≫, 2020.11.14).

코로나19와 인종·빈곤의 굴레

코로나 팬데믹의 양상과 대응 전략

코로나 팬데믹은 지구상의 모든 사람이 코로나19의 대유행을 피할 수 없음을 의미하지만, 그 상황은 국가별로 상당히 다른 양상을 보여주고 있다. 미국의 트럼프 대통령은 앤서니 파우치(Anthony Fauci, 미국 국립 알레르기 전염병 연구소 소장)와 계속 갈등하는 모습을 보였고, 브라질의 자이르 보우소나루(Jair Bolsonaro) 대통령은 코로나19가 독감과 비슷하다고 말했지만 브라질을 세계에서 확진자 수가 가장 많은 국가군에 빠뜨렸다. 서유럽 국가의 정치지도자들도 확산의 초기 단계에는 심각성을 실감하지 못한 것으로 보였다. 하지만 뉴질랜드에서는 일찍이 봉쇄 조치를 취하고 방역의 기본에 충실함으로써 일상적 삶을 유지할 수 있었다.

제3세계 국가 가운데 몽골은 중국과 접경하여 코로나19의 확산이 우려됐으나 국가의 적극적 통제로 확진자 수가 절대적으로 적은 수준을 유지하고 있다. 아프리카에서는 남아프리카 공화국을 제외하고 상대적으로 코로나19 확진자나 사망자 수가 적다. 그 이유는 평균 연령이 젊고, 부자병이라고 일컫는 비만이나 당뇨병과 같은 기저질환자가 적기 때문이라고 소개되기도 했다. 그러나 아프리카 국가 가운데 인구는 상대적으로 많지만 위생 시설이 제대로 마련되지 않아서 손 씻을 물은커녕 먹을 물도 부족한 국가도 많다. 문제는 아프리카에서는 감염 검사 자체가 적기 때문에 정확한 수치를 파악하기 어렵다는 점이다.

이처럼 국가별로 코로나 팬데믹의 양상이 다르게 나타나는 것은 그 국가의 사회경제 체계와 제도의 차이에 상당히 기인하지만, 또한 정치가와 일반 시민이 코로나19를 어떻게 인식하고 행동하는가에 따른 것이라고 하겠다. 코로나 팬데믹에 대한 인식의 차이는 학술적인 주장에도 반영되고 있다. 특히 코로나19 위기가 점점 깊고 길어지면서, 세계의 저명한 지식인들도 전문 학술지나 언론 매체를 통해 각자의 입장을 발표하고 때로 논쟁을 이루기도 한다. 지식인들의 입장 발표나 논쟁은 정부의 방역 대책에 반영되거나 일반인의 의식과 사회 여론에 영향을 미친다.

예컨대 슬라보예 지젝은 한국의 한 신문에 실린 칼럼에서 "코로나 사태를 계기로 세계를 급진적으로 바꿀 수 있다"라고 주장했다(지젝, 2020.4.13). 이 주장의 근거로, 영국 총리가 코로나 사태 극복을 위해 철도의 일시적 국유화를 발표한 사례를 제시한다. 또 다른 저서와 매체에서 그는 이스라엘 총리가 코로나19와 관련해 팔레스타인을 적극 지원했다는 점을 지적한다(지젝, 2020: 31). 요컨대 이번 사태를 통해 마스크 생산과 배급 통제, 경제적 위기 해소를 위한 현금 지원 등 "전 세계 많은 국가들이 더 큰 정부 역할을 수행"하게 됐다는 것이다.

우리는 지젝이 이 칼럼에서 제안한 두 가지 대책, 즉 취약계층의 돌봄을 위해 지역 공동체에 기반을 둔 의료 체계의 개선, 그리고 자원 생산과 공유를 위한 효과적인 국제 공조 체계 구축에 대해 전적으로 동의할 수 있

을 것이다. 그러나 그가 제시한 사례와 대책은 과연 급진적 사회 변화를
가능하게 하는 것인지, 단지 코로나19 대유행을 벗어나기 위한 일시적 방
편에 불과한 것은 아닌지 의문을 가지게 한다.

자본주의를 거스르는 방역 대책, 가능할까

슬라보예 지젝은 자신의 입장이 좌우파를 막론하고 강한 비판을 받고
있음을 인정한다. 이번 사태로 자본주의는 더 강력한 모습을 보이고 시민
은 국가의 통제에 저항하기보다 더욱 순응하게 될 것이라는 우려를 외면
하고 있기 때문이다. 예컨대 슬라보예 지젝은 '영국 총리가 사태 초기에
신속한 대규모 검사 대신 영국 인구의 60%가 감염되는 집단면역을 선호
했다'는 점을 간과했다. 이스라엘이 팔레스타인을 돕는다는 것도 '악어의
눈물'에 불과한 것으로 보인다. 이러한 사례를 보더라도 코로나19로 세계
가 급진적 변화로 나아가고 있다고 보기는 어렵다.

물론 전염병의 대유행으로 세계 역사가 바뀐 사례들을 찾아볼 수 있다
(게르슈테, 2020). 예컨대 14세기 흑사병(페스트)으로 인한 인구 감소는 농업
노동력의 부족을 초래해 봉건제의 해체를 가져왔다거나, 17세기 중국에
서도 흑사병이 창궐해 명 왕조가 붕괴되었다는 해석이 가능할 것이다. 그
렇지만, 1918년 봄부터 1920년까지 전 세계를 강타하며 대유행을 일으켰
던 스페인 독감은 자료에 따라 차이가 있지만 2500만 명에서 1억 명에 달
하는 사람들의 목숨을 앗아갔고, 이로 인해 제1차 세계대전이 끝난 것으
로 추정되기도 하지만, 세계에 큰 변화를 일으키지는 못했다.

사실 지젝이 더 잘 알고 있겠지만, 복잡한 사회 공간적 요소들이 치밀

하게 연계된 복합체로서 현대자본주의 세계는 역동적 발전 과정에서 내적으로는 여러 모순들을 심화시켜 왔지만, 현상적으로는 당면한 위기를 어떻게 해서든 극복해 왔다. 그리고 현상적 위기 극복은 항상 두 가지 차별적 희생, 즉 인종과 계급에 따른 불평등을 동반했다. 인종과 계급에 의한 차별화는 한 국가 내뿐 아니라 국가 간에도 작동하며 코로나 팬데믹과 같은 지구적 위기 상황에서는 더욱 증폭된다. 코로나 팬데믹의 충격과 이에 대한 방역 대책은 다양한 양상을 보이지만, 인종과 계급에 따른 차별적 희생을 암묵적으로 내포하거나 심지어 노골적으로 요구한다는 점에서 유사성을 가진다.

방역 대책 대 개인의 자유

또 다른 사례를 살펴보자. 한국에서 1차 대유행이 전개되면서 정부가 적극적인 방역 대책을 모색하는 상황에서 프랑스의 한 언론 매체 인터넷 판에 "코로나 바이러스의 동선 추적: 개인의 자유를 희생시키지 말자"라는 제목의 독자 투고 글이 올라왔다. 이 글의 기고자는 코로나19 사태에 대한 한국의 대응 정책에 대해 "감시와 밀고에 있어 세계 두 번째 국가"라고 지적하면서, "대만과 한국이 추적 장치를 마련한 것은 불행한 결과"로 "다행히 프랑스는 이런 나라들과 다르며, 이들은 개인의 자유를 오래전부터 경시해 왔다"라고 주장했다(KBS, 2020.4.13).

이글의 투고자는 변호사인데, 프랑스 정부가 한국에서 시행한 코로나19 확진자 동선 추적과 비슷한 방법을 도입하려 하자, 이를 비판할 '선의'의 취지에서 쓴 것으로 보인다. 하지만 이 사례는 코로나19 대유행과 관런된 몇 가지 중요한 이슈가 뒤얽혀 있고, 서구 사회 지식인들이 가진 개인의 자유에 대한 맹목적 신뢰를 보여준다. 그러나 이러한 자유의 사회적 가치는 매우 소중하지만, 코로나19로 희생되는 인간 생명의 가치와 비견할 수 있는지 묻지 않을 수 없다.

물론 권위주의 국가가 개인이 가지는 이동의 자유와 정보권을 근본적으로 침해하거나 억압해서는 안 되며, 정보통신 기술을 이용하여 개인의 이동을 감시해서도 안 된다. 예를 들어 특정 장소를 다녀온 후 "그곳이 어떠했느냐"라는 문자를 받을 정도로, 개인의 시공간적 이동 경로에 대한 감시 체계는 고도로 발달해 있다. 코로나19 위기 상황이 아니라면, 이러한 감시 체제에 대해 당연히 적극 저항해야 한다. 코로나19 위기 상황이라고 할지라도, 정보 감시의 허용 범위는 국가에 의해 일방적으로 결정되어서는 안 되며, 사회적 합의가 필요한 사항이다.

인종 차별주의의 민낯

프랑스의 한 지식인이 한국 상황에 대해 논평한 이 글이 가지는 보다 심각한 문제는 코로나19 대유행과 관련해 자신들이 처해 있는 상황에 대해서는 간과한 채 서구 우월주의(최소한 프랑스 우월주의)와 한국(아시아)에 대한 인종 차별적 무지 또는 무시를 반영하고 있다는 점이다. 이 글이 올라온 며칠 후, 프랑스 다른 언론 매체의 도쿄 특파원은 칼럼을 통해 "한국은 민주주의를 위해 비싼 대가를 치르며 싸운 나라"임을 강조했다. 그 후 '한국에 대한 편견'은 다소 완화됐다고 할지라도, 이번 코로나19사태와 관련한 인종 차별과 혐오는 도처에서 출현하고 있다.

예를 들자면 미국 대통령이 코로나19를 '중국 또는 우한 바이러스'라고 지칭하거나 인종차별적 발언을 하기도 했다. 이에 자극된 일부 백인 미국인들은 대도시의 거리나 지하철에서 아시아계에 대해 무차별적으로 폭행을 가하고 달아나기도 했다. 이는 단순히 부차적으로 발생하는 정체성의 문제가 아니며 현실에서 엄청난 비극을 초래하는 심각한 이슈로 인식해야 한다. 코로나19 최대 발생국인 미국에서는 인종 차별이 빈곤과 사회적 불평등 문제와 결합해 어떤 양상을 드러내는지 확인해 준다.

미국의 질병통제예방센터(CDC)가 코로나19 입원환자의 인종별 분포를 조사한 바에 의하면(홍성훈, 2020), 2018년 미국의 인종별 인구 분포는 백인 61.1%, 흑인 12.7%, 히스패닉·라틴계 17.8%이지만(그 외 아시안계, 원주민 등), 2020년 7월1일까지 누적된 확진자의 구성비는 각각 39.7%, 20.4%, 25.2%이며, 사망자 비율은 각각 52.7%, 23.3%, 15.1%로, 흑인은 확진자 및 사망자 비율에서 모두 상대적으로 높고, 라틴계는 확진자 비율이 상대적으로 높았다. 치료비나 의료보험료를 부담할 수 없어 입원하지 못한 환자들을 감안하면, 흑인이나 라틴계 구성비가 더 높아질 것으로 추정된다.[2]

---

2) 미국 CDC에 기록된 인종별 분포 통계자료는 일자별로 상당한 차이를 보인다. 2020년 4월 8일까지 자료에 의하면(≪프레시안≫, 2020.4.13.), 확진자의 구성비는 백인 45%, 흑인 33%, 라틴계 8%로, 흑인 환자 비율이 상대적으로 월등히 높았다. 그러나 2021년 3월 29일 미국 CDC 관련 사이트(https://covid.cdc.gov/covid-data-tracker/#demographics)에 접속하여 확인한 바에 의하면, 미국 인구의 구성비는 백인 60.1%, 흑인 12.5%, 히스패닉·라틴계 18.5%이지만, 인종별 확진자 비율은 각각 55.6%, 12.2%, 21.2%이며, 사망자 비율은 각각 63.3%, 14.6%, 12.3%로 기록되어 있다. 확진자 구성비는 라틴계가 상대적으로 높지만, 사망자의 구성비는 백인이 오히려 더 높게 나타난다. 미국의 코로나19 확진자 및 사망자의 인종별 분포는 주별로 발표되지만, 전국 단위로 집계된 자료는 없다. CDC는 일부 주별로 확인된

인종 차별과 결합된 계급 문제의 복귀

미국에서 특히 코로나19 대유행의 초기 단계에 흑인과 라틴계가 취약한 이유는 무엇보다도 빈곤 때문이다. 이들 대부분은 밖에 나가 일하지 않고는 하루를 살아갈 수 없다. 열악한 주거 환경으로 인해, 자가 격리가 애초부터 불가능한 상황이며, 평소 빈곤으로 인한 기저질환을 가진 사람들이 많다. 심지어 이들은 마스크를 착용할 경우, 인종 편견 때문에 잠재적 범죄자로 취급받을까 봐 두려워한다. 인종 차별과 결합된 빈곤은 코로나19 피해로부터 벗어날 수 없는 굴레가 되고 있다. 세계에서 부유한 국가의 상징인 미국이 코로나 팬데믹의 충격으로 인종 차별과 계급 문제를 다시 전면에 복귀시키고 있다.

빈곤으로 인한 코로나19의 실질적 희생은 미국뿐 아니라 제3세계 국가에서 더욱 심각한 양상을 보인다. 코로나19 확진자 수와 팬데믹의 전개 과정은 국가에 따라 다르지만, 전반적인 상황은 서구 선진국에 비해 훨씬 열악하다. 예컨대 세계 두 번째로 많은 환자가 발생한 인도의 경우, 대유행의 초기 단계에 코로나19의 급속한 전파를 막기 위해 도시 봉쇄령이 발동되었다. 하지만 도시에 거주하던 빈곤 노동자들은 '도시에서 굶어 죽느니 고향으로 돌아가겠다'며 도시 탈출을 감행했다. 이 탈출 과정은 오히려 감염을 더 빠르고 광범위하게 확산시키는 계기가 되기도 했다. 반면 인도

자료만 취합하여 제시하고 있으며, 2021년 3월 29일 자료는 전체 확진자의 54%, 사망자의 75%에 대한 인종별 분포이다. 미국의 코로나19 확진자와 사망자가 엄청나게 증가함에 따라(2021년 3월 29일 확진자 3097만 명, 사망자 56만 명으로, 발병률은 인구 1000명당 93.6명), 인종별 비율이 전체 인구의 인종 분포에 근접해진 것으로 추정되지만, 대유행의 초기 단계에는 흑인 및 라틴계의 비율이 분명 높았다.

네시아에서는 도시를 봉쇄할 경우 빈곤계층이 생계를 이어갈 수 없기 때문에 봉쇄를 포기해야만 했다.

코로나19 대유행을 이겨내려면, 세계는 바뀌어야 한다. 특히 인종과 계급의 굴레로 인해 코로나19의 희생이 집중되는 문제는 어쨌든 해결돼야 한다. 지젝이 말한 것처럼 코로나19 대유행은 전 세계에 새로운 변화의 가능성을 열어놓았다. 그러나 코로나 팬데믹은 자본주의 사회의 인종 및 계급 문제를 적나라하게 드러내며, 이를 해결하지 않고서는 팬데믹의 충격으로부터 벗어날 수 없음을 깨닫도록 해준다.

생활 방역과 도시 공간의 재편

'생활 방역'으로의 전환

한국에서 코로나19 제1차 대유행이 끝날 무렵인 2020년 5월 초, 방역 체계는 '생활 방역'으로 바뀌었다. 생활 수칙 준수를 전제로 각종 모임과 종교 행사를 할 수 있게 됐다. 박물관, 미술관도 다시 문을 열었고, 스포츠 경기도 이어가게 됐다. 그동안 갇혀 있었던 몸과 마음에 다소 숨통이 트이면서, 도시의 생활공간에 조금이나마 활기가 돌게 된 것이다. 정부는 생활 방역으로의 전환이 "코로나19 이전의 일상으로 돌아가는 것이 아니라 일상 속에서 거리두기를 실천하는 새로운 사회 규범과 문화를 만들어 가는 것"임을 연일 강조했다.

정부의 생활 방역 대책은 일상에서 지켜야 할 실천 방안을 담고 있으면서도, 이전의 일상으로 돌아가는 것이 아니라 새로운 생활로 나아가기 위한 첫걸음이라는 점에서 의미를 가진다. 이러한 취지에서 코로나19 이후의 변화, 이른바 '뉴 노멀(새로운 정상)'에 대한 전망과 대책이 논의된다. 그러나 여기서 어떤 의문이 생긴다. 일상에서 마스크를 쓰고 사람들 간에 거리를 두는 것이 과연 '새로운 사회 규범과 문화'이며 '뉴 노멀'인가?

물론 언제 터질지 모르는 코로나19의 재유행을 막기 위해 제시된 생활 수칙의 준수는 필수적이다. 이는 엄청난 희생을 치르면서 찾아낸 값진 방안이다. 그러나 생활 방역이 제대로 실천되려면, 나아가 새로운 정상적 사회 규범과 문화가 형성되려면, 이것이 가능한 도시 사회의 부문별 조건들이 충족돼야 한다. 또한 도시 공간을 재편하기 위한 물리적 인프라의 재구축과 도시의 일상생활 및 의식의 변화가 동반돼야 한다.

생활 방역을 어렵게 하는 도시의 공간환경

세계 인구의 절반 이상이 도시에 살고 있고 우리나라에서는 국민의 약 90%가 좁은 도시 공간에 모여 살아간다. 도시의 생활양식과 공간환경은 생활 방역의 실천을 어렵게 하는 구조로 짜여져 있다. 코로나19가 발생하여 확산되자 우선 취해진 대책이 도시 봉쇄였다. 중국 우한에서부터 유럽 밀라노, 베네치아, 마드리드, 파리, 미국 뉴욕에 이르기까지, 세계의 거대 도시들이 봉쇄되면서, 도시 속에서 밀집해 살아가던 도시인들의 생명이 위협 받고, 일상생활이 혼란에 빠지게 되었다. 이렇게 된 이유는 여럿 있겠지만, 생활 방역 수칙을 제대로 지킬 수 없는 대도시의 사회 공간적 조건 때문이기도 하다. 도시 공간은 코로나 팬데믹에 봉착해 여러 측면에서 그동안 잠재해 있던 문제들을 드러내고 있다.

생활 방역의 실천을 어렵게 하는 요인으로 우선 도시의 협소한 생활공간을 꼽을 수 있다. 서울의 1인당 주거 면적은 $30.1m^2$로 런던·파리·도쿄 등에 비해 약간 적고, 단독 주택보다 공동 주택이 훨씬 많아서 더 밀착된 생활을 한다. 특히 상당수의 가구는 쪽방이나 고시원처럼 최소 주거 면적 (1인 가구 14m²)에 못 미치는 공간에서 살아간다. 주거 면적이 전염병 전파를 좌우하는 절대 기준은 아닐지라도, 좁은 주거 공간은 전염병의 전파를 촉진하고, 생활 방역의 실천을 어렵게 한다. 이러한 점에서 도시의 빈곤 계층에게 전염병의 전파를 차단할 수 있는 최소한의 주거 공간을 보장해야 한다.

주거 공간뿐 아니라 도시의 업무 공간과 공적 공간에 대한 재점검과 재편이 필요하다. 대구 신천지교회와 요양(병)원, 구로 콜센터 등에서 발생한 집단 감염 사례는 공간적 밀착이 얼마나 위험한지를 보여주었다. 이 문제의 해결을 위해 단순한 생활 수칙 준수가 아니라 제도적 규제와 시정 요구가 필요하다. 종교시설에서의 밀착 활동에 대해 최소한의 억제책을 강구하고141, 요양 병원 등 집단의료시설, 콜센터, 여타 서비스 시설에서 공간 편성의 개선도 제도화해야 한다. 또한 외국인 노동자들이 밀집해서 생활하며 작업하고 있는 공장, 기숙사 등도 철저히 점검하고 문제점이 해소돼야 한다.

그뿐 아니라 지하철 등 대중교통 공간이나 혼잡한 통행이 이루어지는 거리나 광장 등 공적 공간에서 생활 방역 실천이 어려운 여건을 확인하고 개선하는 정책적·제도적 방안이 마련돼야 한다. 유치원에서부터 대학 캠퍼스에 이르기까지 학교 공간은 많은 교직원과 학생의 집합 장소라는 점에서 더 많은 관심이 요청된다. 또한 도시의 개방된 공적 공간은 어떠한 경우에도 원칙적으로 통제해서는 안 된다. 왜냐하면 이 공간은 도시의 공공성을 확보하고 도시인들이 공적 요구를 표출하는 장소이기 때문이다. 도시의 공적 공간은 흔히 익명성을 전제로 감시와 통제가 암묵적으로 이루어지지만, 동시에 우연하고 의도하지 않은 만남으로 활발한 소통을 이루는 민주주의가 성숙하는 공간이 돼야 한다(메리필드, 2015).

다른 한편, 생활 방역의 실천이 유발할 수 있는 여러 부작용이나 역효과에 대해 철저한 검토가 필요하다. 사회적 거리두기의 강조는 개인주의적 생활양식을 촉발하고 공동체적 대처 방안 모색을 어렵게 한다. 특히 도시의 빈곤 가구나 고령 가구, 이주 외국인 가구 등은 전염병의 확산에 대처하기 위한 정보와 수단의 확보, 생활 방역 실천에 매우 취약하다. 따라서 이들에 대한 지역사회 안전망 구축과 더불어 공동체적 생활공간의 유지와 확충에 관해서도 신중하게 재고해야 할 것이다.

사회적 거리두기의 부작용은 환경적 측면에서도 찾아볼 수 있다. 도시 봉쇄로 공기 질이 개선되고 야생동물이 거리에 출몰했다는 보도는 지금이라도 도시 활동이 절제되면 도시 및 지구의 환경 위기가 해소될 수 있음을 보여준다. 그러나 대면 접촉을 막기 위해 대중교통보다 자동차 이용을 권장하거나 비닐장갑 등 일회용품 사용이 증가하는 것은 환경 실천에 역행하는 것이다. 그뿐 아니라 코로나19 대유행은 기후 변화에 대한 문제의식을 흐리게 할 우려가 있고, 국제 유가의 폭락은 에너지 전환 문제를 당분간일지라도 논의 밖으로 밀어내고 있다.

코로나 팬데믹이 장기화하면서, 감염 위험이 높고 생활 수칙을 준수하기도 어려운 폐쇄된 실내 공간에 머물기보다는 도시공원, 인근 수변 공간, 녹지 등 공기 순환이 원활하고 개방된 자연 친화적 공간을 찾는 사람들이 늘어나고 있다. 정부는 대유행 기간에 전염을 우려해 도시의 친환경 공간을 일부 폐쇄하기도 했다. 이는 결국 코로나 팬데믹 상황에 대처할 수 있을 정도로 도시의 공원과 녹지가 확보되지 않았음을 의미하며, 당연히 개선해야 할 사항임을 알려준다. 나아가 코로나19 위기를 초래한 근본 원인은 압축적 산업화와 더불어 무분별한 도시화, 이 과정에서 촉진된 화석 연료와 일회용품의 남용 등으로 인한 지구 생태계의 파괴와 환경 오염에 있음이 분명하다. 따라서 코로나19 위기에 대응하기 위한 생활 방역과 새로운 도시 생활양식은 지구적 생태 위기를 촉발하는 활동을 자제하고 황폐해진 도시의 자연환경을 회복시킬 수 있는 방향으로 나아가야 한다.

또 다른 문제는 공간적 이동 통제와 관리에 관한 것이다. 우리나라는 강제적 이동 통제나 도시 봉쇄 없이 이번 사태를 나름대로 관리하고 있다는 점에서 K-방역에 관해 긍정적 평가를 받고 있다. 그러나 코로나19 확진자에 대한 동선 파악과 정보 공개, 자가 격리 이탈자의 감시와 통제를 위한 이른바 '안전 밴드' 착용 등에 관한 타당성과 한계는 되짚어 봐야 할 문제이다. 사실 신용 카드의 사용처나 휴대폰의 위치 추적뿐 아니라 도시 공간 도처에 설치되어 있는 CCTV를 통한 정보 수집·보관·분석은 범죄나 여타 사고 예방 등의 목적에 기여한다. 반면 개인 사생활이 노출되고 침해되거나 통제될 우려를 자아낸다. 이제라도 이러한 정보 수집 및 활용에 대해 일반 시민들의 동의를 구하는 과정을 거치는 것이 바람직하다.

이처럼 코로나19 위기와 생활방역의 시행을 계기로 도시의 각 부문과 생활공간에서 나타나는 문제들은 기본적으로 도시인들의 물리적 및 사회적 생활 인프라를 개선하기 위한 정부의 대책이 절실히 필요함을 말해준다. 그러나 시민들의 일상생활에 내재되어 있는 문제들을 정부가 나서서 모두 해결하기에는 역부족일 뿐 아니라, 지나친 개선 정책이나 개입은 오히려 강제에 따르는 역효과를 낼 수 있다. 따라서 시민들이 당면한 코로나19 대유행이나 앞으로 닥쳐올 수 있는 새로운 전염병이나 재난에 대비할 수 있는 방안을 스스로 결정하고 실천할 수 있도록 시민사회의 새로운 거버넌스 체제를 구축해 나가야 할 것이다.

도시 과밀 해소와 국토 균형 발전

코로나19 위기 상황에서 대도시들이 방역 대책을 성공적으로 수행하기 위해서는 부문별 접근과 공간적 접근을 동시에 고려해야 한다. 도시의 주거, 노동, 교통, 복지, 여가 생활, 정보 이용 등 다양한 부문별 접근으로 철저한 점검과 직접적 개선 노력이 필요하지만, 또한 과밀과 불균등 해소를 위한 공간적 접근도 매우 중요하다. 오늘날 수백만에서 수천만 명에 이르는 인구가 좁은 공간에 집중해 살아가고 있는 거대 도시는 인구 과밀로 인해 근본적으로 코로나19와 같은 바이러스 전염병에 취약하다. 많은 인구가 도시에 몰려 살고 있는 이유는 단지 인구 급증만이 아니라 도시 공간의 과밀화와 거대화, 국가적·지구적 규모로 전개된 사회 공간적 불균등 발전에 있다. 이러한 현대 도시의 취약성을 공간적 관점에서 분석하고 도시 내부 공간구조의 개편과 더불어 국토 공간 전체에 대한 근본적인 재구조화가 이뤄져야 한다.

코로나19 확산에 대처하기 위한 도시 내부 공간구조의 개편은 무엇보다도 과다한 이동과 접촉 기회 줄이기에 초점을 두어야 할 것이다. 거대 도시화 과정에서 시가지의 외곽 확장은 주거지와 직장 및 여타 기능의 입지 간 이동 거리를 증대시키고 이 과정에서 밀착 접촉의 기회가 늘어나게 한다. 또한 공공 기관, 기업의 본사, 고급 서비스업 등 핵심 기관이 밀집된 도심은 통행량이 급증하고 밀착 활동이 불가피해진다.

이러한 상황에서 사회적 거리두기의 실행은 거의 불가능하고, 일단 전염병이 창궐하면 급속히 전파되어 대규모로 집단화된다. 특히 무증상 감염자를 고리로 진행되는 n차 감염에서, 인구 과밀로 인한 익명적 밀집은 중요한 매개 요인이 된다. 도시 공간의 외곽 확장과 이동량의 증대, 그리

<그림 5-2> 우리나라 지역별 코로나19 누적 확진자 수 추이(2021.1.18. 기준)　　　(단위: 명)

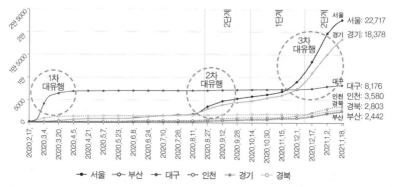

자료: https://coronaboard.kr/.

고 도시 내부 공간의 과밀은 코로나19 확산의 직접적 원인은 아닐지라도 거시적 배경이 된 것은 분명하다. 특히 2차, 3차 대유행이 서울을 중심으로 수도권에서 급속히 전파되면서 전국으로 확산되었다는 점은 이를 입증한다(<그림 5-2>).

오늘날 도시가 안고 있는 이러한 문제를 해결하기 위한 하나의 방안은 거대해진 도시 공간을 소규모 생활공동체 단위로 나누고 각 공동체 공간 안에서 기본적인 기능이 충족될 수 있도록 하는 것이다. 이 방안과 관련해 흥미로운 모형은 '15분 도시'이다. 이 모형은 2020 서울혁신주간에서 '도시 전환'을 주제로 개최한 콘퍼런스(11월 25일~27일)에서 발표됐다. 이 모형은 도시를 '도보 및 자전거로 15분 안에 모든 시설에 닿을 수 있는 소규모 복합 공동체 공간으로 재편하자'는 취지에서 등장했으며, 현 파리 시장이 시행하고 있다.

15분 도시는 살아가고, 일하고, 공급하고, 돌보고, 배우고, 즐거움을 얻기 위한 사회지리적 필수 기능이 충족되는 도시, 즉 도시 기능의 다목적성을 제공하는 새로운 방식을 강조한다. 도시 공간의 재편으로 이동 시간이 줄고 근접 공간 내에서 이웃, 친구들과의 공동체 생활이 가능해진다. 여유가 없고 익명성과 생산주의가 만연한 기존의 도시 생활을 탈피한다는 점에서 주목을 끌었다. 우리나라도 도시 기능이 광역지자체나 이를 넘어서 초광역적으로 구축된 공간구조를 개편해, 기초 지자체나 근린 생활공간에서 시민들이 다양한 서비스를 받을 수 있도록 정주 생활권을 조성할 필요가 있다고 하겠다.

도시 내부 공간의 개편과 병행해, 대안적 도시화와 국토 공간의 재구성도 적극적으로 추진해야 한다. 코로나19 사태로 인한 일자리 상실과 소득 및 소비 감소가 장기화하면서, 도시의 산업 및 고용구조가 변하고 있다. 지구화 과정에서 세계도시로 발전하려는 성장 동력이 급격히 떨어지고, 도시 경제 전반은 저성장 체제로 변했다. 이러한 상황에서 발생한 코로나19 대유행은 기존 도시화 과정이 누렸던 규모의 경제, 집적의 경제 효과를 더 이상 기대하기 어렵고 오히려 심각한 불이익을 초래할 것임을 암시한다.

뿐만 아니라 코로나19 대유행으로 인해 대면 접촉을 줄이기 위한 경제 활동의 유형들이 관심을 끌게 됐다. 기존의 업무 공간이나 구매 공간에 밀집된 경제 활동보다 인터넷과 다양한 전자 매체 및 방식들을 활용한 재택근무와 비대면 판매·구매 활동이 활성화할 것으로 예상된다. 이러한 비대면 경제 활동이 촉진되면, 기업들은 구태여 과밀한 대도시 내에 입지할 필요가 없다. 대신 앞으로 대도시들은 탈세계화와 더불어 인구와 산업이 지방으로 분산되는 역도시화 경향을 보일 것으로 추정된다. 코로나19 사태는 대도시 중심의 분극화된 공간 정책에서 지방 중소 도시 중심의 균형 발전 정책으로 전환할 계기가 될 수 있다.

도시의 일상생활과 리듬의 회복

코로나19의 장기화로 일상생활이 제한되고 인간관계가 단절되면서, 많은 사람들이 심각한 스트레스에 정서적으로 우울하고 심지어 분노가 치밀어 오르는 느낌을 가지게 됐다. '코로나 블루' 또는 '코로나 레드'라고 불리는 병리적 현상은 전염병 감염에 대한 두려움, 사회적 거리두기에 따른 소통의 부재, 이동 통제로 인한 일상생활(예: 취미 생활이나 종교 활동)의 위축 등이 복합적으로 연계해 발생한 것이라고 하겠다. 이러한 심리 현상은 일상생활의 변화(예: 재택근무, 화상 수업, 영업시간 제한, 여행 불가 등)와 사회 공간적 리듬의 파괴에 기인한 것이라고 할 수 있다.

코로나19와 관련된 사회경제적 고통과 양극화의 심화(한편으로 소득과 고용 급감, 다른 한편으로 자산 가격 폭등)로 인한 사회적 위화감은 사회적 취약계층들에게 더 심각할 것으로 추정된다. 코로나19 위기로 인한 심리적 충격은 개인적인 것이라기보다 사회적인 것이다. 코로나 우울증을 이겨내기 위해 전문가들은 간단한 운동으로 신체 활동량을 늘리고, 비대면이라도 대화 시간을 가지라고 조언한다. 물론 이러한 일상생활에서의 대응도 필요하다. 문제는 코로나 우울증이 근본적으로 어디서 기원하는가, 일상생활이 위축되고 무기력해진 상황에서 이러한 의식과 의지를 어떻게 가질 것인가라는 점이다.

코로나 우울증은 오늘날 거대 도시의 일상생활에 내재된 소외가 코로나19를 계기로 심화되어 표출된 것이라고 할 수 있다. 오늘날 거대도시에서의 일상생활은 자신의 노동에 대한 통제력 상실과 더불어 사회적 연계망의 부재와 고립, 공동체의 상실과 무장소성, 자연과의 유기적 관계 차단 등으로 인해 의식하든지 그렇지 않든지 간에 심각한 소외감에 빠져 있다.

프랑스 철학자이자 도시이론가인 앙리 르페브르(Henri Lefebvre)는 도시의 일상생활이 인간 삶에 절대적으로 중요한 영역임에도 불구하고, 다양한 유형의 소외로 황폐화되었다고 주장한다. 도시는 상품의 생산과 소비뿐 아니라 인간의 삶과 인간들 간 관계가 형성되는 구체적 장소이다. 그러나 오늘날 도시의 일상생활은 추상적이고 양적이며 규격화된 공간에 의해 지배되고 있다(Lefebvre, 2003).

소외된 도시에서 시공간적 생활 리듬은 인간의 신체적 요인(맥박, 숨쉬기, 신진대사 등)이나 자연적 요인(낮과 밤, 계절 변화 등)이 아니라 외적으로 주어지는 사회경제적 요인(예: 노동시간, 영업시간 등)에 의해 지배된다. 자본주의 생산 체계와 노동 조건뿐만 아니라 환경 파괴와 기후 변화 등으로 인해 신체적·자연적 리듬은 교란, 파괴되고 있다. 우리는 어떤 위기 상황에 봉착해 고통을 겪는 순간에야 일상적 생활 리듬이 깨졌음을 깨닫게 된다(르페브르, 2013). 코로나19의 충격은 도시적 일상생활에서 시공간적 리듬의 교란과 파괴를 경험적으로 깨닫도록 해주는 계기가 된 것이다.

코로나 우울증을 이겨내기 위해 개인적인 대응도 필요하지만, 도시의 일상성을 규정하는 가치관과 생활양식 그리고 사회구조의 근본적 변화가 필요하다. 도시는 한편으로 소외된 삶을 영위하는 일상생활 공간이지만, 소외된 인간성 회복의 가능성을 발견할 수 있는 장이 되어야 한다. 도시의 일상생활에서 소외되어 있음을 깨닫고, 소외를 유발하는 요인들을 찾아내서 개선하려고 노력해야 한다. 이러한 점에서 르페브르가 주장하는 영구적 도시 혁명이 필요하다.

도시 혁명이란 외적으로 주어지는 물질적·제도적·의식적 조건들에서 벗어나 자신의 운명과 사회를 스스로 장악하고 책임지기 위한 의식과 실천, 즉 '자주 관리'에 바탕을 둔 탈소외 도시(사회 공간)로의 전환을 의미한다. 도시의 자주 관리를 위해 무엇보다 자본주의 사회에서 소외를 유발하는 비자율적 노동 조건이나 사회적 불평등을 개선해야 한다. 또한 자본주의적 사회경제 체제가 외적으로 부여하는 생활 리듬을 벗어날 필요가 있다. 코로나 우울증을 극복하기 위해 신체와 자연에 조응하는 생태적 리듬에 따른 일상생활을 권장하는 것도 바로 이런 이유 때문일 것이다. 도시의 일상생활은 자연으로부터 결코 벗어날 수 없음을 깨닫고, 자연의 생태적 가치와 리듬에 맞추어 살아가는 생활양식으로 바꿔 나가야 한다.

한국판 뉴딜과 녹색전환의 논리

지구의 위기, 인류의 위기

코로나19 위기는 단지 '코로나19'로 불리는 바이러스가 인간의 생명과 건강을 위협하고 사회경제에 심대한 충격을 주는 상황만을 의미하는 것이 아니다. 만약 현재 당면한 위기를 이렇게 좁은 관점에서 본다면, 이 위기는 코로나19 바이러스의 감염을 예방하는 백신 개발과 접종으로 해소할 수 있다. 그러나 황폐해진 자연에서 변형된 바이러스가 또다시 출현해 언제든지 인체에 들어와 생명을 위협하고 전 세계에 확산되어 인류사회를 대혼란의 상태에 빠뜨릴 수 있다는 사실은 이제 아무도 부정할 수 없다. 코로나19 위기는 단지 특정 바이러스에 의한 단일 위기가 아니라 황폐해진 전 지구 생태계의 위기이며, 자본주의가 추동한 인류 물질문명의 위기를 포괄하는 복합 위기이다.

설령 코로나 팬데믹이 해소된다고 해도, 급격한 기후 변화, 생물 다양성의 급감, 미세먼지의 악화, 폐플라스틱의 공포 등 다양한 부문에서 심화하고 있는 지구적 생태 위기는 인간의 생존과 사회 발전에 심대한 충격을 주면서, 인류의 종말을 초래할 수도 있다는 불안감을 조성한다. 이처럼 다양한 유형의 지구적 생태 위기가 인류와 지구를 파멸로 몰아넣고 있다는 점에서 코로나 팬데믹이라는 용어보다 신데믹(syndemic)이라는 용어가 더 적합하다는 주장도 있다(Singer, 2009).[3] 즉 코로나19 위기는 단일 위기가 아니라 기후 위기, 생물 다양성 위기, 미세먼지 위기, 폐플라스틱 위기 등과 동시에 전개되는 다중적 위기 가운데 하나이다. 코로나19 위기는 이처럼 다른 위기들과 동시에 진행되고 있다는 점에서 더 심각한 부정적 시너지 효과를 유발할 수 있다.

이렇게 복합적·다중적으로 진행되는 지구적 생태 위기는 자연환경에서 비롯된 것이 아니다. 현대인들의 생활 및 생산 양식이 자연 생태계를 황폐화시켰기 때문이다. 따라서 코로나19 대유행에 따른 사회경제적 충격은 단순히 경기순환에 따른 경제적 위기나 여타 사회·정치적 위기와는 근본적으로 다르다. 또한 코로나19 위기의 극복은 표피적 병리 현상에 대한 대증요법적 처방이 아니라 심층적 원인에 대한 근원적 치료를 요구한다. 물론 무섭게 퍼져 가는 전염병을 신속하게 차단, 통제하는 대책이 우선 필요하다. 그러나 대증요법이라 할지라도 그 근원을 해소하는 방향으로 나아가야 한다. 그렇지 않으면 위기 현상들은 계속 발생하고 더 심화될 것이다. 이러한 점에서, 기존의 현상 복귀적 논리에서 벗어나 새로운 전환의 논리, 즉 생태적으로 건전한 사회를 지향하는 녹색전환의 논리에 근거한 대책이 요구된다.

---

3) syndemic에서 syn-은 '함께', '동시에'라는 뜻을 가지며, -demic은 인구(demos)를 뜻하지만 유행병(epidemic)과 관련된다는 점에서, 두 개 이상의 위험 요인들이 동시에 악화되고 있음을 뜻한다.

'한국판 뉴딜' 정책과 그 한계

우리나라에서 코로나19 1차 대유행이 다소 진정되었던 2020년 5월 말경, 정부는 위기를 어느 정도 통제했다고 자부하면서, 이로 인한 경제 침체에 대처하기 위해 이른바 '한국판 뉴딜' 정책을 구상, 시행할 것이라고 발표했다. 잘 알려진 바와 같이, 뉴딜은 본래 미국의 프랭클린 루스벨트(Franklin Roosevelt) 대통령이 1930년대 대공황으로 인해 침체된 경제를 되살리기 위해 추진한 경제 정책을 의미한다. 이 정책은 실업자들에게 일자리를 마련해 주고, 경제·금융 구조와 국가 역할 및 정책을 개혁하기 위한 것이었다. 미국에서 뉴딜 정책이 나름대로 성공했다고 평가되면서, 그 이후 다른 많은 국가의 정치가들은 경제 위기를 타개하기 위한 개혁적 정책에 흔히 뉴딜이라는 이름을 붙이게 되었다. 우리나라에서 이미 2004년에 경제 부양책으로 '한국형 뉴딜 정책'으로 불리는 종합투자계획이 제시되었고, 현 정부도 '도시재생 뉴딜'이라는 이름을 가진 도시 혁신 사업을 추진하고 있다.

이러한 역사적 배경 속에서 정부는 코로나19 위기로 인해 침체된 경제를 활성화시키기 위한 대책으로 '한국판 뉴딜' 정책을 구상하게 된 것이다. 처음 이 대책이 발표되었을 때는, 디지털 인프라 구축, 비대면 산업 육성, 사회간접시설(SOC)의 디지털화가 핵심을 이루었다. 이 대책은 코로나 팬데믹으로 인해 국내뿐 아니라 세계적으로 비대면 활동이 일반화하고 있음에 주목하면서, 4차 산업혁명에 바탕을 둔 새로운 성장 동력의 확충에 목적을 두고 있었다. 디지털 뉴딜은 빅데이터, 인공지능 등 디지털 기술을 고도화하고 이를 기업의 생산 사무 활동뿐 아니라 스마트 도시, 스마트 의료 등에 응용함으로써 산업의 혁신을 견인하고 국가경쟁력을 강화할 것으로 홍보했다.

디지털 뉴딜이 정보통신기술(ICT)과 인공지능(AI)의 발달에 기반한 경제적 효과를 가질지 모르지만, 여러 측면에서 한계가 있다. 이 정책과 직접 관련된 산업 분야는 활성화되겠지만, 산업 전반에서 일자리가 늘기보다는 줄어들 것으로 우려된다. 또한 디지털 뉴딜은 코로나19 위기의 근원적 해소와는 무관하며 오히려 비대면 사회의 고착화, 즉 코로나9 사태 이후에도 사람들 간 구체적 관계를 끊어버리고 물리적으로 고립된 삶을 사는 사회를 전제로 한다. 비대면 사회는 앙리 르페브르(Henri Lefebvre)의 주장처럼 구체성을 상실한 추상적 공간 속에서 일상생활의 소외를 만연시킬 것이다(르페브르, 2011). 이는 코로나19 대유행이라는 예외적 상황에 한정되며, 진정으로 인간의 삶을 위한 정상 사회로 간주할 수 없다.

국내외 시민사회와 관련 기관, 심지어 정부와 여당 내에서도 디지털 중심 코로나19 대책의 문제점이 지적되고, 그 보완책으로 그린뉴딜이 제시되면서 한국판 뉴딜은 디지털뉴딜과 그린뉴딜을 두 축으로 삼게 되었다. 그린뉴딜의 주요 내용은 노후한 주택과 학교, 산업단지 등의 에너지 효율화 리모델링, 해상 풍력 단지 조성 등 재생에너지산업 육성, 전기차와 같은 에너지 효율적 수송 수단 개발 등을 핵심 목표로 설정하고 있다. 이러한 그린뉴딜은 탄소 의존 경제에서 저탄소·친환경 경제로 도약하고자 하는 정부의 구상을 반영한 것으로, 탄소 중립 사회를 목표로 하고 있다. 이 정책은 우리나라가 세계에서 일곱 번째로 많은 이산화탄소 배출국임을 인정하고, 오명을 탈피하고자 한다는 점에서 의의가 있다.

하지만 정부가 추진하려는 그린뉴딜은 에너지·수송·건설 분야에 환경친화적 기술 발전을 촉진하고, 디지털뉴딜과 결합한 스마트 도시나 스마트 인프라를 구축하는 데 방점을 두고 있다. 한국판 뉴딜에 추가된 그린

뉴딜은 진정한 녹색전환이라기보다 과거 이명박 정부의 '녹색성장'에서 대규모 토목 사업을 뺀 것 외에 별 차이가 없어 보인다. 당시 정부가 추진했던 이른바 '저탄소녹색성장' 전략은 에너지의 산업화, 시장화, 금융화를 기본 특성으로 했으며, 지속 가능한 발전 모형과는 거리가 먼 신자유주의적 환경 정책의 전형으로 비판되기도 했다(최병두, 2010).

산업적 접근을 전제로 한 그린 뉴딜은 코로나19와 같은 바이러스가 발현하게 된 배경으로서 생태환경의 황폐화를 치유하기보다, 오히려 자연을 자본의 이윤 영역으로 더욱 깊숙이 편입시키는 것에 불과하다. 한 언론의 기고 글에서 경제부총리는 한국판 뉴딜이 "우리 경제사회에 디지털이라는 옷을 입히거나 저탄소·친환경화로 채색하기 위한 것"이 되어서는 안 된다고 주장했다(≪경향신문≫, 2020.11.5). 현 정부도 코로나19 대유행으로 초래된 경제 위기를 극복하고 자연과 공생하며 진정으로 인간답게 살아가기 위해 어떤 장기 대책이 필요한지를 잘 알고 있는 것처럼 보인다. 하지만 실제 정책은 이러한 인식을 제대로 반영하지 못하고 있다.

한국판 뉴딜은 일자리 창출과 서민 생활의 고통 분담, 지역 불균등의 해소 등에 별 관심이 없다고 지적받자, 다시 수정하여 안전망 강화와 지역 균형 뉴딜을 추가하게 됐다. 안전망 강화를 위해서는 고용 및 사회 복지 연계 체계를 확충하고 전 국민 고용보험제도 등을 시행하며, 지역 균형 발전을 위해서는 한국판 뉴딜을 지역 기반으로 확장하는 방안이 강구되었다. 이처럼 추가된 두 가지 사항은 코로나19 위기를 계기로 외형적으로 드러난 사회적·공간적 불평등 해소를 명분으로 한다. 한국판 뉴딜은 국민의 안전망 강화와 국토의 균형 발전을 당연히 포함해야 한다. 나아가 코로나 팬데믹과 같은 지구적 생태 위기의 극복과 그 이후 새로운 사회의 구축을 위한 대책이라면, 응당 이 위기를 초래한 기존 자연환경 체계와 사회경제 체계의 근본 원인에 더 큰 관심을 가지고 이를 근원적으로 해소하려는 노력을 반영해야 한다.

녹색전환, 가설에서 현실로

현 사회-자연 체계의 구조적 개편은 인위적으로 불가능할지도 모른다. 그러나 이를 위한 가설이라도 설정해 보아야 하지 않겠는가? 리영희 교수는 『전환시대의 논리』 머리말에서 지동설을 증명한 코페르니쿠스의 『천체의 회전에 관해』를 언급하면서 교회 권력과 신학 도그마로 인한 박해 때문에 그 책에 '가설'이라는 궤변을 삽입했다는 일화를 소개했다. 이를 통해 리 교수는 자신의 저서 역시 정치권력이 우상화된 암울한 시대에 코페르니쿠스적 '가설'이 될 것임을 암시한다. 같은 맥락에서 우리에게도 당면한 위기를 극복하기 위한 가설의 설정과 현실 한계를 넘어 이를 입증하기 위한 실천이 요구된다(리영희, 1974).

지구적 생태 위기를 극복하기 위한 녹색전환의 논리는 기본적으로 두 가지 가설로 이루어진다. 첫째, 자연에 대한 인간의 의식 전환이 없다면 위기는 극복할 수 없다. 자연을 인간 사회와 분리해 지배 대상 또는 성장 수단으로 인식한다면, 자연 파괴의 가속화와 오염물질의 누적으로 지구적 생태 위기는 더 심화할 것이다. 위기 극복을 위한 녹색전환은 성장의 화폐적 가치가 아니라 생존의 생태적 가치를 우선해야 하며, 자연과 공생하는 사회생태 체계를 지향해야 한다.

둘째, 사회경제 전반의 체제적 전환이 없다면 위기는 극복할 수 없다. 병리 현상에 대한 기술적 대응이나 자연과 관련된 특정 부문 대책은 단기적으로 위기를 완화 또는 지연시킬 수는 있을 것이다. 하지만 기존의 산업과 시설들에 녹색을 덧칠한다고 해서 위기의 근원이 해소되는 것이 아니다. 위기의 근원이 해소되지 않는다면 위기는 언제든 재발, 증폭될 것이다. 코로나19 대유행에서 인류와 지구를 구하기 위한 녹색전환은 자연의 사적 소유와 상품화, 대기업 중심의 환경 산업화가 아니라 공정한 배분과 시민사회의 공유화에 기반한 사회생태 체계를 지향해야 한다. 이러한 녹색전환의 논리는 위기에 처한 인류가 실천해야 할 가설이며, 한국판 뉴딜이 나아가야 할 방향이라고 할 수 있다.

제6장

코로나19의 경제적 충격과 전망

코로나19 대유행과 생활 경제의 붕괴
코로나19 위기와 유동성 과잉
백신 개발의 한계와 탈성장 사회

코로나 팬데믹은 자본주의 경제의 쉼 없는 성장 추구에 기인한다. 이는 지구적 생태 위기에서 시작해 다양한 측면들에서 사회경제적 위기들을 유발하면서, 자본주의 경제성장의 한계를 입증할 뿐 아니라 인류 사회의 대파국을 경고하고 있다. 이에 대한 기존의 대책들은 대부분 코로나19 위기의 충격에 대한 즉각적 대응과 더불어 성장의 한계에 도달한 경제 시스템을 어떻게든 그 이전 상태로 돌리는 데 더 많은 관심을 두고 있다. 그러나 기존 자본주의 경제 시스템으로 복귀를 전제한 경제성장은 제2, 제3의 팬데믹을 초래할 수 있다.

팬데믹을 경험하면서 배워야 할 점은 기존의 경제성장은 더 이상 불가능하며, 따라서 탈성장 사회로 나아가야 한다는 점이다. 탈성장이란 신자유주의적 자본주의의 저성장 기조를 유지하거나, 코로나 팬데믹으로 인한 경제 침체를 그대로 두자는 것이 결코 아니다. 탈성장의 목적은 자본 축적 메커니즘의 작동을 늦추고 궁극적으로 전환시킴으로써 자본주의적 경제성장 과정에 내재된 모순들을 완화 또는 해소하고, 인간 사회의 불평등과 지구 시스템에 대한 손상을 최소화해 공생적으로 발전하자는 것이다.

코로나19 대유행과 생활 경제의 붕괴

생활 경제의 위축과 사라진 일자리

코로나19 대유행이 장기화하고 있다. 날씨가 추워지면서 서유럽 국가와 미국에서 확진자가 다시 급증했다. 백신이 개발됐지만 각국 국민의 60~70% 접종으로 집단면역이 형성되기까지는 상당한 시일이 걸릴 것이다. 지금 당장은 이에 대처할 수 있는 방안이 마땅찮다. 각국은 다시 시민의 이동을 제한하고 각종 영업 시설의 봉쇄 조치를 강화하거나, 마스크 쓰기와 사회적 거리두기 등 생활 방역 수칙 준수를 강조할 뿐이다. 코로나19 감염 환자들과 사망자들이 급증하는 것도 심각한 문제이지만, 대유행 상황이 지속되면서 시민들은 이른바 '코로나 블루'라는 우울증을 앓게 됐고, 영세자영업자들은 수입이 급감하면서 불만이 누적됐다. 서유럽에서는 정부의 봉쇄 조치에 반대하는 시위가 빈발하고 있다.

우리나라에서는 전면적인 봉쇄 조치 없이 서구 국가들에 비해 훨씬 적은 희생과 피해를 기록하면서 이른바 K-방역의 성과를 거두고 있다. 하지만 사회적 거리두기의 강화로 인해 소비가 감소하고 일자리가 줄어들면

<표 6-1> 2021년 1월 취업 및 실업 현황 (단위: 천 명, %)

		2020.1.	2021.1.	증감	증감률		2020.1.	2021.1.	증감	증감률
취업자		26,800	25,818	-982	-3.7	고용률(15~64세)	66.7	64.3	-2.4%p	
산업별 취업자	농림어업	1,172	1,158	-14	-1.2	상용근로자	14,586	14,622	36	0.2
	광업·제조업	4,461	4,414	-47	-1.2	임시근로자	4,423	3,860	-563	-12.7
	건설업	1,974	1,955	-20	-10	일용근로자	1,367	1,135	-232	-17.0
	도소매·숙박음식점업	5,941	5,356	-585	-9.9	고용원 있는 자영업자	1,450	1,292	-158	-10.9
	전기·운수·통신·금융	3,212	3,242	29	0.9	고용원 없는 자영업자	4,011	4,043	32	0.8
	사업·개인·공공 서비스	10,038	9,694	-344	-3.4	무급가족 종사자	962	866	-96	-10.0
실업자		1,153	1,570	417	36.2	실업률	4.1	5.7	1.6%p	
경제 활동 인구		27,952	27,388	-564	-2.0	비경제 활동 인구	16,713	17,580	867	5.2

자료: 통계청(2021), 2021년 1월 고용동향 보도자료.

서 서민들의 생계가 점점 더 피폐해지고 있다. 그동안 지역의 생활 경제를 유지해 오던 영세자영업자, 소상공인, 중소기업이 판매 부진으로 수입이 감소하고 생산이 둔화되면서 종사자를 내보내고 문을 닫는 경우가 허다하다. 물론 코로나19 대유행으로 세계 경제가 전반적으로 크게 위축되면서 대기업일지라도 수출입의 감소 추세를 피하지 못하고, 상대적으로 안정된 소득원을 가진 기업인이나 부유한 계층도 경제적 어려움을 겪고 있다. 하지만 코로나19 대유행은 특히 서민의 생계유지를 위한 일자리와 소득이 사라지게 만들면서, 영세 자영업자가 주를 이루는 지역 생활 경제에 더 큰 타격을 주고 있다.

이러한 점은 정부의 고용시장 동향 자료에 뚜렷이 나타난다(〈표 6-1〉). 코로나19 사태가 발발하기 직전인 2020년 1월에 비해 2021년 1월 취업자는 98만 2000명이나 감소했고, 실업자는 41만 7000명 증가했다. 실업자는 157만 명, 실업률은 5.7%로 1999년 통계 작성 이후 가장 높은 수준을 보인다. 그래도 취업자가 감소한 만큼 실업자가 늘어나지 않은 것은 일자리를 잃은 사람들 가운데 상당수가 구직 활동을 포기했기 때문이라고 하겠다. 이로 인해 경제활동인구는 56만 4000명 줄었고 대신 비경제활동인구는 86만 7000명이나 늘었다.

산업별로 보면, 2021년 1월 현재 전년 동기에 비해 취업자가 가장 많이 감소한 업종은 도소매·숙박·음식점업으로 58만 5000명이 줄었고, 정부의 공공 서비스업 촉진에도 불구하고 사업·개인·공공 서비스업의 취업자도 34만 4000명이 줄었다. 종사상의 지위로 보면, 안정된 일자리를 보장받는 상용근로자는 오히려 3만 6000명이 증가한 반면, 일자리를 잃어버린 사람들의 대부분은 임시 및 일용근로자로 각각 56만 3000명, 23만 2000명에 달했다. 또한 고용원을 두고 있는 자영업자나 무급 가족 종사자가 각각 15만 8000명, 9만 6000명이 감소했지만, 고용원 없는 자영업자는 3만 2000명 늘었다. 이는 실직자들 가운데 나 홀로 창업이 늘었기 때문인 것으로 추정된다.

서민 가계의 줄어든 소득과 소비

코로나19 팬데믹의 경제적 충격을 나타내는 또 다른 지표로 가계의 소득과 소비지출의 변동을 살펴볼 수 있다. 〈표 6-2〉는 통계청이 발표한 2020년 각 분기별 가계 소득과 지출의 증감률을 소득 분위별로 나타낸 것이다. 코로나19의 충격에도 불구하고 전체 가계의 총소득은 전년도 동분

<표 6-2> 2020년 소득분위별 가계 소득 및 지출 증감률 변화　　　　　　　(단위: %)

	소득				지출			
	1분기	2분기	3분기	4분기	1분기	2분기	3분기	4분기
전체	3.7(1.8)	4.8(-5.3)	1.6(-1.1)	1.9(-0.5)	-4.9(-6.0)	1.4(2.7)	-2.2(-1.4)	-0.1(-0.1)
1분위	0.0(-3.3)	8.9(-18.0)	-1.1(-10.7)	1.7(-13.2)	-10.8(-10.0)	1.1(3.1)	-3.6(-0.4)	1.4(1.8)
2분위	0.7(-2.5)	6.5(-12.8)	-1.3(-8.4)	0.1(-5.6)	-7.1(-7.3)	-1.8(-0.2)	-8.2(-7.4)	-2.4(-1.7)
3분위	1.5(-4.2)	5.6(-4.3)	0.1(1.6)	1.2(0.0)	-9.1(-11.8)	-1.3(1.7)	-1.3(-1.1)	-2.3(-3.1)
4분위	3.7(7.8)	5.6(-2.9)	2.8(0.9)	2.0(0.0)	-1.0(-1.4)	7.2(7.3)	-0.5(1.6)	0.9(3.4)
5분위	6.3(2.6)	2.6(-4.0)	2.9(-0.6)	2.7(1.8)	-2.3(-3.3)	0.5(1.4)	-0.9(-1.0)	1.0(-0.4)

주: 소득에서 (　)안은 근로소득, 지출에서 (　)안은 소비지출의 증감률임.
자료: 통계청(2020), 각 분기 가계동향 조사.

기에 대비해 오히려 증가했다. 그러나 가계소득에서 가장 큰 비중을 차지하는 근로소득만 보면 1분기를 제외하고 모두 감소한 것으로 나타난다. 그럼에도 가계소득이 늘어난 것은 상당 부분 정부가 지원한 공공 이전소득이 크게 증가했기 때문이라고 하겠다.

　근로소득의 감소율은 소득분위가 낮을수록 더 크게 나타났다. 특히 2분기 때 모든 분위에서 감소했지만, 가장 낮은 소득계층인 1분위에서 18%나 감소했다. 이 소득계층은 3분기와 4분기에도 각각 10.7%, 13.2% 감소했다. 지출의 증감 동향은 다소 달라서 코로나19 사태가 발발하기 시작한 1분기에는 모든 분위에서 감소 현상을 보였지만, 특히 1분위 계층의 지출이 가장 크게 줄었다(중간계층인 3분위에서도 감소율이 큰 것은 다소 특이하다). 2분기에는 소득(특히 공적 이전소득)의 증가에 따라 지출도 증가한 것으로 나타나지만, 3분기 이후 다시 감소 추세로 돌아섰다.

　가계의 소득 및 지출의 변동을 구체적으로 알아보기 위해, 변동 폭이 가장 컸던 2020년 2분기 가계수지 동향을 좀 더 세밀하게 살펴볼 수 있다

〈표 6-3〉 2020년 2/4분기 분위별 가계수지　　　　(단위: 천 원, %, %p, 전년 동 분기 대비)

	전체		1분위		2분위		3분위		4분위		5분위	
		증감률		증감률		증감률		증감률		증감률		증감률
소득	5,272	4.8	1,777	8.9	3,437	6.5	4,791	5.6	6,309	5.6	10,038	2.6
경상소득	5,181	4.3	1,770	9.3	3,407	6.3	4,753	5.4	6,261	6.2	9,709	1.0
근로소득	3,220	-5.3	485	-18.0	1,693	-12.8	2,857	-4.3	4,158	-2.9	6,902	-4.0
사업소득	942	-4.6	263	-15.9	709	11.0	902	-8.2	1,076	-10.2	1,759	-2.4
재산소득	34	-11.7	25	-9.4	24	-20.5	22	-3.7	30	114.5	67	-29.9
이전소득	985	80.8	996	44.9	981	64.7	973	86.8	997	148.1	981	88.4
공적 이전	777	127.9	833	70.1	800	106.0	763	134.2	739	223.7	750	175.3
사적 이전	209	2.1	163	-17.4	181	-12.8	210	7.6	258	48.5	231	-6.8
비경상소득	90	44.4	7	-41.7	30	45.6	38	38.3	48	-39.7	329	89.8
가계지출	3,882	1.4	1,788	1.1	2,792	-1.8	3,516	-1.3	4,674	7.2	6,639	0.5
소비지출	2,912	2.7	1,554	3.1	2,285	-0.2	2,740	1.7	3,444	7.3	4,533	1.4
비소비지출	971	-2.3	233	-10.6	508	-8.2	776	-10.7	1,230	7.0	2,105	-1.4

자료: 통계청(2020), 2020년 2/4분기 가계동향 조사.

(〈표 6-3〉). 2020년 2/4분기 가구당 월평균 소득은 527만 2000원으로 지난 해 같은 기간보다 4.8% 증가했다. 코로나19의 충격으로 일자리가 감소하고 자영업이 위축되어 근로소득은 5.3%, 사업소득은 4.6% 감소했음에도 불구하고, 전체 소득은 이처럼 증가한 것이다. 그 이유는 이전소득이 80.8% 급증했고, 특히 이 가운데 긴급 재난 지원금이 포함된 공적 이전소 득이 무려 127.9% 증가했기 때문이다. 그러나 실제 근로소득의 감소 폭은 2003년 전국 단위 통계를 작성한 이후 가장 큰 것으로, 2008년 글로벌 금융위기의 충격 직후인 2009년 3분기에도 0.5% 감소하는 정도였다.

2020년 2분기 소득은 모든 분위에서 증가한 것으로 나타나지만, 특히 소득 하위 20%인 1분위의 소득은 177만 7000원으로 8.9% 증가해 모든 분위에서 가장 높은 증가율을 보였다. 그러나 근로소득은 48만 5000원으로 18%, 사업소득은 26만 3000원으로 15.9%로 가장 큰 비율로 감소했다. 대부분 1분위 계층에 속하는 임시 및 일용근로자가 전년도에 비해 크게 감소했고, 소매·숙박·음식 업종의 부진에 기인한 것으로 추정된다. 반면, 이 계층의 공적 이전소득은 83만 3000원으로 모든 분위에서 가장 많은 액수로, 정부의 긴급 재난 지원금이 특히 이 분위 계층의 서민들에게 소득 증대 효과를 가져다준 것으로 평가된다. 상위 20%인 5분위 계층의 소득도 근로소득과 사업소득이 줄었지만, 공적 이전소득에 힘입어 2.6% 증가한 것으로 나타났다.

이러한 통계 자료에 의하면, 과거의 경제 위기와는 달리 코로나19의 충격에 따른 위기 상황에서는 정부의 과감한 공적 이전소득으로 소득격차가 일시적으로 개선된 것처럼 보인다. 만약 정부의 공적 이전소득이 없었다면, 소득격차는 훨씬 크게 나타났을 것이다. 하지만 코로나19 대유행이 소득 하위 계층에게 더 큰 충격을 주었고, 소득 불균등을 심화시켰다는 점은 분명하다.

이처럼 전 계층에서 소득이 증가함에 따라, 가계지출도 1.4% 증가해 평균 388만 2000원에 달했고, 특히 소비지출은 291만 2000원으로 2.7% 증가했다. 그러나 소비 부문별로 보면 코로나19의 영향으로 큰 변화가 있었다. 즉 오락·문화 지출은 17만 4000원으로 21.0% 급감했고, 단체 여행비와 문화서비스 지출의 감소 폭은 각각 92.7%, 13.7%에 달했다. 또한 교육비도 휴교 및 학원 교육 중단 등으로 크게 줄었고(학원·보습 교육 -23.3%, 정규 교육 지출 -54.1%), 음식·숙박 지출도 5.0% 감소했다. 반면, 보건 지출은 25만 3000원으로 7.5% 늘었고(특히 의약품과 의료용 소모품이 각각 4.1%, 240%

증가), 외출·외식 자제에 의한 '집밥' 선호로 식료품·비주류 음료 지출은 45만 4000원으로 20.1% 늘었다. 이와 같이 소비가 줄어든 부분과 관련된 업종들은 큰 타격을 입을 수밖에 없었을 것이다.

경제기반은 과연 튼튼한가

일부 학자들은 코로나19로 인한 경제 위기가 경제 기반의 약화나 구조적 경기변동 등으로 인해 초래된 것이 아니라 단순히 방역을 위한 사회·공간적 봉쇄와 거리두기에 의해 유발된 것이기 때문에, 코로나19 치료제와 백신 개발로 자유로운 경제 활동이 보장되면 경기가 회복될 것이라고 전망한다. 대부분 경제 위기는 경기의 이상 과열에 뒤이은 폭락(또는 급격한 붕괴 현상)으로 나타나지만, 이번 경제 위기에는 경기과열 현상이 선행되지 않았고, 경제 체제의 급격한 붕괴도 (아직까지는) 수반되지 않았다는 것이다(김공회, 2020).[1] 하지만 그럴 정도로 우리나라의 거시적 경제기반이 튼튼한지에 대해 의문이 제기될 수 있다. 코로나19 대유행의 장기화는 한국, 나아가 세계경제의 기반을 약화시키고, 특히 화폐 유동성 과잉과 국가 및 가계부채의 급증, 이로 인해 폭등한 자산(특히 부동산) 가격의 거품 붕괴 등을 초래할 수 있다.

---

[1] 지난 8월 화상 대담으로 열린 한 포럼에서 노벨 경제학상을 수상한 폴 크루그먼 (Paul Krugman) 교수가 코로나19의 치료법이나 백신만 개발되면 경제가 바로 회복될 것으로 전망하기도 했다. 그러면서 그는 코로나19의 충격으로 세계경제가 단기간 내에 회복되기 어렵고, 또한 재원에는 한계가 있기 때문에 직접 피해를 받는 계층, 특히 실업자 지원 대책이 우선이라고 강조했다(≪경향신문≫, 2020.8.25).

〈그림 6-1〉 국내총생산 증감률 변동   (단위: %)

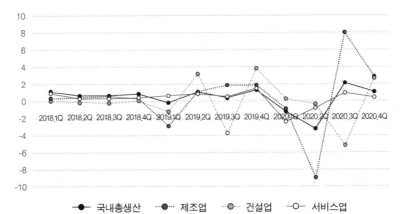

자료: 한국은행 경제통계 시스템.

〈그림 6-2〉 수출입 증감률 변동   (단위: 억 달러, %)

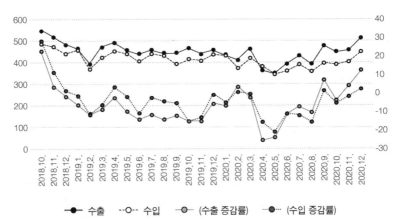

자료: 통계청, e-나라지표.

    사실 서민 생계와 지역 생활 경제는 2020년 3분기 중에도 계속 악화되고 있지만, 국가 경제의 거시적 지표는 다소 다른 양상을 보인다. 근래 분기별로, 대체로 0.5~1% 정도를 유지해 오던 국내총생산(GDP)은 2020년 1

분기에 -1.3%, 2분기에는 더욱 떨어져 -3.2%의 역성장을 보였다. 하지만 3분기에는 2.1% 성장률을 보였고, 4분기에도 다소 낮아졌지만 1.1%의 성장률을 보였다. 특히 제조업은 해당 분기에 7.9%와 2.8%로 성장하면서 전체 성장을 이끌었다. 건설업은 3분기에 5.2%의 마이너스 성장을 보였지만, 4분기에는 26%의 성장률을 보였다(〈그림 6-1〉). 국제 교역에서도 2020년 3월부터 2~3개월 동안 큰 폭으로 줄었던 수출입도 6월 이후 감소 폭이 상당히 줄어들면서 전반적인 회복 추세를 보이고 있다(〈그림 6-2〉). 우리나라의 수출입 추이가 다소 호전되는 기미를 보이는 것은 국내 경제에도 어느 정도 효과를 가져올 것으로 기대된다.

생활 경제의 활성화와 경제 불평등 해소

전반적으로 보면, 코로나19 위기 상황, 특히 서유럽 국가들과 미국에서 코로나19의 재확산이 나타나고 세계경제가 여전히 충격에서 벗어나지 못하고 있는 상황에서도 한국 경제의 국내 생산성과 국제 교역이 호조를 보이는 것은 한국 경제의 기반이 나름대로 구축되어 있고, 세계 시장에서도 상당한 경쟁력을 갖추고 있기 때문인 것으로 해석될 수 있다. 그러나 국내 생산성의 성장 추세에도 불구하고 경제적 불평등이 심화되거나, 해외 교역이 코로나19 대유행에 따른 특정 품목의 수출입 호조에 따른 것이라면, 우리나라의 경제기반이 튼튼하다고 말하기 어렵다. 코로나19 사태 이전부터 경제성장은 둔화되어 왔기 때문에, 코로나19 사태가 해소되더라도 과거와 같은 높은 경제성장률을 기대할 수 없다. 특히 코로나19 이후 국가 경제는 해외 교역보다는 국내 내수 시장에 더 많이 의존하겠지만, 고용 감소와 소득 및 소비 격차의 확대로 인한 지역 경제의 위축은 내수 시장 확충에 큰 걸림돌이 될 것이다.

정부도 이러한 점을 고려해 얼어붙은 고용시장을 녹이고 생활 경제를 북돋울 방안을 찾고 있다. 2020년 12월 발표한 바와 같이, 정부는 2021년도 경제 정책의 방향으로 코로나19 극복에 초점을 두고 있다. 소상공인과 자영업자 등 피해 업종과 계층에 대한 맞춤형 지원 사업, 취약계층에 대한 일자리 마련, 고용 및 사회 안전망 확충 사업 등을 대대적으로 펼칠 준비를 하고 있다. 이처럼 내수 시장 활성화 정책은 코로나19 팬데믹으로 인해 직접 피해를 입은 집단에 대한 지원책을 통해 침체된 내수 시장을 활성화하고자 한다는 점에서 매우 중요하며, 앞으로 우리 경제가 나아갈 길을 제시한다고 하겠다. 그러나 정부 정책의 기본 기조는 여전히 경제성장의 회복에 방점을 찍으면서 서민 생계와 지역의 생활 경제를 부차적인 문제로 간주하는 것처럼 보인다.

이러한 점에서 대안적 정책이 주목해야 할 논제는 다음과 같은 사항을 포함해야 할 것이다. 첫째, 계층 간 소득 불균등의 완화와 유효수요의 지속적 창출을 위한 기본 소득제. 이번 코로나19 대유행에 따른 경제 위기에 대처하기 위해 정부가 시행한 조처 가운데 긴급 재난 지원금은 나름대로 의미 있는 효과를 발휘한 것으로 평가된다. 즉 근로소득이나 사업소득이 감소한 상황에서 정부가 제공한 공적 이전소득은 모든 소득계층, 특히 저소득 서민의 가계에 소득 증대와 이에 따른 소비지출의 증가 효과를 가져왔다. 정부가 마련한 공적 이전소득 제공은 일시적으로 시행된 점이 아쉽긴 하지만, 계층 간 불평등을 완화하고 유효수요 확충으로 자본의 흐름이 원활해진다는 점에서 의의가 있다.

정부가 긴급 재난 지원금 정책을 시행하는 과정에서 공적 이전소득의 지속적 확충을 위한 기본 소득 제도의 도입이 본격적으로 거론됐고, 보수 야당에서도 사회안전망 확충을 위한 한국형 기본 소득제의 도입을 주장하고 있다. 학계에서는 기본 소득제의 도입을 둘러싼 논쟁들, 특히 기본 소득제의 도입과 기존의 복지 체계 간 정합성을 둘러싼 논쟁이 제기되고 있다. 반대론자들은 기본 소득제의 도입으로 기존 복지제도가 모두 대체되거나 높은 재정 부담으로 다른 영역(특히 사회서비스)의 개선을 제약하는 부정적 효과를 우려한다. 이러한 점에서 기본 소득 제도가 기존의 복지제도를 보완하는 방향으로 나아가야 한다는 점에 대해 대부분 동의한다. 현실적으로 이를 위한 재원을 어떻게 마련할 것인가의 문제가 남아 있지만, 인간다운 삶을 보장하기 위한 기본 소득제의 도입은 필요하다고 하겠다(김필헌, 2020).

둘째, 노동의 유연화가 아니라 고용유지를 전제로 한 일자리 대책. 정부는 코로나19 대유행으로 인한 일자리의 감소와 고용 조건의 악화에 우선 관심을 가져야 한다. 소비 부진에 의한 사업자들의 수입(이윤) 감소는 일자리 감소와 실업자 증가로 이어질 것으로 추정되지만, 그 결과는 정부 대책에 따라 다르게 나타날 수 있다. 즉 코로나19 확산 이후 미국은 실업률이 급등한 반면, 유럽 국가들은 팬데믹 이전과 비슷하거나 오히려 소폭 상승한 것으로 조사됐다(한국은행, 2020). 그 배경은 각국 정부가 시행한 실업 대책이 달랐기 때문인 것으로 추정된다. 즉 유럽 주요국은 단축 근로, 일시 휴직 등 고용 유지 대책을 주로 활용한 반면, 미국은 일시 해고 급증에 대응하는 실업급여 확대 정책을 시행했기 때문이다.

우리나라에서도 1987년 외환위기 이후 정부가 지속적으로 산업구조조정을 통해 대기업 중심의 기술혁신을 촉진하는 한편, 부실기업을 정리하고 노동유연화 전략을 추진했다. 이에 따라 우리나라 경제는 일부 특화된 분야에서 세계적 경쟁력을 갖추었지만, 다른 한편 임시직·일용직 등 비정규직 노동자가 엄청나게 증가했다. 이러한 점에서 정부의 고용·실업 대책은 취업과 해고를 유연하게 하는 대책이 아니라 기본적으로 고용을 유지하면서 단축 근로 활성화 등을 위해 사업자의 부담을 경감시키는 방안이 모색돼야 할 것이다. 물론 이러한 기존 고용의 유지 대책은 코로나19 위기 과정에서 드러난 취약 업종의 구조조정을 어렵게 할 수 있지만, 불가피할 경우 업종 전환과 이를 위한 재취업 교육 지원책이 마련되어야 할 것이다.

셋째, 지역 소규모 경제 주체들에 대한 직접 지원과 지역 균형 발전 대책. 지역의 많은 중소 상공인이나 자영업자가 운영하는 중소 규모의 제조업이나 생활서비스업은 지역 경제를 떠받치고, 나아가 국가의 내수 시장 활성화를 위한 기반이 된다. 그러나 신자유주의적 지구화 과정에서 국가 경제 및 정부 정책이 수출 대기업 중심으로 운영되면서, 이러한 지역 생활 경제 체제는 계속 위축돼 왔다. 뿐만 아니라, 코로나19 대유행과 정부의 방역 대책에 따른 매출 감소, 생산 위축은 지역의 영세 기업 및 가구의 보유 자산 소진과 부채 급증으로 이어지고 있다.

이에 대한 중앙정부 및 지자체의 근본적 지원 방안이 마련되어야 한다. 지역화폐의 활성화나 지자체 단위의 소비 촉진을 위한 할인쿠폰의 발행 등도 유의한 방안이 될 수 있지만, 무엇보다도 지역 균형 발전을 위한 중앙정부의 적극적인이 대책이 요구된다. 지역 균형 발전 대책은 지역의 물적 토대 구축을 위한 인프라 건설이나 공공기관과 기업의 지방 이전 유도 정책도 포함하지만, 무엇보다도 지방의 생활 경제에 기반을 두고 이를 이끌어나가는 지역 중소 상공인 및 자영업자와 지역에서 생활을 영위하고 있는 주민(노동자이며 소비자) 간 생산-유통-소비의 원활한 순환이 이루어질 수 있는 경제의 지역화 방안을 모색해야 한다.

코로나19 위기와 유동성 과잉

급증하는 화폐 유동성

코로나19 대유행에 따른 소비 감소를 완화하고 경제적 충격을 줄이기 위해, 정부는 과거에는 보기 어려웠던 재정·금융 정책을 수행하고 있다. 금리를 인하하고 대출을 확대하는 한편, 2020년 한 해 동안 4차에 걸친 추가 경정 예산을 편성·운영하면서, 막대한 긴급 재난 지원금을 지급하고, 그 외에도 다양한 부문에 걸쳐 전례 없는 금융 지원을 시행했다. 특히 코로나19 사태 이후 우리나라에서는 4차에 걸친 재난 지원금이 지급되었거나 지급될 예정이다(〈표 6-4〉 참조). 이들을 합하면 50조 원이 넘는다.[2] 정부는 이러한 재난 지원금 외에도 코로나19 위기로 침체된 경제를 살리기

---

2) 재난 지원금에 관한 명확한 법적 정의가 없기 때문에 지출 목적과 범위에 따라 규모가 다르게 산정될 수 있다. 예를 들어 정부가 맞춤형 피해 지원 대책으로 책정한 3차 재난 지원금의 규모는 9조 3000억 원이지만, 실제 재난 지원금 성격의 직접 지원 금액은 6조 원 수준이고, 그 외 융자 지원, 방역 강화 비용 등 간접적인 재난 구조 비용도 포함된다.

〈표 6-4〉 코로나19 재난 지원금 비교

구분	1차	2차	3차	4차
지급 시기	2020년 5월	2020년 9월	2021년 1월	2021년 3~4월
규모	14조 3000억 원	7조 8000억 원	9조 3000억 원	19조 5000억 원
대상	전 국민 (최대 100만 원)	선별 지급 (최대 200만 원)	선별 지급 (최대 300만 원)	선별 지급 (최대 500만 원)

주: 4차 재난 지원금은 2021년 3월 2일 국무회의에서 의결된 2021년도 추경안에 따라 수정.
자료: ≪한겨레≫, 2021.2.7.

위해 다양한 명목으로 재정을 확대, 투입하고 있다. 금융위원회(2020)의 보도 자료에 의하면, 정부는 민생·금융 안정 패키지에 100조 원, 기간산업 안정 자금으로 40조 원을 조성했고, 고용유지 지원금과 긴급 고용안정 지원금을 확대했으며, 저소득층과 돌봄을 위한 쿠폰을 대규모로 발행했다. 특히 민생·금융 안정 패키지 프로그램에 따른 주요 금융지원 실적(2020.2.7~ 2020.9.4)으로 소상공인 긴급 경영 자금 신규 공급(14조 7000억 원), 중소·중견 기업 자금 지원 확대(22조 원), 회사채 단기자금 시장 안정화 지원(12조 원) 등이 이루어졌다.

이러한 재정·금융 정책을 둘러싸고 정치권과 학계에서는 다소 논란이 있었다. 특히 재난 지원금의 지급 방식과 관련된 논란에서, 전 국민 지급 방식은 소비 진작을 통한 경기 활성화를 목적으로 하는 반면, 선별 지원 방식은 코로나19의 충격으로 피해를 본 계층이나 집단을 우선 지원할 목적을 가진다. 재난 지원금의 지급 효과에 관한 논란으로, 예컨대 1차 재난 지원금의 소비 진작 효과에 관해 경기도는 자체 연구 결과 지급액 대비 1.85배의 소비 효과를 견인했다고 주장하는 반면, 한국개발연구원 보고서는 그 효과가 30%에 불과했다고 발표했다. 이러한 차이는 효과를 산출하는 비교 값의 추정 방식에 기인한 것으로 보인다(≪한겨레≫, 2021.2.7). 정

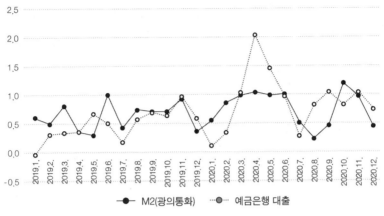

자료: ECOS(한국은행경제통계시스템).

부의 재정금융 확충 정책을 둘러싼 이러한 논란은 나름대로 의미를 가지
며, 좀 더 따져봐야 할 문제이다. 그러나 더 큰 문제는 이러한 금융·재정
정책이 시중의 유동성을 크게 증대시키고, 이로 인해 심각한 부작용이 파
생될 수 있다는 점이다.

2020년에 들어오면서 늘어나기 시작한 예금은행 대출의 증가율은 4월
에 최고점(전월 대비 2.05%, 증가액 35.4조 원)에 달했고 그 후 다소 둔화됐지
만, 총액은 계속 증가해 2020년 말에는 1900조 원에 육박하게 되었다. 또
한 한국은행이 발권하는 본원통화(M1)도 높은 증가세를 보였고, 시중 유
동성을 나타내는 총통화(또는 광의통화, M2)의 평균 잔액은 수개월 동안 매
월 1% 정도 증가하면서 2020년 4월에는 3000조 원을 넘어섰다(〈그림
6-3〉). 그러나 흔히 관련 전문가들이나 언론에서 우려하고 있는 것처럼,
한국 경제의 기반이 이러한 유동성의 과잉을 견뎌낼 정도로 튼튼한지는
의문스럽다.

유동성의 공급 확대는 코로나19 대유행으로 가계의 소득을 보전하고 소비를 자극하는 한편, 정체 상태에 빠진 기업과 자영업자들의 자본순환을 재활성화해 가계와 기업의 부실을 막고 나아가 소비와 생산, 투자, 수출입의 증대를 촉진하기 위한 것이라고 할 수 있다. 그러나 이러한 유동성 확대를 위한 경제 정책이 실물경제의 회복에 상당히 기여했다고 할지라도, 실물경제가 침체된 상황에서 유휴자본은 주택시장이나 주식시장으로 유입되어 자산 가격을 급등시키는 한편, 경제 주체(즉 가계, 기업, 국가)의 부채를 누적적으로 증가시킬 수 있다.

우리나라에서 코로나19의 1차 대유행이 시작한 2020년 3, 4월에는 경제 침체 우려로 주택 가격(매매 및 전세)의 증가율도 다소 둔화되었지만, 정부의 재정 지원이 대폭 확충된 5월 이후 지속적으로 급등세를 보였다. 이 추세는 정부의 강력한 부동산 대책이 발표된 직후에는 다소 꺾였지만 곧이어 증가 폭을 더 키워나갔다(〈그림 6-4〉). 2020년 주택 매매가격 상승률은 정부의 공식 통계(통계청 e-나라지표)에서도 전국적으로 5.4%, 수도권 6.5%(서울, 2.7%)로 기록되었지만, 실제로는 이보다 훨씬 높았을 것으로 추정된다. 이러한 주택 가격 폭등은 국가 정책의 실패 때문이라는 비판적 지적이 있지만, 한국은행 등이 주장하는 것처럼 유동성의 과잉에 기인한 것으로 설명할 수 있다.

다른 한편, 가계부채('가계대출'과 '판매 신용'을 합한 '가계신용' 기준)는 2020년 3분기 말 기준 1682조 1000억 원으로, 이는 전 분기말 대비 44조 8000억 원 증가한 것(분기 증가율 2.74%)이고, 전년 동기 대비 109조 6000억 원 증가한 것(연간 증가율 8%)이다. 가계부채는 이렇게 급증한 반면 경제는 급격히 침체함에 따라, 가계부채는 2020년 3분기 말 기준 국내총생산(GDP) 대비 101.1%로, 국내 총생산 규모를 처음으로 넘어서게 되었다(〈그림 6-5〉).

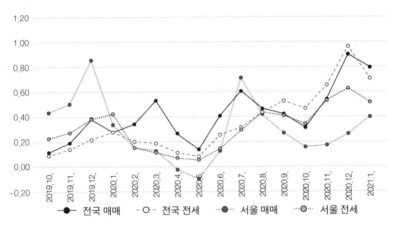

〈그림 6-4〉 주택 가격 변동 추이   (단위: %)

범례: ─●─ 전국 매매   ─○─ 전국 전세   ─●─ 서울 매매   ···○··· 서울 전세

자료: 한국감정원.

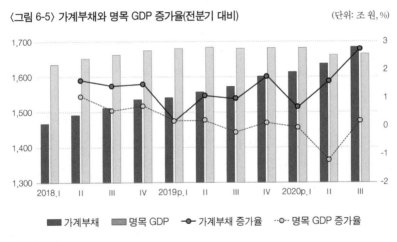

〈그림 6-5〉 가계부채와 명목 GDP 증가율(전분기 대비)   (단위: 조 원, %)

범례: ■ 가계부채   ■ 명목 GDP   ─●─ 가계부채 증가율   ···○··· 명목 GDP 증가율

자료: 한국은행.

국가부채(중앙 및 지방정부 부채)도 급격히 증가해, 846조 9000억 원에 달할 것
으로 추정된다(4차 추경 기준, 통계청 e-나라지표). 이 수치는 2019년 723조 2000
억 원에 비해 무려 123조 7000억 원 증가한 것이다.

이러한 가계부채 및 국가부채의 급증을 둘러싸고 우려의 목소리가 높아지면서 서로 다른 입장으로 인해 논쟁적인 분위기가 형성되기도 했다. 예컨대 전국경제인연합회(전경련) 산하 한국경제연구원이 국제결제은행(BIS) 자료에 근거해 분석한 바에 의하면, 2020년 1분기 기준 정부(비영리 공공기관 포함)는 821조 원, 가계는 1843조 2000억 원, 기업은 2021조 3000억 원의 부채를 지고 있으며, 이를 합산하면 우리나라 총 부채는 4685조 5000억 원으로 경상 GDP의 243.7%에 달한다. 이러한 GDP 대비 총부채 비율의 절대 크기는 OECD 28개국 중 19위로 미국(264.6%), 유럽 평균(265.7%)보다 약간 낮은 수준이다. 그러나 총부채 비율의 증가 속도는 2017년 이후 25.8%로, 2위이고, 경제 주체별로 보면 가계가 1위, 기업(비금융)이 3위, 정부가 4위로 나타난다는 점에서 심각한 수준으로 평가된다(한국경제연구원, 2020).

경제 주체들의 부채가 많아지면 빈부격차가 확대될 뿐 아니라 경제의 성장력이 저해되고, 나아가 재정 및 금융위기로 전이될 위험성을 안게 된다. 특히 가계부채가 악화될 경우, 서민들의 생계가 파탄에 이르고, 이를 정부가 떠안아야 하는 상황이 발생할 수 있다. 그러나 국가의 재정건전성을 위해 급증한 가계부채를 방치하는 것은 오히려 국가의 역할을 포기하는 것이며 빈부격차를 더욱 심화시키고 경제 회복에 역행하는 것이라고 주장할 수도 있다.

사실 2021년 1월 국제금융협회(IIF)가 집계한 주요국의 국가부채 및 가계부채 통계에 의하면, 우리나라 국가부채는 국내총생산 대비 45.9%로 선진국 평균 131.4%보다 훨씬 낮은 수준이다. 반면 2020년 3분기 국내총생산의 100%를 넘어선 가계부채는 선진국 평균 78%에 비해 상당히 높다.[3] 이러한 국제적 상황을 고려해 보면, 국가부채의 급증은 물론 바람직하지 않다고 할지라도, 코로나19 대유행과 같은 위기 상황에서 정부가 재정지출을 더 늘려 서민들의 가계부채 부담을 줄이고, 경제 불평등의 완화와 경제 활성화 촉진을 도모할 필요가 있다고 하겠다. 하지만 국가재정의 확대 투입과 이로 인한 유동성 증대는 훨씬 더 복잡한 사회구조적 문제를 안고 있기 때문에, 보다 진지한 성찰이 요구된다.

유동성 공급 대책의 의의와 한계

코로나19 대유행으로 인한 경제 위기를 어떻게 인식하고 전망할 것인가의 문제는 이에 대해 어떻게 정책적으로 대응하고 새로운 경제를 구축해 나갈 것인가의 문제와 직결되는 주요한 논제라고 할 수 있다. 코로나19의 충격으로 초래된 경제 위기는 수요 부족에 따른 것이고, 이를 타개하기 위해 수요 촉진을 위한 유동성의 증대가 필요하다는 점에 여러 연구자들이 동의한다. 코로나19로 인해 경색된 경제 메커니즘이 작동하기 위해서는 자본의 지속적 순환이 이뤄져야 하기 때문이다.

사실 과거 경제 위기 상황에서도 이러한 유동성 공급이 주요 경제 대책으로 시행되곤 했다. 예컨대 2008년 미국의 서브프라임 모기지 사태에서 발단한 글로벌 금융위기는 주택이나 여타 상품의 과잉 생산을 해소할 수

---

3) 이 통계자료에 의하면, 2000년에서 2020년 사이 한국의 국가부채는 국가총생산 대비 9.5%에서 45.9%로 증가한 반면 가계부채는 49.3%에서 100.6%로 증가했다. 이 기간 동안 선진국 평균은 국가부채가 68.1%에서 131.4%로, 가계부채는 63.6%에서 78.0%로 증가했고, 서브프라임모기지 사태를 겪었던 미국에서도 가계부채는 70.6%에서 81.2%로 늘어난 반면, 국가부채는 51.3%에서 127.2%로 급등했다(≪한겨레≫, 2021.1.11).

있는 유동성의 부족으로 인해 실물경제가 붕괴하게 된 것으로, 유동성 공급을 통해 자본의 순환을 촉진함으로써 대처할 수 있었다. 그 이후에도 각국 정부는 이자율 인하와 재정 확충 등으로 유동성을 계속 증대시켜 왔고, 기업이나 가계도 은행 대출이나 여타 방식으로 부채에 의존하는 생산 및 소비 활동을 이어왔다.

이번 경제 위기는 과잉 생산이라기보다 코로나19 대유행과 방역 대책으로 인한 실물 소비의 부족에 기인한다는 점에서 과거의 경제 위기와는 다르다. 하지만 과거와 유사하게 유동성의 공급으로 유효수요의 부족을 해소하고, 나아가 코로나19 대유행이라는 경제 외적 요인을 제거하면 경제가 회복할 것이라는 전망도 있다. 그러나 이러한 기대 섞인 전망은 경제성장(또는 자본 축적)의 경로 의존성을 무시한 채 이번 경제 위기를 단순히 코로나19 대유행이 초래한 것으로 이해한다는 점에서 한계가 있다.

물론 코로나19의 (재)확산을 막기 위한 이동 통제나 도시 봉쇄는 자본 순환의 지속성을 차단해 경제를 경색시키는 결과를 가져왔음은 분명하다. 그러나 이러한 자본순환의 장애는 코로나19 대유행 이전부터 이미 시작됐다. 2008년 글로벌 금융위기와 그 이후 트럼프 대통령의 국가주의에 의해 촉발·심화된 미중 무역 분쟁 등은 경제를 추동하던 기존의 신자유주의적 자본 축적의 메커니즘이 이미 상당히 작동하기 어려운 상황에 처해 있었음을 말해 준다. 이러한 점에서 하비가 주장한 것처럼, "신자유주의 모형은 점점 더 의제적 자본과 화폐 공급 및 부채 창출의 엄청난 팽창에 의존하고 있었다. 이는 자본이 생산할 수 있는 가치를 실현하기 위해 필요한 유효수요의 부족 문제에 이미 봉착해 있었음"을 의미한다(Harvey, 2020).

이러한 상황에서 코로나19 대유행은 유효수요의 부족 현상을 급격히 확대시킨 것이다. 달리 말해 이번 경제 위기는 신자유주의적 자본주의 경제에서 심화된 자본 축적 위기가 코로나19 대유행에 따른 수요 위축을 계기로 증폭된 것이다. 따라서 코로나19 치료제와 백신 개발 등으로 경제 외적 요인이 제거된다고 해도 이번 경제 위기가 쉽게 해소될 것이라고 기대하기는 어렵다. 즉 앞으로 국가경제, 나아가 세계경제는 코로나19 대유행으로 인한 경제적 제약 요인을 어떻게 해소할 것인지의 문제와 더불어 기존의 신자유주의 경제 메커니즘의 한계에 어떻게 대처할 것인지의 문제를 매우 진지하게 고려해야만 한다. 또한 코로나19 대유행이 초래한 사회적 문제와 증폭된 경제 위기에 대처하는 과정에서 유발, 심화될 수 있는 사회·생태적 문제들에 더 많은 관심을 기울여야 한다.

유동성 공급 대책을 넘어 구조적 전환으로

코로나19 대유행뿐만 아니라 그 이전 신자유주의 경제 체제하에서 확대되어 온 유동성 공급은 유효수요를 증대하고 자본순환을 촉진한다는 점에서 의의가 있지만, 경제 위기가 장기화되는 상황에서 실물 생산을 위한 투자보다는 부동산시장에 유입되어 가격을 폭등시킬 우려가 있다. 사실 최근 주택 가격의 급등은 엄청나게 늘어난 유동성 과잉과 밀접한 연관성이 있기 때문에, 정부의 조세정책이나 투기 억제 규제정책으로 주택시장을 안정시키기 어렵다. 주택 가격 폭등으로 부의 불평등이 심화될 뿐 아니라 부동산거품이 꺼질 경우 금융기관의 부실로 이어져 금융위기를 초래할 수 있다.

유동성 공급 과정에서 급증한 가계부채는 유효수요를 늘려서 소비를 확대하고 자본의 흐름을 원활히 함으로써 경제성장을 촉진할 수 있다. 그러나 가계부채의 누적은 해당 가계의 원리금 상환 부담을 가중시키고, 가계의 소비가 오히려 위축되면서 자본의 순환에 부정적 영향을 줄 수 있다. 뿐만 아니라 자본의 입장에서 보면 가계부채는 가구 구성원이 원리금 상환의 틀 속에 갇혀 노동 강도를 높이도록 강제할 수 있다. 결국 주택 가격 폭등과 가계부채 급증을 억제하려면 유동성 공급을 제한하고 축소해 나가야만 한다.

나아가 경제의 구조적 전환과 자본주의의 사회·생태적 모순 극복을 위한 진정한 대책이 마련돼야 한다. 코로나19 대유행으로 초래된 경제 위기가 경제의 구조적 모순에 의해 유발된 것이 아니라 경제 외적 요인에 의해 촉발되었으며, 이 요인만 제거되면 해소될 것처럼 보이지만, 중장기적으로 보면 결코 그렇지 않다. 앞에서 언급한 것처럼 이번 경제 위기는 중기적으로는 신자유주의적 경제 메커니즘의 한계로 인한 위기가 증폭된 것이고, 장기적으로 보면 산업혁명 이후 경제성장 과정에서 누적된 생태환경적 모순에서 나타난 위기이다. 인류 역사는 코로나19 이전과 이후로 구분된다는 수사에 함의된 것처럼 국가경제, 나아가 세계경제는 분명 구조적 전환을 요구하고 있다.

백신 개발의 한계와 탈성장 사회

코로나19 백신의 개발, 팬데믹의 끝?

2020년 중반까지만 해도 코로나 팬데믹이 걷잡을 수 없는 상황으로 치닫는데도, 코로나19 백신이 개발되려면 수년이 걸릴 것이라는 예상 때문에 무척 암울했다. 그러나 예상과 달리, 같은 해 후반 백신이 개발됐고, 12월 8일 영국을 필두로 접종이 시작되었다. 세계보건기구(WHO)에 따르면 (2020.12.2. 기준), 전 세계에서 개발 중인 백신 후보 물질은 총 214개(국내 개발 진행 중, 3개)로, 이 가운데 마지막 임상 단계인 3상이 진행 중인 백신 후보 물질은 13개이다. 국가별 개발 현황을 보면 중국 5개, 미국 4개, 그리고 독일, 영국, 러시아, 인도, 캐나다 각 1개씩이다(공동개발 포함, TBS, 2020. 12.3). 그리고 전 세계에서 현재(2021.2.9.기준) 백신 접종이 시작된 국가는 영국, EU, 미국, 캐나다, 이스라엘 등 73개국이다.

코로나19 백신이 개발되고 접종이 시작됨에 따라, 조만간 팬데믹이 끝날 것이라는 기대감이 부풀고 있다. 코로나19 감염에 의한 생명의 위협으로부터 벗어날 뿐 아니라 사회경제적 활동이 예전처럼 활기를 띨 것으로 보인다. 일부 국가에서는 계획 차질이나 국민의 거부 등으로 접종이 지연되고 있다. 백신 개발에 따른 지나친 기대감으로 사회 활동이 늘어나면서, 확진자가 일시적으로 증가하는 양상을 보이기도 한다. 이런 점들을 감안하더라도 백신이 개발되고 접종이 시작된 것은 매우 다행스러운 일이다. 그동안의 고통에서 벗어날 가능성이 커진 것도 사실이다. 그러나 이것으로 팬데믹의 충격이 끝나고, 모든 문제가 해결되는 것은 아니다.

우선 코로나19 백신 개발 및 접종 과정에 내재된 문제부터 살펴볼 필요가 있다. 백신 개발과 접종이 예상보다 상당히 빠른 것은 분명하다. 독감백신은 1937년 처음 개발된 이후 계속해서 새로운 제품이 개발·생산되고 있지만, 사스나 메르스 백신은 사태가 끝나면서 개발 노력도 중단되었다. 사실 초국적 제약 회사들은 백신 개발에 큰 자금을 투입하려 하지 않는다. 왜냐하면, 백신 개발 기간이 길고 성공 여부도 불확실하기 때문이다. 그뿐 아니라 매년 맞는 독감 백신은 계속 새롭게 개발·접종되면서 연간 수십억 달러의 수익을 올려주지만, 일반적으로 바이러스 백신은 한두 번 접종으로 끝나버린다. 더욱이 과거의 사례로 보면, 바이러스 전염병은 대체로 빈곤 국가들에서 흔히 나타나서 백신 개발을 요청했지만, 실제 이 국가들은 높은 가격을 부담하기 어려웠기 때문에 제약 회사들이 손실을 보기도 했다.

코로나19 백신이 빠르게 개발된 데는 물론 팬데믹 사태가 매우 긴박하게 진행되면서 많은 희생자가 발생하고 사회경제적으로도 엄청난 충격이 있었기 때문이다. 백신 개발이 그만큼 절실했다. 전 세계의 관련 연구자들이 대거 백신 개발에 참여했고, 안전성을 점검하기 위한 임상시험도 매우 빠르게 진행됐다. 또한 접종을 받은 사람의 면역력이 얼마나 지속될지, 장기적으로 어떤 부작용이 있을지 확인되지 않은 상태에서 접종이 시작

<표 6-5> 주요 코로나19 백신 개발 현황

개발자	개발 국가	투입액 (억 파운드)	자금 출처(억 파운드)			선주문량 (억 도스)
			정부	비영리	사기업	
옥스퍼드-AZ	영국	16.50	11	5	-	32.9
큐어백	독일	8.49	6	0.1	2	4.1
모더나	미국	5.93	6	0.1	-	7.8
화이자-바이오엔테크	미국, 독일	4.06	2	-	1	12.8
노바백스	미국	11.70	9	2	-	13.8
존슨앤존슨	미국	6.10	6	-	-	12.7
사노피-GSK	영국, 프랑스	4.29	0.2	-	4	12.3
사노피-트랜스 레이트바이오	미국, 프랑스	2.24	-	-	2	-

주: 자금 출처의 수치는 추정치임. 개발 국가는 추가함. 중국(시노팜, 시노백, 칸시노, 안후이 등), 러시아, 인도, 캐나다 등에서 개발된 백신은 빠져 있음.
자료: 에어피니티, BBC News 코리아(2020.12.14)에서 정리.

되었다. 그러나 보다 실질적인 이유는 코로나19 백신 개발에 엄청난 자금이 투입되었기 때문이다. 코로나 방역에 총력을 다했던 세계 각국 정부와 빌 게이츠 재단, 알리바바 설립자 잭 마(Jack Ma) 등 세계의 재력가들이 운영하는 자선단체 등이 백신 연구개발 프로젝트에 수조 원의 자금을 투입했다.

과학 데이터 분석 전문 회사인 에어피니티(Airfinity)에 따르면, 코로나19 백신 개발을 위해 세계의 많은 국가들이 총 65억 파운드(약 9조 4472억 원)를 투입했고, 비영리 단체들도 약 15억 파운드(약 2조 1801억 원)를 지원했으며, 기업 자체적으로 26억 파운드(약 3조7 789억 원)를 투자한 것(이 경우도 외부자금 의존도가 매우 높음)으로 조사됐다. 이러한 엄청난 연구 지원금이 투입되자, 팬데믹 초기에는 백신 개발에 큰 관심을 보이지 않았던 거대 제약사들이 경쟁적으로 뛰어들었다(〈표 6-5〉). 일부 제약 회사들은 정부나 지원 단체로부터 큰 지원금 없이 백신을 개발하기도 했지만, 대부분은 국가와 관련 단체들의 공적 지원으로 개발된 것이라고 할 수 있다. 많은 제약 회사들이 경쟁적으로 참여했기 때문에, 얼마나 많은 수익을 얻을 수 있을지는 알 수 없지만, 코로나19 백신의 상용화는 결국 기업의 수익, 즉 자본주의 경제 논리에 따른 것이라고 할 수 있다.

코로나19 백신이 대부분 공적 지원으로 개발되었음에도 불구하고, 이의 소유권은 해당 제약 회사가 가질 것이고, 그 가격과 배분도 이들에 의해 결정될 것이다. 이 과정에서 백신의 개발과 배분에 영향력을 미칠 수 있는 국가들은 국민 수보다 더 많은 백신을 확보하고 발 빠르게 접종을 시행하고 있다. 예로 영국은 인구의 300% 넘게 접종할 수 있는 백신을 확보해 2021년 2월 9일 기준으로 인구 19.2%가 접종했고, EU는 전체 인구 183.5%가 접종할 수 있는 백신을 확보해, 회원국에 인구 비례로 배분하고 있다. 미국은 백신 접종률이 저조함에도 국민 수보다 더 많은 백신을 추가로 확보해 접종을 독려하고 있다. 캐나다도 인구의 5배에 달하는 백신을 확보했지만 접종은 더디게 진행되고 있다(BBC News 코리아, 2021.2.13).

세계보건기구(WHO)의 주도하에 코로나19 백신을 국제적으로 공동 구매·분배하는 조직인 코백스(COVAX)가 운영되고 있지만, 실질적 효과는 매우 취약하다. 2021년 3월 22일 기준 코백스는 엘살바도르 등 57개국에 백신 3100만 회분을 배포했다고 밝혔다. 하지만 이는 영국의 백신 접종량(2986만 회)과 비슷하며, 전 세계 백신 배포량의 6.9%, 전 세계 인구의 0.4%에 해당된다(≪한겨레≫, 2021.3.24). 반면, 이 시점에 전 세계 접종 회수는 총 4억 4816만 회로, 미국(1억 2448회분)과 중국(7496만 회분)이 절반 정도를 차지했고, 그 뒤로 인도, 영국, 브라질, 터키, 독일 등의 순으로 많다. 이처럼 선진국 및 강대국 중심으로 백신 확보 경쟁이 치열해짐에 따라 이

〈그림 6-6〉 국가별 백신 접종에 의한 집단면역 예상 시기

■ 2021년 말
□ 2022년 중반
■ 2022년 말
■ 2023년 초 이후

홍콩

싱가포르

주: 국가별로 국민의 60% 이상 백신 접종을 받는 시기.
자료: EU(2021.1.27), 장영욱·윤형준(2021: 8) 재인용.

들 국가에서 생산된 백신의 해외 수출을 중단하려는 시도가 유발되기도 했다. 이로 인해 세계적으로 백신의 수급에 큰 혼란이 초래되면서, 저개발국들의 백신 배포는 점점 더 뒤로 미루어지고 있다. 이러한 상황에 대해, 세계보건기구의 사무총장은 선진국과 저개발국 간 백신 접종 격차에 대해 '도덕적 분노'를 느낀다고 강하게 비판했다.

백신 접종을 먼저 시작한 국가는 2021년 말경 국민의 60~70%가 접종을 끝내고 집단면역을 달성할 것으로 예상된다. 그러나 이 국가들도 세계적으로 코로나19에 대한 집단면역이 구축되기 전까지는 안심할 수 없다. 세계 많은 국가는 2022년 또는 2023년이 지나야 백신 접종으로 집단면역을 형성할 것으로 예상된다(〈그림 6-6〉). 백신 개발뿐 아니라 배분과 접종 과정에도 경제적·정치적 힘이 작동해 불균등하게 진행되기 때문이다. 백신이 불균등하게 배분·접종되는 상황은 세계 모든 국가에 균등하게 배분·접종되는 경우에 비해 세계적 집단면역 달성을 늦추고, 경제적으로도 더 많은 비용을 치러야 하는 것으로 계산된다(장영욱·윤형준, 2021).

집단면역과 경제성장 기대감

코로나19 백신의 개발과 접종은 개인에게 생명의 위협을 줄여주고 집단면역으로 팬데믹이 끝나면서 사회가 다시 안정되어 경제성장이 촉진될 것이라는 기대감을 가지게 한다. 이렇게 되기 위해서는 몇 가지 전제 조건이 충족돼야 한다. 우선 코로나19 백신이 원활하게 접종되어 부작용 없이 전 세계가 집단면역을 달성해야 한다. 개발된 백신으로는 감당할 수 없는 코로나19의 변이나 또 다른 변종 바이러스가 나타나지 않아야 한다. 그러나 일부 백신 제품은 변이 바이러스에 대해 효과가 떨어진다는 점이 이미 드러나고 있다. 뿐만 아니라 지구의 황폐화된 자연환경이 전혀 개선되지 않은 상황에서 변종 바이러스가 언제라도 출현할 것이라는 점을 부정할 수 없다.

사회경제적 측면에서도 코로나19 백신의 접종 이후 개별 국가나 세계가 이전 상태를 회복할 것이라고 기대하기는 쉽지 않다. 팬데믹 기간 동안 사라진 일자리들이 되살아나면서, 서민 경제가 새롭게 활기를 되찾고, 내수 시장이 활성화돼야 하는데 팬데믹을 거치면서, 생산 및 소비 패턴과 산업구조가 상당히 바뀌었다. 팬데믹 직후 일부 업종에서 억제된 수요가 폭발하면서 호황을 누릴 수 있겠지만, 경제 전반에서 일자리가 되살아나고 고용구조가 안정되려면 상당 기간이 소요될 것이다. 그뿐 아니라 코로나19 위기에 대처하기 위한 경제 대책이 초래한 부작용을 해소해야 한다.

특히 엄청나게 풀린 공적 자금과 이로 인한 과잉유동성, 그 결과로 초래된 자산(특히 부동산) 가격의 폭등, 실물경제와의 괴리로 인한 거품 붕괴의 우려, 감당하기 어려울 정도로 불어난 국가 및 가계의 부채 문제 등으로 인해 금융·부동산 위기가 발생하지 않아야 한다.

돌이켜 보면, 2020년 세계는 코로나 팬데믹으로 유례없는 마이너스 경제성장률을 기록했고, 한국도 예외는 아니었다. 한국은행이 발표한 자료(2021.2.25)에 의하면, 우리나라 경제성장률은 -1.0% 역성장한 것으로 확인됐다. 분기별로 보면, 코로나19 대유행의 초기 단계인 1분기 -1.3%, 2분기 -3.2%를 기록했지만, 코로나19 대유행에 어느 정도 적응하면서 경제는 3분기 2.1%로 반등했고, 4분기에도 1.1% 상승률을 보였다. 이러한 반등 추세는 2021년으로 이어져 경제성장이 촉진될 것이라는 기대감을 낳고 있다.

2021년에는 전년도 역성장의 기저효과와 더불어 코로나19 백신의 개발과 접종에 따른 팬데믹의 해소 및 세계적 경기 회복 등에 힘입어 3%대의 성장률을 보일 것으로 예측되고 있다. 이러한 경제성장률 전망은 대내외 연구 기관에 따라 약간의 차이가 있지만 대체로 비슷하며, 시간이 갈수록 그 기대감은 커지고 있다. 이처럼 한국 경제는 외환위기 당시(1998년) -5.1%를 기록한 후 22년 만에 마이너스 성장을 보였지만, 성장률 기준으로 한국 경제는 세계경제에 비해 상당히 선전한 것으로 평가되고, 앞으로도 비교적 높은 성장률을 보일 것으로 예측된다.

세계은행(World Bank)이 발표한 경제 전망에 의하면(기획재정부, 2021), 2020년 세계경제는 마이너스 4.3%의 역성장을 기록할 것으로 추정된다. 이는 코로나 팬데믹 이전인 2020년 1월의 발표 전망치 2.5%보다 무려 6.8% 포인트 하락한 것이다. 특히 선진국이 신흥 개도국보다 더 심각해

〈표 6-6〉 세계은행의 세계경제 전망 (단위: %)

		세계	선진국				신흥개도국							
			평균	미국	유로존	일본	평균	동아태	중국	유럽·중앙아시아	중남미	중동·북아프리카	남아시아	사하라이남
2020.6. 전망	2020	△5.2	△7.0	△6.1	△9.1	△6.1	△2.5	0.5	1.0	△4.7	△7.2	△4.2	△2.7	△2.8
	2021	4.2	6.0	4.0	4.5	2.5	4.6	6.6	6.9	3.6	2.8	2.3	2.8	3.1
2021.1. 전망	2020	△4.3	△5.4	△3.6	△7.4	△5.3	△2.6	0.9	2.0	△2.9	△6.9	△5.0	△6.7	△3.7
	2021	4.0	3.3	3.5	3.6	2.5	5.0	7.4	7.9	3.3	3.7	2.1	3.3	2.7

주: 유럽·중앙아시아에서 유럽은 유로존에 가입하지 않은 유럽 국가들로 러시아 등이 포함됨.
자료: 기획재정부(2021).

각각 -5.4%, -2.6%를 기록할 것으로 추정된다(〈표 6-6〉). 이 추정치는 코로나19 대유행이 세계를 휩쓸기 시작한 2020년 6월 발표한 수치보다 다소 호전된 것이다. 또한 2021년에는 코로나19 백신 보급에 따른 코로나 팬데믹의 완화와 함께 소비와 생산 활동의 회복, 정부의 적극적인 경기부양 대책, 그리고 2020년 역성장의 반등에 힘입어 세계경제는 4%대의 높은 성장률을 보일 것으로 전망된다. 선진국은 평균 3.3%의 성장률을, 신흥개도국은 이보다 더 높은 5%의 성장률을 이룰 것으로 예측된다.

세계경제가 이렇게 낙관적으로 성장하려면 코로나19 백신 접종이 원만하게 시행되어 세계적으로 집단면역이 형성돼야 하고, 팬데믹 기간 동안 받은 서민경제의 충격이 해소돼야 하며, 각국 정부가 시행한 경제적 대책에 의한 부작용도 관리해야 한다. 또한 국가 간(특히 미중 간) 지나친 경쟁이나 갈등 없이 통합적 세계시장 체계로 돌아가야 한다. 하지만 팬데믹에 의한 경제구조의 변화, 특히 일자리의 상실은 쉽게 회복되지 않을 것이고, 과다 공급된 유동성과 엄청나게 불어난 가계부채·국가부채 문제는 각 국가 및 세계 경제성장의 발목을 잡을 것이다. 국가경제의 침체를 벗어나기 위한 국제적 경쟁과 갈등은 다시 치열해질 조짐을 보인다.

경제성장에 대한 회복 전망을 어둡게 하는 또 다른 문제는 지난 몇십 년간 진행되어 온 경제성장의 둔화 추세를 고려해야 한다는 점이다. 한국은행의 연구 결과에 따르면(석병훈·이남강, 2021), 우리나라 경제는 글로벌 금융위기 이후 과거 10년(2010~2019) 동안 연평균 2.3% 수준의 1인당 실질 GDP 성장률을 기록했다. 이는 과거에 비해 매우 낮아진 수치이다. 실제 한국의 경제성장률은 1980년대 7.5%, 1990년대 5.5%, 2000년대 3.7%, 2010년대 2.3%로 지속적으로 하락했다. 물론 2010년대 한국의 1인당 실질 GDP성장률은 OECD 가입국(37개국)의 평균 성장률 1.4%보다 상당히 높은 수준이지만, 한국 경제도 이제는 저성장 기조가 고착한 것으로 우려되고 있다. 설령 코로나 팬데믹이 없었다고 해도, 과거와 같은 경제성장을 기대하기는 어렵다.

세계경제, 특히 서구 선진국 경제는 한국 경제보다 훨씬 더 우려된다. 사실 선진국의 경제성장률은 1970년대 경제 침체 이후 3%대에서 계속 하락하는 추세를 나타냈다. 2010년대에는 1%대를 보였고, 특히 미국, 일본, 서유럽 선진국들은 1%대를 유지하는 것조차 힘겨워 보였다. 이제는 서구 선진국 경제를 중심으로 추동되는 세계경제가 성장의 한계에 봉착했다고 할 수 있다. 성장률 둔화 추세로 나타나는 성장의 한계는 서구 선진국들의 정치경제적 전략에도 영향을 미치고 있다. 이들은 1970년대 봉착했던 경제 침체를 타개하기 위해 시장 메커니즘에 따르는 신자유주의적 세계화를 촉진했지만, 이를 선도했던 미국과 영국 등은 2010년대 이후 다시 국가 주도적 보호무역주의로 선회했다.

성장의 한계와 자본주의의 모순

코로나19 대유행은 기존 경제성장 메커니즘의 한계를 증폭시키고 있다. 신자유주의적 경제 체제하에서 심화되었던 양극화는 코로나19 위기에 따른 실업 증대와 생산에서 소비로 이어지는 경제 활동의 위축을 가속화했다. 지구화의 근간이었던 글로벌 공급가치사슬은 교역 중단으로 해체될 처지에 놓여 있다. 금융자본은 경기부양을 위한 각국의 엄청난 재정투입으로 과잉 유동성을 확보했지만, 한편으로 가계 및 정부 부채의 급증, 다른 한편으로 자산 가격의 폭등이라는 매우 우려되는 양상을 보이고 있다. 특히 실물경제와 괴리된 부동산거품 가격은 언제 폭발할지 모르는 위태로운 상황으로 치닫고 있다.

자본주의 경제성장은 기본적으로 이윤추구를 목적으로 하는 자본의 확대 재생산에 따라 이루어진다. 코로나19 백신 개발 과정에서 보여준 것처럼, 인간의 생명과 관련된 엄중한 상황에서도 기업들은 이윤을 얻을 때만 제품 생산에 참여한다. 만약 기업이 생산과 소비를 통해 이루어지는 일차적 자본순환 과정에서 원금보다 더 많은 수익을 올릴 수 없다면 투자를 하지 않게 된다. 생산과 소비를 촉진하기 위한 재정 투입과 신용 체계 확충은 단기적 유동성 증대로 자본순환을 촉진하지만, 실물 생산과 괴리될 경우 자본의 유휴화를 촉진한다. 유휴화된 자본은 부동산이나 여타 자산시장으로 유입되어 가격을 폭등시킨다. 이러한 제2차 자본순환은 일반적인 자본의 흐름에서도 주기적으로 나타나지만, 특히 코로나 팬데믹에 의한 경제 침체를 막기 위해 엄청난 재정을 투입하는 상황에서는 관리가 불가능할 정도로 부동산시장이 팽창할 수 있다.[4]

부동산시장에 투입된 자본은 공간환경을 개발해 생산과 유통 활동을 뒷받침하는 물리적 인프라를 확충하도록 한다는 점에서 긍정적 역할을 할 수도 있다. 그러나 실물 인프라의 구축으로 이어지지 않을 경우 과잉 팽창한 부동산시장은 급격히 붕괴되는 위기에 봉착한다. 공간환경의 추가 개발로 이어진다고 해도, 이는 자연의 파괴와 생태적 위기를 초래할 수 있다. 결국 자본의 지속적인 확대재생산 과정, 즉 자본이 나선형으로 계속 커지는 복률적 경제성장을 이루는 과정은 금융위기, 부동산위기, 생태위기 등 다양한 유형의 위기를 촉발하는 모순을 내재하고 있다(하비, 2014).

코로나19 위기는 자본주의 경제가 성장을 지속하기 위해 심화시킨 생태적 모순의 발현이다. 이는 자본주의 경제가 성장의 한계에 도달했음을 보여준다. 따라서 코로나19 이후 사회를 위한 경제적 대책은 생태·경제적 위기를 유발하면서 성장의 한계를 드러낸 기존 경제 메커니즘의 복원이 아니라 자본주의 경제가 안고 있는 내적 모순과 한계를 근본적으로 극복하는 것이어야 한다.

자본주의의 경제·생태적 모순 극복을 위한 탈성장

이러한 점에서 대안으로 '탈성장' 개념이 제시될 수 있다. 탈성장 생태

---

4)   다른 한편, 하비의 자본순환론에 의하면, 유휴자본은 과학기술 및 사회복지와 안전 부문으로 유입될 수 있다. 이러한 영역으로의 자본의 제3차 순환은 산업 혁신과 더불어 노동력의 원활한 재생산을 촉진한다는 점에서 의미를 가진다. 한국판 뉴딜은 이러한 취지에서 디지털 기술혁신 부문으로 자본의 흐름을 유도하기 위한 것으로 해석된다. 그러나 과학기술에 대한 지나친 의존은 기후 변화나 코로나 팬데믹과 같은 지구적 생태 위기가 기술의 고도화를 통해 해결될 수 있다는 맹신으로 이어지거나, 자본 축적을 우선함으로써 본래 목적인 생태적 위기의 해소를 간과할 수 있다.

경제학자 세르주 라투슈(Serge Latouche)의 책, 『성장하지 않아도 우리는 행복할까?』의 표지를 보면 달팽이가 그려져 있다. 달팽이는 점점 더 커지는 나선형 껍질을 만들다가 어떤 시점에 달하면 다시 작아지는 쪽으로 나선을 만든다. 나선을 한 번 만들 때 껍질의 크기가 16배 증가하는데 일정 크기를 넘으면 그 부담을 감당할 수 없기 때문이다(라투슈, 2015).

자본주의 경제와 달팽이 껍질은 둘 다 나선형으로 성장한다. 하지만 전자는 무한한 복률 성장을 스스로 제어하지 못해 심각한 위기에 직면하는 반면, 후자는 생태적 한계에 따라 과잉 성장을 자율적으로 통제해 왔다는 점에서 탈성장의 상징이 된다. 최근 코로나 이후 사회에 관한 논의에서 '90% 경제' 개념도 이와 관련이 있다. 코로나19가 일단 진정된다고 해도 2, 3차 대유행의 위험 때문에 경제 활동은 이전보다 90% 수준으로 축소할 수밖에 없다는 것이다.

탈성장의 개념은 1972년 발간된 로마클럽의 『성장의 한계』로 소급되며, '지속 가능한 발전'의 개념에서도 함의를 찾아볼 수 있다. 탈성장에 관한 최근 논의는 다양한 이념적 스펙트럼을 가지지만 대체로 코로나19로 인한 역성장, 그 이후 상황의 불확실성에 대한 대책, 생태 위기에 대한 성찰에서 지적하는 성장 강박증으로부터의 탈피에 관한 것이다. 이러한 점에서 코로나 팬데믹이 치닫고 있던 2020년 5월 유럽에서는 '인류의 미래를 위한 탈성장 선언문'이 발표되기도 했다(메도즈 외, 2012).

무한 복률 성장을 추구하는 경제 체제가 계속되는 한, 경제·생태 위기는 불가피하다. 때문에 코로나19 이후 사회는 탈성장 사회여야 한다. '선언문'이 주장하는 바와 같이 탈성장 사회에서 경제 체제는 생명을 중심에 두고, 좋은 삶을 위해 필요한 노동을 재평가해 기본 소득 등으로 생활에 핵심적인 재화와 서비스를 제공해야 하며, 기업과 금융 부문의 권력을 민주적으로 통제해 국가 간, 집단 간, 세대 간 연대의 원칙을 실행해야 한다.

2020년 6·10 민주항쟁기념식에서 문재인 대통령은 "위기가 불평등을 키운다는 공식을 반드시 깨겠다"라고 말하면서, 코로나 이후 사회의 새 국정 기조로 실질적 민주주의와 이를 실현하기 위한 정책적 방향성으로 '지속 가능한 평등 경제'를 언급했다. 그러나 코로나19 극복을 위한 경제 대책으로 제시된 '한국판 뉴딜'의 주요 내용은 성장의 한계를 또 다른 성장 전략으로 덮으려 할 뿐이고, 실질적 민주주의와 평등 경제와는 오히려 더 멀어지는 것처럼 보인다.

기존의 세계경제는 그 어느 때보다 많이 생산하고 부를 축적할 수 있었지만, 빈곤과 불평등을 심화하고 지구를 황폐화했을 뿐이다. 한국 경제 역시 이러한 경향에서 벗어나 있지 않다. 코로나19 이후 사회를 위해 해야 할 일은 한계를 드러낸 기존 경제 메커니즘을 다시 가동하기 위해 필사적으로 노력하는 것이 아니라 근본적으로 다른 종류의 사회, 즉 탈성장 사회로 나아가기 위해 신중하게 새로운 발걸음을 내딛는 것이다.

코로나 팬데믹은 자본주의 경제의 쉼 없는 성장 추구에 기인한다. 이는 지구적 생태 위기에서 시작해 다양한 측면들에서 사회경제적 위기들을 유발하면서, 자본주의 경제성장의 한계를 입증할 뿐 아니라 인류 사회의 종말을 경고하고 있다. 코로나19 위기 충격에 대한 기존의 대책들은 대부분 즉각적 대응과 더불어 성장의 한계에 도달한 경제 시스템을 어떻게든 그 이전 상태로 돌리는 데 더 많은 관심을 두고 있다. 그러나 기존 자본주의 경제 시스템의 복원과 이에 따른 경제성장의 회복은 제2, 제3의 팬데믹을 초래할 수 있다.

요건대 팬데믹을 경험하면서 배워야 할 점은 기존의 경제성장은 더 이상 불가능하며, 따라서 탈성장 사회로 나아가야 한다는 점이다. 탈성장은 신자유주의적 자본주의의 저성장 기조를 유지하거나, 코로나 팬데믹으로 인한 경제 침체를 그대로 두자는 것이 결코 아니다. 탈성장의 목적은 자본 축적 메커니즘의 작동을 늦추고 궁극적으로는 전환함으로써 자본주의적 경제성장 과정에 내재된 모순을 해소 또는 완화하고, 인간 사회의 불평등과 지구 시스템 손상을 최소화해 공생적으로 발전하자는 것이다.

제**3**부

코로나 팬데믹과 방역국가

제7장

코로나 팬데믹과 국가의 귀환

국민 개인적으로나 소규모 집단으로는 스스로 감당하기 어려운 긴급 상황에서 국가가 전면에 복귀하는 것은 국가 존재의 주요 이유라고 할 수 있다. 특히 이러한 이유로 국가는 국민의 자유와 권리 일부를 제한(또는 유보)할 수 있다는 점이 법적으로 명시되거나 암묵적으로 전제된다. 이에 따라 코로나19 위기 상황에서, 국가가 이동의 자유나 표현의 자유를 유보하거나 집회의 권리를 제한하는 것이 가능하다고 간주된다.

이러한 국가의 역할은 긴급 상황에 대한 통제를 명분으로 흔히 권위화되는 경향을 보인다. 예컨대 코로나 팬데믹은 중국과 미국에서 매우 다른 방역 방식과 결과를 초래했지만, 공통적으로 전염병 통제를 이유로 정치권력이 권위화되는 모습을 보여주고 있다. 하지만 어떤 경우에도 시민사회의 동의를 무시한 정치권력의 권위화는 정당화될 수 없고, 시민사회의 실천을 전제하지 않는 전염병 방역 대책은 실효성을 가지기 어렵다.

코로나19 방역의 두 가지 딜레마

우리는 모두 '설국열차'를 타고 있다

위기 상황, 특히 기후 위기나 코로나 팬데믹 같은 지구적 생태 위기 상황에서 우리는 흔히 '모두 한배를 타고 있다'는 말을 듣게 된다(지젝, 2020: 21). 위기를 초래한 코로나19는 특정 개인이나 집단(계층이나 지역), 국가를 가리지 않고 누구에게나 전파되어 치명적인 위험과 엄청난 충격을 주기 때문이다. 국가의 방역 대책은 이러한 바이러스 침입으로부터 살아남기 위한 투쟁으로 간주된다. 비슷한 맥락이지만 좀 더 정교한 의미로, 우리는 모두 기상이변으로 얼어붙은 지구에서 살아남기 위해 앞다퉈 설국열차를 탄 사람들과 같다고 할 수 있다.

영화이긴 하지만, 열차 안의 세상은 결코 평등하지 않다. 바깥세상은 온통 얼어붙었는데, 열차 안은 춥고 배고프고 소외된 사람들로 가득 찬 꼬리 칸과 선택된 자들이 호화 생활을 즐기는 머리 칸으로 구분돼 있다. 열차 안의 중간 관리자들은 통제 기술과 각종 음모를 동원해 이러한 사회·공간적 계층 질서를 유지하고자 한다. 결국 꼬리 칸 사람들은 불평등과 소외에 저항하며 자신들의 권리와 해방을 위해 폭동을 일으켜서 기차의 심장인 엔진 칸을 점거하기 위해 앞으로 나아간다.

프랑스 만화 원작에 바탕을 두고 연출한 영화 〈설국열차〉는 지구적 생태 위기의 영향이 모든 사람에게 동일하지 않으며, 이 위기에서 살아남은 자들의 세계 또한 평등하지 않음을 보여준다. 사실 지구적 위기 상황에서 가장 큰 피해를 입는 집단은 개인(신체)적으로나 사회(경제)적으로 취약하고 주변화된 사람들이다. 그뿐 아니라 위기 상황에서 생명의 위협과 사회적 충격을 막기 위해 국가가 전면에 등장하지만, 국가 대책은 흔히 전염병 방역과 위기관리를 위해 국민의 기본권을 제한하거나 유보하며, 그 피해는 집단별·지역별로 차별화되고, 비용은 불평등하게 배분된다.

코로나19 위기에 대처하기 위한 국가의 권위적 통제는 시민사회를 배제한 물신화된 권력을 행사함으로써 심각한 저항을 초래하거나 국제적으로 비난받을 수 있다. 코로나19 확산에 대한 중국의 대처 전략이 결과적으로 성공했다고 해도, 그 과정에서 행해진 국가의 강압적 대책이 국제적으로 용인되지 않는 것은 이 때문이라 하겠다. 설령 통제 전략이 단기적으로는 위기를 진정시킨다 해도, 장기적으로는 위기를 극복하고 새로운 사회로 나아가는 것을 어렵게 할 수 있다. 왜냐하면, 국민의 합의(또는 최소한의 동의)와 실천 없이는 전염병 확산을 막을 수 없기 때문이다. 국가의 입장에서 보면, 코로나19 대유행의 긴박한 상황에서 방역 대책과 국민적 합의 간 딜레마에 빠질 수 있겠지만, 가장 간단한 생활 방역 수칙의 준수조차도 국민들이 그 필요성을 인식하고 실천해야만 효과를 얻을 수 있다.

방역 대책과 경제 및 인권 간 딜레마

코로나19 대유행의 사회경제적 충격에 대한 국가의 방역 대책은 두 가지 딜레마에 봉착해 있다. 첫째, 코로나19 방역 대책과 이로 인해 위축된 경제의 활성화 간 딜레마이다. 감염병으로 시민의 생명이 위협받는 상황에서 국가의 적극적인 방역 정책은 당연시된다. 감염 확진자와 사망자가 폭발적으로 증가하고 의료서비스 체계가 붕괴되는 긴급 상황에서, 국가가 우선 시행할 수 있는 방안은 물리적 이동과 신체적 접촉의 통제를 위한 사회·공간적 봉쇄와 차단이다. 이러한 방역 대책의 강화는 일상생활을 제약하고 경제 활동을 위축시키게 된다.

사회적 거리두기와 모임의 통제로 대면 접촉을 전제로 한 각종 서비스 업종들은 줄줄이 폐업의 위기에 직면하게 됐고, 국경 봉쇄나 출입국 통제로 관광객의 국제 이동은 거의 찾아볼 수 없게 되었다. 이처럼 국가가 방역 대책을 강화할수록, 일자리가 줄어들고 실업이 늘어나며, 투자와 교역이 크게 감소하고 경제성장률은 마이너스로 곤두박질친다. 방역 대책의 강화로 경제 침체가 심화되면, 국가는 다시 규제 전략을 완화하는 한편 엄청난 재정 투자를 확충해 경제를 활성화하고자 한다. 그러나 이를 위한 방역 규제 완화는 코로나19의 재확산을 불러오게 된다.

둘째, 국가의 방역 대책과 시민 인권 통제 간 딜레마이다. 코로나19 위기로 생명이 위협받는 상황에서 헌법과 법률이 정하는 시민의 권리와 자유는 명시적으로(또는 암묵적으로) 제한된다. 국가는 이동과 접촉 차단으로 급속한 확산을 막기 위해 도시나 지역을 봉쇄하고 국경을 폐쇄하며, 이동의 자유, 집회의 자유 등을 제한한다. 감염 확진자의 이동 경로와 머문 장소들의 정보가 수집·공개되고, 접촉이 차단된다. 정부는 이러한 조치를 통해 이들이 방문한 장소에서 감염 가능성이 있는 밀착 접촉자들에게 코로나19 검진을 받도록 하고, 일반인들의 해당 장소 방문을 당분간 자제하게 한다.

하지만 이동·정보·집회 등에 관한 권리와 자유를 지나치게 제한하면 시민들로부터 비난을 받거나 불만과 저항을 초래한다. 이동이나 집회의 과다한 제한이나 불필요한 사항까지 포함한 사생활 정보의 공개는 개인의 기본권을 무시한 처사로 지적받을 수밖에 없다. 서유럽 국가나 미국에서는 이동 제한과 지역 봉쇄를 거부하는 대규모 시위가 발생하고 있다. 국가의 통제 대책을 권력 유지 전략이라며 거부하는 음모론과 가짜 뉴스가 공공연히 유포되고 있다. 우리나라도 극보수 종교 단체나 일부 시민들 사이에 이러한 조짐을 보이기도 했다.

인간의 생명이 위협받는 상황에서 이동과 집회의 자유는 부분적으로 제한될 수 있고 사실과 다르거나 확인되지 않은 주장들은 당연히 통제해야 한다. 여기에 딜레마가 있다. 한편으로 코로나19가 우한에서 발현하여 확산될 시점에 중국 당국이 이행한 정보 공개 통제와 사실 은폐, 대도시의 봉쇄 등 과다한 권위적 통제는 기본권을 무시한 비민주적인 처사라고 비난 받는다. 그러나 다른 한편 코로나19 확산 초기 단계에서 서구 선진국이 보여준 것처럼 시민의 권리와 자유를 위해 적극적인 방역 조치를 시행하지 않는다면, 코로나19 확산을 차단할 시기를 놓치고 대유행의 위기 상황을 맞게 된다.

딜레마를 넘어 균형과 생태 방역으로

코로나19 위기는 방역과 경제, 방역과 인권이라는 두 가지 유형의 딜레마 중 어느 한쪽을 택해야 하는 상황으로 보이지만, 문제는 어느 한쪽을 택하는 것이 아니라 양쪽 모두에 관심을 두고 균형을 이루는 해법을 찾는 것이다. 예컨대 위기의 초기 단계에서 강력한 방역은 코로나19 확산을 차단해 경제 활동 재개를 앞당길 수 있다는 점이 강조될 수 있다. 물론 이 경우는 경제 활동의 재개에 따른 사회적 편익이 전체 국민에게 균등하게 배분되어야 한다는 점을 전제로 한다.

방역과 인권 간 딜레마 역시 서로 대립적인 것이 아니라 보완적인 것으로 간주할 수 있다. 사실 국가의 방역 활동은 시민의 생명권, 건강권을 보장하는 것이며, 이 유형의 권리가 우선적으로 요구되는 상황에서 다른 유형의 기본권이 어느 정도 유보될 수도 있다. 그러나 방역을 위해 권리와 자유를 제한하거나 침해하는 강제 조치가 정당화되려면 먼저 모든 국민에게 평등한 의료 보장이 제공돼야 할 뿐 아니라, 다른 유형의 권리 제한은 최소한의 범위 내에서 투명하고 민주적으로 이뤄져야 하며 비상 상황이 종료되면 즉시 중단돼야 한다.

국가의 방역 대책은 이와 같이 방역과 경제 및 인권과의 관계에 내재된 딜레마에서 어느 한쪽을 택하는 것이 아니라 양자 모두를 고려하면서 균형을 이루는 방향으로 나아가야 한다. 이에 더해, 한 가지 더 고려해야만 할 딜레마가 있다. 코로나 팬데믹은 지구적 생태계의 교란과 파괴에 기인하며, 전 세계에 확산됨으로써 지구적 생태 위기의 심각성을 폭발적으로 드러낸 것이다. 따라서 코로나19 위기 대책은 생태 위기에 대한 대응 전략도 당연히 포함해야 한다. 누군가는 코로나 팬데믹으로 국민의 생명이 희생되고, 사회경제가 마비되는 긴급 상황에서 자연환경에 대한 대책까지 마련해서 시행할 여유가 있는지 반문할 수 있다. 그러나 코로나 팬데믹 대책이 인간 중심적 관점에서 인간 사회의 문제 해결에만 관심을 두면서 그 기원이 되는 지구적 생태 위기를 방치하거나 오히려 더 악화시키게 된다면, 또 다른 변종 바이러스의 출현으로 새로운 팬데믹이 거듭 유발될 수 있을 것이다.

물론 위기에 처한 지구 생태계를 치유하기 위한 대책은 자연환경의 단순한 보호나 기술적 개선책이 아니라 이 위기를 초래한 사회경제 시스템의 근본적 전환을 위한 대책을 의미한다. 코로나 팬데믹이 진행되는 동안, 코로나19의 최초 발병지와 경로에 대한 정치적 논란이 있었지만, 이는 단지 자국의 이익을 위해 국제적 관심과 책임을 다른 국가로 돌리기 위한 전략에 불과했다. 반면 지구의 생태환경이 얼마나 황폐화되었기에 코로나19라는 변종 바이러스가 생성되었는지, 이렇게 생성된 코로나19를 자연에서 인간 사회로 전달한 야생동물의 서식지는 왜 파괴됐는지에 대해서는 별로 관심을 보이지 않고 있다.

지구 생태환경과 동식물의 서식지를 파괴하고 황폐화한 사회구조적 배경이 무엇인지 성찰하고 궁극적으로 이를 극복하려는 대책 없이, 코로나 팬데믹은 근원적으로 해소하기 어렵다. 코로나 팬데믹뿐 아니라 기후 변화, 생물 서식지의 파괴, 생물 다양성의 감소 등에 대한 적극적 대책과 함께 공장화된 축산업 및 이에 부수되는 사항들(예: 항생제 남용, 유전자 변형 기술 등)을 포함한 자본주의적 산업화와 도시화 문제에 대책을 마련하지 않으면, 바이러스는 앞으로 더욱 부정적 방향으로 진화할 것이고, 변형된 신종들을 통해 인간 사회를 언제든지 위협할 것이다.

요컨대 코로나 팬데믹 상황에서 봉착한 방역과 경제 간 그리고 방역과 인권 간 이중적 딜레마를 풀기 위해 우리는 규범적이면서도 동태적인 균형점을 모색해 나가야 한다. 또한 생명과 사회경제 회복을 위한 대책도 중요하지만, 지구적 생태 위기의 극복을 위한 대책도 긴급하게 마련하고 시행해야 한다. 코로나19 위기에 대처하기 위해 국가의 역할이 전면에 부각되는 것은 불가피하다고 하겠다. 그러나 코로나 팬데믹을 극복하기 위한 진정한 국가는 단순히 전염병 관리를 위한 방역국가가 아니라 인간의 삶을 위한 경제, 인권과 인간 안보 그리고 지구적 생태 위기에 더 많은 관심을 가지고 시민사회와 함께 대책을 추진해 나가는 생태 민주국가여야 한다.

국가의 귀환과 방역국가론

국가의 귀환과 사회계약론

코로나19가 급속히 확산되는 과정에서 국가(중앙정부, 지방정부, 여타 관련 공공기관들)로부터 하루에도 몇 차례 휴대폰 문자 메시지를 받는 것이 일상화되고 있다. 메시지 내용은 확진자의 동선과 머문 장소 정보에서부터, 감염을 막기 위한 외출 자제와 생활 방역 수칙(손 씻기에서 마스크 쓰기, 사회적 거리두기 등) 준수 등 다양하다. TV에서는 매 시간 코로나19 위기 상황에 관한 속보가 보도되고 하루에도 두 번씩 방역 당국의 책임자들이 나와서 브리핑을 한다. 그뿐 아니라 국가가 전면에 나서 마스크나 진단키트, 여타 의료 장비와 시설의 수급, 백신의 확보와 접종을 관장하고 통제한다.

우리나라에서는 특정 도시나 국경이 완전 봉쇄되지는 않았지만, 국가는 확산이 우려되는 사업장이나 실내외 모임에 대한 금지·재개 여부를 결정하고 있다. 나아가 전례 없이 온 국민에게 긴급 재난 지원금을 지불하고, 침체된 경제를 살리기 위해 이른바 '한국판 뉴딜' 정책을 추진하고 있다. 국민의 생명을 위협하는 코로나19 대유행과 사회경제적 위기 극복을 위해 강력하고 효율적인 방역 대책과 이에 부수되는 다양한 사회경제 정책을 추진할 주체로서 국가가 전면에 재등장한 것이다. 국가의 귀환에 대해 국민 또는 시민사회도 그 정당성을 인정하는 것으로 보인다.

국민 개개인이나 소규모 집단으로는 스스로 감당하기 어려운 긴급 상황에서 국가가 전면에 복귀하는 것은 국가 존재의 주요 이유라고 할 수 있다. 특히 이러한 이유로 국가는 국민의 자유와 권리 일부를 제한(또는 유보)할 수 있다는 점을 법적으로 명시하고 암묵적으로 전제한다. 이에 따라 코로나19 위기 상황에서, 국가가 이동의 자유나 표현의 자유를 유보하거나 집회의 권리를 제한하는 것이 가능하다고 간주된다.

국가의 역할은 긴급 상황에 대한 통제를 명분으로 흔히 권위화하는 경향을 보인다. 예컨대 코로나 팬데믹은 중국과 미국에서 매우 다른 방역 방식과 결과를 초래했지만, 공통적으로 전염병 통제를 이유로 정치권력이 권위화하는 모습을 보여주고 있다. 하지만 어떤 경우에도 시민사회의 동의를 무시한 정치권력의 권위화는 정당화할 수 없고, 시민사회의 실천을 전제하지 않는 전염병 방역 대책은 실효성을 가지기 어렵다.

근대 국가의 역할에 관한 오랜 논의들에서, 특히 사회계약론은 이러한 국가의 역할을 국민과의 관계에서 합의된 것으로 설정한다(Kihato, 2020). 이 이론에 의하면, 사회 구성원은 (가상적) 계약을 통한 자신의 자발적 선택으로 특정 국가에 귀속되면서 자연 상태의 무제한적 자유를 포기하고, 그 대가로 국가가 보장하는 여러 유형의 기본권을 획득한 것으로 간주된다. 이에 따라 국가의 기능을 최소화한 자유방임형 국가에서도 범죄, 질병, 전쟁, 침략 등 국내·외적 안전 문제에 대한 대응은 국가가 맡아야 할 역할로 인식된다. 이러한 사회계약론과 기본권 논리는 절대왕권의 군주로부터 시민의 권리를 획득하기 위한 과정을 정당화하지만, 국가가 기본권 보장을 명분으로 권위적 정치권력을 강화하고 국민을 강제적으로 규율할 수 있다는 점은 간과한다.

방역국가론: 푸코, 아감벤, 지젝

코로나19 위기 상황에서 보여주는 국가의 역할에 관한 또 다른 설명으로, 푸코의 생명 권력 개념과 이에 연이어 제기된 일련의 주장과 논쟁을 통해 살펴볼 수 있다(Foucault, 2020; Peters, 2020). 푸코의 주장에 의하면, 근대 초기에는 국민을 마음대로 죽이거나 살리는 군주의 '규율 권력'이 절대적으로 작동했다면, 그 이후 국가의 통치 권력은 국민의 생명과 삶을 조직하고 관리, 통제하는 '생명 권력'으로 바뀐다. 생명 권력은 국민의 생명뿐만 아니라 이와 관련된 삶의 문제, 출생과 사망, 공중보건, 주거와 이주 등의 문제를 제기하고 해결하는 권력을 뜻한다(푸코, 2011).

푸코에 따르면, 규율 권력에 의한 통치에서도 국가는 영토와 인구를 안전하게 지키고자 하지만, 그 방식(즉 통치성)에는 차이를 보인다. 규율 권력은 국민이 지켜야 할 규율을 제시하고 그 이행 여부에 따라 정상·비정상을 구분하면서 사회·공간적으로 분할 통제한다. 그러나 생명 권력은 국민을 구분하지 않고 안전관리기술(치료제와 백신 개발에서 발병/사망률 분석과 관리에 이르기까지)을 통해 비정상을 정상화시키고자 한다. 이러한 생명 권력에 기반한 방역국가 개념은 근대 국가의 정치권력에 대한 비판이라기보다 그 발전 과정에 관한 역사적 재해석으로서 의미가 있다.

이탈리아의 철학자 조르조 아감벤(Giorgio Agamben)은 푸코가 제시한 생명 권력 개념의 연장선상에서 코로나19 위기와 이에 대처하고자 하는 국가의 역할을 설명한다(Agamben, 2020). 아감벤의 주장에 따르면, 코로나19가 개인뿐만 아니라 사회 전체의 존립을 위협하는 상황에서, 감염을 막고 '벌거벗은 생명'으로 살아남는 것이 다른 어떤 권리나 자유보다 우선된 가치가 되었다. 국가는 이 상황을 은밀하게 이용해, 도시를 봉쇄하고 개인의 이동을 통제하며, 표현의 자유나 집회의 권리를 제한하는 권력을 강화하려 한다. 이러한 국가 통치는 특정한 '예외상태' 정상적인 통치 패러다임으로 만들려는 욕망, 즉 비정상의 정상화 욕망을 숨기고 있다.

예를 들어 미국의 부시 정권이 9·11사태 직후 테러와의 전쟁을 선포하면서 국가권력의 예외적 조치를 정당화하려 한 것처럼, 트럼프 대통령은 코로나 팬데믹을 활용해 예외적인 상황에서 자신의 권력 행사를 정상적인 것으로 정당화하고자 한다. 국가가 비상사태를 선포하고 이동의 제한과 일상생활 및 노동환경의 정상적 기능을 정지시키는 것은 공중보건과 안전을 명분으로 공포 분위기를 조성하고 지역사회 나아가 국가 전체를 전시 체제로 바꾸거나 군사화하려는 시도로 해석된다. 그러나 아감벤의 주장은 코로나19 팬데믹의 충격을 지나치게 과소평가하고, 위기 상황에서 국가의 '정당한' 역할을 음모론[1])으로 왜곡해 이해한다는 점에서 비판받는다(Sotiris, 2020).

---

1) 영국 언론인 《가디언》이 여론조사 기관 및 캠브리지대학교와 함께 25개국 2만 6000명을 대상으로 조사한 바에 의하면, 코로나19 관련 사망률이 실제보다 과장되게 발표되었다는 음모론(나이지리아 60% 이상, 그리스·남아공·폴란드·멕시코 40% 이상, 미국·헝거리 등 30%대, 독일·이탈리아 등 28~30%의 응답률)과 중국 또는 미국이 코로나19 바이러스를 고의로 만들어 전파시켰다는 음모론(중국의 고의 전파에 관해 나이지리아 절반 이상, 남아공, 폴란드, 터키 40% 이상, 미국, 브리질, 스페인 35% 이상, 미국의 고의 전파에 관해서는 터키 37%, 스페인 20%, 프랑스 12% 등의 응답률) 등이 광범위하게 퍼져 있는 것으로 나타났다(《경향신문》, 2020.10.27).

우리나라에서도 인문사회학계뿐 아니라 언론 칼럼 등을 통해 잘 알려져 있는 유고슬라비아 출신 철학자 지젝(Zizek)은 아감벤과 같은 급진적 사상가이지만, 코로나19 위기와 국가의 귀환에 대해 상당히 다른 견해를 피력한다. 지젝에 의하면, 현재의 예외 상황에서 벗어나 과거와 같은 정상 상태로 돌아가자는 아감벤의 주장은 트럼프와 같은 극우 정치인들이 외치는 '일터로 돌아가라'는 구호와 통한다. 이러한 구호의 이면에는, 실제 일터로 돌아가게 될 사람들은 빈곤한 노동자인 반면 부자들은 바이러스에 노출되지 않는 격리 공간에서 편안히 머무는 현실 세계의 냉정한 계급정치가 숨겨져 있다는 것이다(지젝, 2020).

지젝은 코로나19 위기 상황에서 강한 국가가 필요함을 인정하면서도, 국가가 권력을 감염병 차단이나 봉쇄를 위해 쓰는 것이 아니라 중국이 자행한 것처럼 관련 정보를 조작, 은폐하고 당사자를 체포, 구금하는데 이용하는 것을 우려한다. 이러한 점에서 지젝은 국가 권력과 연계된 '재난 자본주의' 대신 '최소한의 생존을 위해 실행되는 공산주의'를 주창한다. 시장 메커니즘으로는 위기 상황에 대처하기 어렵기 때문에 '공산주의적' 조치들이 실제 지구적으로 고려되고 있다고 지적한다.

공적 마스크 5부제 시행이나 국가에 의한 의료 물품과 시설의 공적 동원과 관리, 국가가 개인에게 현금을 직접 지급한 긴급 재난 지원금(그리고 실행 여부를 떠나 보수 야당에서도 관심을 보였던 기본 소득 개념) 등은 코로나19 위기 이전에는 생각조차 하기 어려웠던 것이고, 분명 국가의 사회주의화를 의미하는 것처럼 보인다. 그러나 지젝의 주장은 코로나19 비상 상황에서도 국가의 역할에 대한 통제 장치로서 시민사회의 역할이 필수적임을 간과하고, 강력해진 국가가 그의 용어로 '공산주의'가 아니라 전체주의로 전락할 가능성이 있음을 더 신중하게 고려해야 할 것이다.

음모론을 넘어 생태민주주의로

코로나19 위기 상황에서 국가가 강력한 권력을 가지고 전면에 나서게 된 것은 분명한 사실이지만 돌아온 국가가 어떤 역할을 수행하고 있으며 수행해야 하는지에 대해서는 상당히 다른 견해들이 제시될 수 있다. 현 상황에서 세계적으로 재등장한 방역국가가 안전관리 기술을 동원해 강력한 역할을 수행하면서 국민의 권리와 자유를 통제하고 있다는 점은 분명하다. 그렇다고 해서 지젝이 지적한 것처럼, 국가(그리고 자본)가 국민의 생명이 심각하게 위협받을 뿐 아니라 안정적인 자본 축적이 위태로워지는 비상 상태를 원하거나 의도적으로(즉 음모론에서 주장하고 있는 것처럼) 이를 초래했다고 보기는 어렵다(지젝, 2020: 97).

따라서 국가 통치의 관점에서 방역국가에 대한 일반적인 비판보다 시민사회의 관점에서 좀 더 세밀한 분석과 정교한 비판적 개념화가 필요하다고 하겠다. 특히 코로나19 위기로 전면에 귀환한 국가의 성격을 현실정치의 측면에서 논의할 뿐 아니라 팬데믹 상황에서 국가가 수행해야 하는 규범적 측면에 대해 살펴보고, 국가의 대안적 성격을 모색해 나가야 할 것이다. 이러한 점에서 코로나 팬데믹에 대처하는 국가의 성격으로 시민사회와 생태성이 빠진 공산주의가 아니라 생태민주주의 개념을 강조할 필요가 있다.

생태민주주의는 "민주주의의 강점을 적극적으로 살리면서 이를 생태적으로 변형하고 재구성해서 약한 사람들과 비인간 존재가 함께 잘 사는 세상을 만드는 정치적 과정과 체제를 의미한다"(구도완, 2020: 90; 구도완, 2018). 앞선 방역국가에 대한 논의는 사실 지구적 생태 위기와 국가의 대책에 대해서는 별 관심을 가지지 않는다는 점을 지적할 수 있다. 물론 생태민주주의도 개념적 한계가 있다. 예컨대 생태민주국가 담론은 권위주의에 반대하고 시민이 참여하는 숙의민주주의를 옹호하지만, 숙의민주주의는 인간 집단의 감정이나 이해관계로 사회생태적 합리성을 오히려 왜곡시킬 수 있다.

또한 생태민주국가 담론은 주권 국가를 암묵적으로 전제하기 때문에 코로나19 팬데믹과 같은 지구적 위기 상황에서 국가 간에 야기될 수 있는 갈등이나 책임 문제에 대처하기 어려울 수 있다. 이러한 한계 지적과 관련해, 생태민주국가 담론은 앞으로 권리의 주체로서 시민들의 생태민주적 사고와 실천을 어떻게 함양할 수 있는가, 그리고 지구적 생태 위기에 직면해 국가들이 어떻게 연대할 수 있는가에 대해 좀 더 정교하게 개념화된 담론(예로 생태적 세계시민주의)을 제시할 필요가 있다. 이에 더해 '사람들과 비인간 존재가 함께 잘 사는 세상'에 대한 전망을 실현할 수 있는 구체적 방안을 강구해야 할 것이다.

'자연계약' 또는 두 가지 선택

생태민주국가의 개념을 좀 더 정교하게 하기 위해 여러 방안을 살펴볼 수 있다. 하나의 방안은 사회계약론을 자연(지구)과 비인간 구성원으로 확대하는 것이다. 미셸 세르(M. Serres)가 제시한 지구와 이곳에 살아가는 거주자들 간 새로운 합의에 근거한 '자연계약(natural contract)' 개념을 살펴볼 수 있다(Serres, 1995; Serres and McCarren, 1992). 그에 의하면, 그동안 세계 역사는 인간들 간 갈등의 역사로 간주되어 왔지만, 이제 이 역사에 인류가 지구상에 자행한 통제 불능의 폭력과 그 반작용으로 지구가 인간에게 가하는 통제 불능의 위협도 포함해야 한다. 이러한 악순환 관계를 해소하기 위해, 세르는 한때 사회계약(론)이 인간관계에 질서를 가져왔던 것처럼, 우리에게 생명을 부여해 준 이 행성과 균형적이고 호혜적인 관계를 수립하기 위해 지구와 새로운 계약, 즉 자연계약에 동의해야 한다고 주장한다.

사회계약론이 인간들 간 동등한 권리와 가치를 가지고 국가를 구성해 그 권리를 보장받고자 한 것처럼, 자연계약론은 인간과 이 지구상의 모든 구성원들(지구 자체를 포함하여)이 존립함에 있어 동등한 권리와 생태적 가치를 가지고 이를 보장받기 위해 새로운 집합체 또는 라투르가 제시한 '사물의 의회(parliament of things)'를 결성할 필요가 있다고 강조한다(Latour, 2004). 사물의 의회란 인간만이 아니라 비인간 사물들로 구성된 혼합체에서 인간과 비인간의 다양한 대변자들이 공동으로 참여해 협의하고 결정하는 생태민주적 포럼을 의미한다. 그러나 자연계약이나 사물 의회의 개념에서 '어떻게 자연의 사물들과 소통하거나 이들을 대변할 것인가'라는 의문은 현실적인 문제로 남는다. 뿐만 아니라 이 개념은 인간들 간 계약에 의해 구성된 국가라고 해도, 실제 사회적 평등과 포용을 추구하기보다 오히려 차별화와 불평등을 조장할 수 있다는 점을 간과한다.

다른 한편, 방역국가론에서 이에 함의된 음모론을 제거하고, 실제 국가가 코로나19 방역 대책을 수행하는 과정에서 직면하는 선택(또는 방향성)에 관해 숙고해 볼 필요가 있다. 이를 위해 코로나 팬데믹에 관한 유발 하라리(Yuval Harari)의 논의에서 어떤 시사점을 얻을 수 있을 것이다(Harari, 2020). 이스라엘의 역사학 교수인 그는 코로나19 위기를 의료 보건의 위기가 아니라 정치적 위기라고 판단하며 우리는 팬데믹에 대처하기 위해 '전체주의적 감시 대 시민의 권한 확대'와 '국수주의적 고립 대 지구적 연대' 사이에서 선택의 기로에 서 있다고 주장한다.

그는 코로나19의 확산을 막기 위해 안전 통제 기술의 동원을 인정한다. 그러나 국가는 방역을 목적으로 전체주의적 감시 체제와 이로 인한 국민의 권리 유보를 당연시할 것이 아니라, 시민사회의 역량을 강화해 시민들의 안전과 권리를 강화하는 방향으로 나아가야 한다고 주장한다. 그뿐 아니라 국가가 급속히 확산되는 코로나 팬데믹으로부터 영토와 국민을 보호하기 위해 국경을 봉쇄하거나 출입국 관리를 강화하고 있지만, 팬데믹이 이미 도래한 상황에서 개별 국가의 고립주의만으로 위기에 대처하기 어렵고 따라서 영토 안보가 아니라 인간 안보에 초점을 두고 지구적 연대를 추구해야 한다고 주장한다.

코로나 팬데믹 상황에 대한 하라리의 설명은 시민사회의 역량 강화를 통한 권리와 자유의 확대, 그리고 지구적 연대에 기반한 인간 안보로의 전환을 강조한다는 점에서 의의가 있다. 하라리는 코로나19 바이러스가 인간의 본성을 바꾸려 할지라도, 인류는 계속해서 '사회적 동물'로 남을 것이며, 위기가 끝나면 사람들은 사회적 유대의 필요성을 더 많이 느낄 것이라고 보았다. 그러나 그의 논의는 코로나19 위기의 발단이 된 지구적 생태 위기와 그 대책에서 생태적 권리, 생태적 안보 등의 개념을 빠뜨렸다는 점에서 한계가 있다.

신자유주의 이후 국가와 방역 전략

국가가 돌아왔다

코로나 팬데믹 상황에서 긴급하고 적극적인 방역 대책을 위해 국가가 전면에 나서고 있다. 국가의 역할을 설명하기 위해 방역국가에 관한 이론적 논의가 필요하지만, 동시에 국가의 귀환에 대한 역사적 배경에 관한 현실적 논의도 중요하다. 왜냐하면 코로나19 위기 이전부터 이미 국가의 귀환이 가시화되었고, 각 국가는 코로나 팬데믹에 대해 상당히 다른 방식의 대책을 강구하고 있기 때문이다.

현실에서 국가는 코로나19 위기로 갑자기 돌아온 것이 아니라, 그 이전부터 존재하던 국가가 이 위기에 대처하기 위해 기존의 시공간적 축에 따라 경로의존적으로 부각되면서 권력을 강화했다고 할 수 있다. 즉 역사적으로 보면, 현실에서 국가의 귀환은 코로나19 위기로 인한 단기적 현상이라기보다는 (최장기적으로는 근대 국민국가의 탄생에서부터) 중장기적으로 복지국가에서 신자유주의로의 이행, 그리고 신자유주의의 한계와 그 이후로 이어지는 '국가의 전환 과정'으로 파악할 수 있다.

1930년대 미국 대공황 극복을 위해 뉴딜정책으로 전면에 등장했던 국가는 제2차 세계대전 이후 서구 세계에서 경제의 안정적 성장과 더불어 복지국가의 발달을 가져왔다. 복지국가의 역할과 한계에 관해 많은 논란이 있었지만, 서구 복지국가는 시민사회의 발달과 사회민주주의 정치에 바탕을 두고, 공적 의료 보건 체계를 포함한 사회 각 분야에서 복지서비스 전달 체제를 구축해 사회적 안전망을 확충할 수 있었다. 이로 인해 서구 선진국은 경제뿐만 아니라 정치적, 사회적으로도 발전된 국가로 인식됐다.

사실 그동안 서구 선진국은 상대적으로 높은 복지수준을 갖추고 각종 전염병의 확산에 대처하기에 충분한 의료서비스 체계를 구축하고 있는 것으로 간주됐다. 그러나 1970년에 들어와서 제2차 세계대전 이후 서구 경제의 급속한 성장을 가능하게 했던 포드주의적 경제 체제의 한계와 더불어 국가재정의 위기에 봉착하면서, 복지국가 체제는 국가의 역할보다는 시장의 논리를 재강조하는 신자유주의 정치경제 체제로 전환하게 됐다. 이 과정에서 공공복지를 위한 국가의 재정 지출이 크게 감소하고, 기존의 공공 의료 서비스 체계를 포함하여 복지 전달 체계는 국가 주도에서 시장경제로 바뀌면서 급격히 약화된 것으로 추정된다.

신자유주의화가 남긴 것

신자유주의는 시장의 자유를 신봉하는 이데올로기이며, 이에 따라 국가 개입의 최소화와 시장 메커니즘의 재활성화를 통해 경제성장(자본 축적)을 촉진하고자 한 정치경제적 메커니즘이라고 할 수 있다. 이 과정에서 복지서비스와 이를 위한 국가재정은 축소되고, 의료 보건뿐 아니라 교육,

교통, 복지 부문 등에서 기존의 국가서비스 전달 체계는 시장 메커니즘에 의존하도록 탈규제화, 상품화, 민영화되었다(하비, 2005). 이러한 신자유주의화 과정은 자본주의 경제의 지구화 과정과 연계되면서 상품과 자본, 기술, 정보, 노동력의 지구적 이동을 촉진했고, 이에 따라 해외 직접 투자의 확충과 지구적 상품(가치)사슬의 구축 등으로 시장경제의 세계적 통합이 이루어졌다.

그러나 신자유주의적 지구화 과정은 결과적으로 코로나19로 인한 방역 체계의 심각한 한계와 팬데믹의 초래에 결정적인 영향을 미쳤음이 드러났다. 이러한 점에서 코로나19 팬데믹이 신자유주의적 자본주의의 모순이 낳은 재난으로 해석되고(데이비스 외, 2020; 손미아, 2020: 223~255), 이에 대처하기 위해 '반자본주의 정치'의 필요성이 강조되기도 한다(Harvey, 2020). 특히 서구 선진국은 신자유주의화 과정을 거치면서 의료 전달 체계를 민간 시장 중심으로 전환함으로써 공적 의료 체계가 거의 와해됐다. 또한 자본주의 경제 체계의 지구화 과정과 이를 뒷받침했던 물적 토대로서 광범위한 고속교통망의 발달은 시공간적 압축으로 코로나19의 급속한 전파를 가능하게 한 통로 역할을 했다.

그뿐 아니라 이러한 신자유주의화 과정은 실제 세계경제의 성장에 큰 성과를 내지 못했고, 지구적·지방적 규모로 지역 불균등 발전을 심화시켰다. 이 과정에서 일부 선진국, 특히 미국·영국·일본 등은 세계경제의 지구화 과정에 편승하기 위한 치열한 경쟁 관계에서 상대적으로 열세를 보였고, 이를 만회하기 위해 자국의 이익을 우선하는 국가주의로 전환했다. 2008년 미국의 서브프라임 모기지 사태로 촉발된 세계 금융위기는 신자유주의적 시장경제의 한계를 인식하고 국가의 역할을 다시 증대시키게 된 주요 계기가 되었다.

물론 국가의 강력한 역할을 강조한 정치가들이라고 할지라도 신자유주의적 경제 체제에 대한 입장은 상당히 다르다. 예컨대 미국 트럼프 대통령이나 영국 브렉시트와 관련된 총리들은 신자유주의적 지구화에서 물러서는 입장을 보인 반면, 중국의 시진핑 체제는 국가주의로 회귀하려는 미국과 무역 갈등을 보이면서 기존의 신자유주의적 세계경제를 지지한다. 그러나 전반적으로 신자유주의적 지구화의 퇴조는 국가의 귀환을 촉진하는 요인이 됐다. 바로 이러한 상황에서 시장경쟁의 논리로는 제대로 대응할 수 없는 코로나 팬데믹이 발생했고, 이에 따른 위기상황에 직접 개입할 필요를 명분으로 신자유주의 이후(즉 탈신자유주의적) 국가의 귀환이 정당성을 갖게 되었다.

신자유주의 이후 국가와 방역

신자유주의 이후 귀환한 국가는 과거 복지국가와 상당히 다른 양상을 보이고 있다. 신자유주의적 지구화 과정을 거치면서 자본의 규모와 작동 범위는 그 이전과 비교할 수 없을 정도로 확장했고, 강대국들은 발달한 통제 능력과 막강한 재정 동원 능력을 바탕으로 권위화됐다. 시민들의 속성도 변했다. "서구 복지국가의 국민들은 집단에의 귀속성을 가진 존재이자 국가와 동질성을 많이 공유한 집단이었다"면, 오늘날 "사람들은 상대적으로 개별화된 소비자 정체성을 갖고 있고, 어떤 조직에 속하는 것을 자유의 제약으로 여기곤 하는 정서를 지니고 있다"(조효제, 2020).

이와 같은 시민의 속성 변화는 우리 사회와 국가가 시민들로부터 점점 더 괴리되었음을 의미한다. 즉 그동안 신자유주의화 과정에서 시민들은 자신이 속한 사회로부터 점점 더 소외된 반면, 국가는 시민들로부터 점점 더 멀어져 물신화된 권력을 행사하게 됐다. 그 결과로 서구 선진국에서 신자유주의화로 인한 공공 의료 체계의 부실화와 이에 따른 불평등과 차별의 심화, 그리고 국가 통제를 거부하는 자유방임형 시민들의 특성은 코로나19의 급속한 확산을 차단하기 어려운 상황을 만들어냈다. 이러한 신자유주의화로 인해 미국과 일본 등은 최근 민주주의 지수가 점차 낮아지고 있다.[2] 특히 미국에서 트럼프 대통령의 등장은 민주주의를 희화화하고 심각하게 훼손하는 경향이 있었고, 서유럽에서도 극우·극좌 포퓰리즘(populism)이 힘을 얻게 되었다. 코로나19 위기에 대응하기 위해 귀환한 국가들은 이러한 민주주의의 퇴조와 맞물려 방역을 명분으로 더욱 권위주의화되는 경향을 보이고 있다.

반면 현재까지 코로나19의 확산 저지에 나름대로 성과를 보인 국가들은 주로 동아시아의 '발전주의' 국가들이다. 한국, 대만, 홍콩 (또한 서유럽 국가에 비해 상대적으로 낮은 확산 수준을 보이는 일본), 동남아시아의 태국, 베트남 등이다. 이 유형의 국가들이 코로나 팬데믹 대책에서 어느 정도 성공한 이유에 대해 좀 더 자세히 살펴봐야 하겠지만, 이들은 사회경제적 통제 정책의 기획과 시행에 상당히 익숙할 뿐 아니라, 시민들은 나름대로 국가의 역할을 인정하면서 시민사회와 균형을 이루는 민주화운동이나 투쟁 과정을 경험했다. 그러나 제3세계의 신흥개도국들, 특히 민주화 정도가

---

2) 영국의 주간지 《이코노미스트》의 부설 연구 기관에서 발표하는 'EIU 민주주의 지수'에 의하면, 미국과 일본은 각각 2010년 8.18(17위), 8.08(22위)에서 2019년 7.96(25위), 7.99(24위)로 낮아졌다. 이 자료에 의하면, 한국은 아시아 국가 가운데 가장 높지만, 역시 2010년 8.11(20위)에서 2019년 8.0(23위)로 낮아진 것으로 나타난다.

상대적으로 낮은 국가들은 코로나19 위기를 계기로 기존의 권위주의적 성격을 오히려 강화하는 모습을 보였다.

민주화 수준이 낮은 국가에서 개인의 생명을 위협하는 코로나19 위기는 시민들로 하여금 국가의 전체주의적 조치를 받아들이도록 했다. 그러나 실제로 권위주의적·전체주의적 국가(예: 브라질, 필리핀 등)는 국민의 권리를 보장하지 못할 뿐 아니라, 코로나19로부터 국민의 생명을 제대로 지켜주는 것도 아니라는 점이 드러났다. 설령 권위주의적 국가가 코로나19 위기 통제에 어느 정도 성과를 보인다고 해도, 코로나19 이후 사회는 불평등과 차별이 더 심화되고, 시민들의 인권과 자유는 더욱 억압받을 것으로 보인다(Furceri, 2020: 138~157).

K-방역의 의의와 한계

이러한 논의를 배경으로 우리나라에서 정부가 코로나19 위기에 대처하면서 지금까지 보여준 정책들의 특성을 간략히 살펴볼 수 있다. 1960년대 이후 우리나라는 쿠데타로 권력을 장악했던 권위주의 정권이 추진한 파행적이고 압축적인 근대화·산업화 과정을 거치면서 발전주의적 국가의 특성을 갖추게 됐지만, 시민의 권리를 억압하고 개인적 안전과 사회적 복지 문제는 항상 무시돼 왔다. 1987년 민주화운동으로 국가는 상당 정도 민주화했지만, 1997년 외환위기를 겪으면서 신자유주의화 길을 본격적으로 걷게 됐다.

이에 따라 한국은 서구와는 다른 발전주의와 신자유주의가 혼합된 국가 성격을 가지면서 진보정권과 보수정권이 교체되는 과정을 겪었다. 지난 보수정권에서 겪었던 세월호 사건과 이를 계기로 이뤄진 정권 교체는 재난 위기에 대해 특히 관심을 가지고 적극적으로 대처하게 했다. 현 정부의 코로나19 위기 대처 능력은 'K-방역'이라는 이름으로 방역 당국뿐 아니라 국민 대부분이 자부심을 가질 만큼, 실제 국내외에서 상당히 인정받고 있다. 이는 코로나19 위기에 대한 현 정부의 정치적·정책적 역량이기도 하지만 우리 사회가 겪은 발전주의의 민주화 경험과 과거 재난 사고들에 대한 경각심에 근거를 둔 것으로 이해된다.

역사적 경험을 배경으로 전개되고 있는 정부의 코로나19 대책은 몇 가지 중요한 의미를 가진다. 첫째, 정부의 적극적 관심과 신속한 대응으로 확진자와 사망자 수를 줄일 수 있었다. 대처 과정의 결과이긴 하지만 그 자체로서 다른 국가들과 비교된다. 둘째, 정부는 도시 봉쇄와 같은 이동권 제한이나 집회나 언론의 자유 등을 가능한 침해하지 않으면서 코로나19 확산 차단에 힘썼다. 한국의 방역 대책이 중국의 경우와 비교되는 점이다. 셋째, 정부는 의료 관련 자원(공적 마스크, 진단키트 등) 및 소비 촉진을 위한 재원(기본 재난 지원금 지급 등)을 기민하게 확보하고 이의 공평한 배분을 위해 (최소한 외형적으로) 노력했다. 넷째, 관련 통계 자료나 확진자의 정보, 의료시설의 배치 현황 등을 신속하고 투명하게 공개함으로써 국민의 신뢰를 얻을 수 있었다.

정부의 코로나19 대책이 국민이나 다른 국가, 국제기구들로부터 상당히 긍정적으로 평가받고 있지만, 여러 가지 한계나 문제점이 있는 것도 사실이다. 첫째, 지적될 점은 코로나19 확산을 차단하고 위기를 해소하기 위한 단기적 대책에 주로 관심을 가지면서, 위기 발생의 근본적 원인과 구조적 과정에 대해서는 특별한 대책을 제시하지 않았다는 점이다. 둘째, 국민이 국가의 적극적 개입과 대책 시행에 동의하는 것처럼 보이지만 실제 국가의 자기주도적 홍보와 언론의 이중적 여론 조성에 의해 이끌려 왔을 뿐이고 시민들의 의사와 참여를 통한 공론화 과정은 거의 이뤄지지 않았다.

셋째, 자원의 공평한 배분을 고려했다고 하지만, 사회·공간적으로 취약한 계층이나 집단에 대한 직접적 배려는 없었다. 즉 강력한 방역으로 전 국민의 안전을 도모하지만, 이 과정에서 발생하는 사회적 배제와 경제적 손실은 취약계층에 더 큰 부정적 영향을 미치고 있다(윤홍식, 2020: 199~214). 끝으로 가장 강조하고 싶은 문제점으로 정부는 코로나19 위기가 생태 위기에서 파생된 것을 고려하지 않았고 이를 해소하는 데도 거의 관심을 가지지 않았다는 점을 지적할 수 있다. 한국판 뉴딜 정책이 그린뉴딜을 포함하긴 했지만, 진정한 의미의 생태적 원인 해소와 우리 사회의 녹색전환을 위한 정책은 아니라고 하겠다.

제8장

코로나19 방역과 시민의 권리

코로나19 방역의 기준으로서 인권

코로나19 방역과 기본권의 제한

사회적 취약 집단의 권리와 생태권

국가의 방역 대책은 인권을 최우선 가치로 인식하고, 코로나19 위기로 인해 임계 상황에 도달한 인권을 개선하기 위한 방안을 강구해야 한다. 비록 코로나19 위기 상황이라고 할지라도, 인권은 국가 방역 대책의 기준이 되어야 한다. 국가는 위기 이전에 이미 누적해 있었고 위기 과정에서 더욱 심화된 인권 침해 요소나 상황을 시정하고, 위기 이후 보다 평등하고 정의로운 사회로 나아갈 수 있도록 노력해야 한다.

코로나19 대유행으로 생명과 안전이 가장 먼저 위협받는 계층은 사회적 취약 집단들이다. 위기 대책에서 노골적으로 또는 의도하지 않게 차별, 배제되기 때문에 이들이 코로나19에 더 많이 노출되고 감염될 수밖에 없다. 따라서 코로나19 대책에 있어서 시민, 특히 사회적 취약 집단의 기본권을 제한하고 유보할 것이 아니라 오히려 적극 보장할 때 코로나19의 방역도 효율적 성과를 얻을 수 있다는 점을 인식하고, 이를 추진해야 할 것이다.

코로나19 방역의 기준으로서 인권

코로나19 위기와 인권 문제의 재인식

코로나19 위기는 국가가 국민의 생명을 보호하고 전염병 확산을 차단하기 위한 대책을 마련하는 것뿐만 아니라, 시행에 필요한 의사 결정을 하는 데 모든 가용자원을 총동원하게 했다. 이러한 상황에서 유엔(UN)은 코로나 팬데믹에 대한 국가의 대처 방안을 제시하면서, 인권이 그 기준이 돼야 한다고 주장한다. "인권은 국가가 의사 결정권을 어떻게 행사할 것이며 자원을 어떻게 배분할 것인가에 관한 기본 원칙과 지침을 제공한다"라고 천명한다. 특히 규범적일 뿐 아니라 실질적 측면에서 "인권은 코로나19 위기에 대한 대책의 효율성을 극대화하고, 부정적 효과를 최소화하는 방안"을 모색하도록 한다는 점을 강조한다(UN, 2020).

인권의 관점에서 국가의 의사 결정은 신속, 투명하고 민주적으로 이뤄져야 하며, 동원된 가용자원은 공정하게 배분돼야 한다. 그러나 실제 상황에서 코로나19 위기는 불평등이나 차별을 심화시키고, 불안과 공포를 조장하면서 인권 상황을 오히려 악화시킬 가능성이 높다. 국가의 방역 활동으로 이동의 자유, 집회와 표현의 자유 등 국민의 기본권이 제한되고, 사회 소수 집단과 취약 집단에 대한 불평등과 차별, 배제가 심화되며, 타인종 집단과 외국인 이주자들에 대한 불신과 혐오가 증대될 수도 있다.

이로 인해 코로나 팬데믹 상황에서 인권에 관한 논의가 국내외에서 자주 등장한다. 논의는 한편으로 위기에 대처하기 위해 인권과 관련해 필요한 규범적 준거를 설정하고, 위기 전개 과정에 발생하는 인권침해의 주요 유형과 해당 집단이 당면한 문제 해결책을 모색한다. 예컨대 유엔은 코로나19 팬데믹과 관련된 정책에서 유의해야 할 여러 주제를 제시했다. 여기에는 건강권, 비상조치, 차별 금지, 주거, 장애인, 피구금자 및 시설 수용자, 정보 및 참여, 낙인과 외국인 혐오주의 및 인종주의, 이주민과 난민, 사회경제적 영향, 프라이버시, 젠더, 물과 위생, 선주민, 소수민족 문제 등이 포함된다.

유엔 외에도 국내외 많은 인권 관련 기구나 단체들은 코로나 팬데믹 상황에서의 인권 문제에 관심을 높이고 있다. 국가인권위원회는 국제 인권 기관들이 코로나19와 인권 문제에 관해 발표한 보고서·지침서·성명서 등을 번역해 공개하고 있다(국가인권위원회, 2020). 국제 엠네스티(Amnesty International)는 코로나19가 중국에서 다른 국가로 확산되는 초기 단계인 2020년 2월 초에 이미, 이로 인해 위협받고 있는 인권 유형으로 초기 검열, 건강권, 계속되는 검열, 협박당하는 활동가들, '가짜 뉴스' 통제에 억압된 표현의 자유, 차별과 외국인 혐오, 국경통제와 격리 등 일곱 가지를 열거하면서 논의했다. 또한 이 단체는 3월 초 코로나19와 관련된 「국가의 인권 의무에 관한 예비보고서」를 발간하면서, 개인적·집단적 격리, 여행 금지와 제한, 정보접근권과 검열 등 인권 관련 이슈 열두 가지를 제시했다.

국내에서도 여러 시민사회단체들이 개별적으로 또는 연대체를 구성해 코로나19 위기 상황에서 발생하는 인권 제한이나 침해 사항을 논의하면서, 인권을 중심에 둔 위기 대책을 마련할 것을 요구했다. 예컨대 '건강권 실현을 위한 보건의료단체연합'은 2020년 2월 말 대구와 인근 지역에서 1차 대유행이 시작할 시점에 "코로나19 확산을 막으려면 차별과 배제가 아니라 인권 보장이 필요하다"라는 성명을 발표했다. 이 단체는 청도 대남병원 정신질환자 문제와 중국인이나 중국 동포에 대한 차별과 혐오 발언을 사례로 지적하면서 "누구에게나 인권을 보장하고 평등하게 대우"해야 하며, 특히 정신질환자와 취약계층 등 사회적 약자들의 인권 보장, 근거 없이 계속되는 중국인 차별 중단, 감염자와 특정 집단에 대한 비난 자제 등을 요구했다.

참여연대는 2020년 3월 코로나19 대응과 관련해 "정보 인권을 존중해야 한다"라는 공동성명을 발표하면서 코로나19 확진자의 동선에 대한 세밀한 공개는 개인의 신상 노출과 피해를 발생시킨다는 점을 지적했다. 6월에는 '코로나19 인권 대응 네트워크'가 구성되어 '코로나19와 인권, 인간의 존엄과 평등을 위한 사회적 가이드라인'을 제시하는 보고회를 개최하기도 했다. 이들은 "코로나바이러스는 평등하지만 위험이 전가되는 과정은 평등하지 않다"라고 주장하면서 "재난은 우연한 게 아니라 기존의 구조적 문제 속에서 더욱 크게 확장한다"라는 점을 강조했다.

인권 문제의 규범적 원칙

코로나 팬데믹과 인권 문제에 관한 국내외 기관이나 단체의 논의 사항은 크게 두 가지로 나눌 수 있다. 첫 번째, 인권의 규범적 측면과 이를 반영한 코로나19 위기 대책을 포괄적으로 논의하고, 위기 상황에서 적용·준수해야 할 인권 원칙과 지침(가이드라인)을 제시하는 것이다. 두 번째, 코로나19 위기와 국가의 방역 대책 과정에서 어떤 유형의 기본권이 제한되며, 어떤 집단의 기본권이 심각하게 침해되는지를 살펴보는 것이다.

우리는 우선 첫 번째 논제, 즉 코로나19 위기와 관련해 인권의 규범적 측면에 관한 논의의 주요 내용과 의의를 살펴볼 수 있다. 이에 관한 논의는 대체로 두 가지 전제에 기반을 두고 있다. 하나의 전제는 인권이 코로나19 위기 이전이나 이후의 정상적 상태에서 국민이 누려야 할 최우선 가치이며, 국가는 이를 보장해야 할 책무를 가진다는 점이다. 정상적 상황에서 인권의 절대적 가치와 국가의 당연한 책무는 이미 많은 논의를 거쳐온 논제이다. 또 다른 전제는 경험적으로 현재 코로나19 위기로 인해 인권 보장이 어떤 임계 상황에 도달했다는 점이다. 즉 코로나 팬데믹의 규모나 심각성을 보면 이에 대한 방역과 공중보건을 위해 국민의 기본권이 상당히 제한되는 상황에 도달한 것처럼 보인다.

이러한 두 가지 전제의 관점에서 보면, 국가의 방역 대책은 규범적으로 인권을 최우선 가치로 인식하고, 코로나19 위기로 인해 임계 상황에 도달한 인권을 개선하기 위한 방안을 강구해야 한다. 국가의 방역 대책은 인권을 최우선 가치로 인식하고, 코로나19 위기로 인해 임계 상황에 도달한 인권을 개선하기 위한 방안을 강구해야 한다. 비록 코로나19 위기 상황이라고 할지라도, 인권은 국가 방역 대책의 기준이 되어야 한다. 국가는 위기 이전에 이미 누적해 있었고 위기 과정에서 더욱 심화된 인권 침해 요소나 상황을 시정하고, 위기 이후 보다 평등하고 정의로운 사회로 나아갈 수 있도록 노력해야 한다. 사회적 취약 집단들은 코로나19 대유행으로 생명과 안전이 가장 먼저 위협받고, 이에 대한 대책에서 노골적으로 또는 의도

하지 않게 차별, 배제되기 때문에 이들이 코로나19에 더 많이 노출되고 감염될 수밖에 없다. 따라서 코로나19 대책에 있어서 시민, 특히 사회적 취약 집단의 기본권을 제한하고 유보할 것이 아니라 오히려 적극 보장할 때 코로나19의 방역도 효율적 성과를 얻을 수 있다는 점을 인식하고, 이를 추진해야 할 것이다.

요컨대 이러한 논의의 연장선상에서 코로나19 위기에 대한 국가의 대책을 위해 두 가지 규범 원칙이 제시될 수 있다. 첫째, 코로나19 위기 대책을 포함해 국가의 모든 대책은 인권 발전을 지향해야 한다. 즉 인권은 정상적·비정상적 상황을 망라해 국가 정책의 첫 번째 기준이 돼야 한다. 둘째, 코로나19 위기 상황에서의 대책일지라도 시민의 인권을 제한하거나 유보하는 것이 아니라 적극적으로 보장하는 방향으로 나아가야 한다.[1] 인권 보장은 코로나19 방역 대책의 효율성과 평등성 양자 모두 함양한다.

방역 대책을 위한 인권 지침

문제는 현실적으로 이러한 규범적 원칙들이 지켜지지 않고 코로나19 위기로 인권의 상당 부분이 제한되거나 일시적으로 유보되고 있다는 점

---

1)   이러한 원칙은 인권의 제한과 직접 관련된 대책에 적용되며, 인권의 보편적 실현을 위한 원칙은 아니다. 예컨대 후자의 측면에서 '코로나19 인권대응네트워크(2020)'는 코로나19와 관련된 인권 원칙으로 ① 인간의 존엄성을 기반으로 한 인권 존중의 원칙, ② 차별 금지와 특별한 보호의 원칙, ③ 사회적 소통과 참여 보장, 의사 결정의 원칙 등을 제시한다. 이러한 원칙은 그러나 코로나19 위기 상황과 무관하게 적용되어야 할 원칙이라고 하겠다.

이다. 인권 관련 시민사회단체들은 코로나19 대유행으로 인권침해 사례가 빈번하게 발생하고 있음을 지적하고, 이러한 상황에 적용되어야 할 지침(가이드라인)을 제시하고 있다. 이들의 제안이나 유엔 등 국제기구의 관련 보고서 등을 참조해 정리하면, 코로나19 방역 대책에 적용되어야 할 주요 지침에는 다음과 같은 사항들이 포함된다.

첫째, 위기 극복을 위한 인권 통제가 '불가피할지라도', 제한의 범위와 빈도를 최소화하고 제한의 요건과 기준을 명확히 규정해야 한다. 예컨대 확진자의 동선 정보 공개는 불필요한 개인정보까지 포함할 것이 아니라 코로나19 감염 차단에 필요한 내용으로 최소화해야 한다. 또한 정보의 수집과 관리는 특정 목적에 한정해야 하며 일상화해서는 안 된다.

둘째, 국민의 기본권을 불가피하게 제한할 경우, 철저히 법적 근거에 따라야 한다. 국가는 국민의 기본권을 최대한 보장할 의무가 있지만, 필요할 경우 제한할 수 있음을 헌법과 관련 법률에서 규정하고 있다.[2] 이에 따라 코로나19 위기 대책도 이동과 집회, 표현과 언론의 자유 등의 기본권을 제한할 수 있지만, 이의 시행은 명확한 법적 근거를 갖추어야 한다.

셋째, 국민의 기본권 제한은 민주적 의사 결정을 위한 시민사회의 참여와 공론화 과정을 거쳐야 한다. 기본권 제한이 '불가피한 상황'에 대한 판단이나 법적 근거의 해석은 특정 정치권력의 입장에서 이루어져서는 안된다. 기본권 제한에 관한 공론화 과정은 그 자체로서 민주적 절차를 준수할 뿐 아니라 관련된 시민들의 자발적 협력을 이끌어내는 방안이다.

---

2) 헌법 제37조에 의하면, ① 국민의 자유와 권리는 헌법에 열거되지 아니한 이유로 경시되지 아니한다. ② 국민의 모든 자유와 권리는 국가안전보장, 질서유지 또는 공공복리를 위해 필요한 경우에 한해 법률로써 제한할 수 있으며, 제한하는 경우에도 자유와 권리의 본질적인 내용을 침해할 수 없다.

넷째, 위기 대책으로 제한되거나 유보된 기본권의 훼손 부분은 상황이 종료되면 즉각 회복되어야 하고, 이를 유발했던 조치와 결과물은 철저히 제거되어야 한다. 특히 코로나19 위기가 언제 종료될지 불확실한 상황과 사회적·정치적 목적을 이유로 위기 대책을 계속 끌어가는 것은 결국 인권 제한과 유보를 지속해 전체주의적 국가로 전락하는 결과를 초래할 수 있다.

코로나19 방역과 기본권의 제한

코로나19 위기와 방역으로 제한되는 기본권

코로나19 위기와 국가의 방역 대책은 사회의 거의 모든 부분과 관련되겠지만, 특히 다양한 유형의 기본권이 제한되고 있다는 점에서 인권 관점에서 논의되어야 한다. 코로나19와 인권에 관한 담론은 한편으로 인권을 기준으로 한 원칙이나 지침을 어떻게 설정할 것인지에 관한 규범적 논의, 다른 한편으로 인권이 실제 현실적으로 어떻게 제한되고 있는지에 관한 경험적 논의를 요청한다. 경험적 논의는 좀 더 구체적으로 어떠한 유형의 기본권이 제한되거나 통제되고 있는지, 어떤 집단의 기본권이 더욱 심각하게 침해·유보되고 있는지에 관한 것으로 나눠볼 수 있다.

코로나19 위기로 제한되는 기본권 유형에 관한 경험적 논의는 어떤 특정 집단이라기보다 국민 전체를 전제로 한다. 만약 코로나19 위기로 어떤 집단의 기본권이 더 많이 제한되고 있는가를 알아보려면, 특정 집단에 먼저 초점을 두고 구성원의 어떤 기본권이 특히 제한되는가를 고찰해 보아야 할 것이다. 물론 이 둘은 완전히 분리된 논제가 아니기 때문에, 어떤 유

《표 8-1》 코로나19 위기 및 대책 과정에서 발생할 수 있는 유형별 인권 문제

기본권 유형	기본권 제한(유보 및 침해) 가능성
의료·건강의 권리	의료 장비나 시설의 부족으로 불충분한 진료 및 다른 확진자와 차별화 우선 진료 대상(기저질환, 연령 등)임에도 상응하는 진료를 받지 못함 코로나19의 감염 위험이 높은 상황에 노출된 사람들의 건강권 미보호
이동의 자유 권리	도시나 지역, 국경의 봉쇄로 이동의 자유에 대한 획일적인 제한 자가 격리로 일상생활의 자원 및 서비스(식품 조달, 의료 보건) 확보의 어려움 엄격한 자가 격리로 인한 사실상 구금 상태나 자가 격리자에 대한 전자밴드 착용
표현의 자유 권리	미확인된 사실(주장)이라는 이유로 과학적 사실이나 사회여론의 차단 정책 시행이나 정권 유지에 불리한 주장이나 요구에 대한 통제 코로나 팬데믹을 명분으로 다른 사회적 이슈들에 관한 문제 제기 억제
집회의 자유 권리	사회적 거리두기 미준수 등으로 인한 감염 가능성 증대에 대한 통제 코로나 위기 대책에 대한 시민사회단체들의 상이한 요구에 따른 혼란 억제 절대적 또는 상대적으로 부족한 기본 의료복지서비스 요구에 대한 억제
정보의 권리	개인 정보 및 사생활의 보호, 정보에 대한 접근권 등을 보장받을 권리 동선 파악, 위치 추적 등을 위한 개인의 정보 수집, 보관 및 활용 개인에 대한 감시 체계의 구축과 이를 통한 정보 활용으로 강제 조치 등
종교의 자유 권리	종교 자체의 금지가 아니라 감염 가능성의 우려로 종교 모임의 관리 특정 종교 집단의 정보 제공 강제나 방역 조치 거부에 대한 통제 신자 개인들에 대한 예단과 혐오에 따른 비난과 낙인, 개인 생활 공개
노동의 권리	격리, 이동 통제, 사업장 운영 중단 등으로 노동 기회 및 조건 통제 직장 내 생활 방역 수칙 준수(재택근무 포함)를 위한 환경이나 조건 미확보 소비 위축, 수출 감소 등으로 해고 또는 사직, 무급 휴가 등 강요
주거의 권리	자가 격리가 불가능하거나 이로 인해 다른 가족의 감염이 우려되는 주거 환경 접촉 차단을 위한 사회적 거리두기 등이 불가능한 조밀한 주거 열악한 주거 환경으로 생활 방역 수칙(손 씻기 등)의 준수가 어려운 조건
교육(학습)의 권리	자가 격리, 감염 우려로 등교 지연과 온라인 수업 등으로 교육받을 권리 축소 경제적 격차가 학습 격차로 교육 받을 기회의 불평등, 자녀 교육 부모 부담 일상화된 온라인 수업에 참여·접속할 수 있는 장비, 시설, 기회의 차별
사회보장의 권리	코로나 위기에 대응하기 위한 자원과 서비스에 대한 차별적 접근 또는 배분 코로나 위기 대책에 대한 관심 집중으로 기존 사회복지서비스의 위축 보편적 사회보장과 빈곤 취약계층의 사회보장에 대한 우선 배려 간 충돌

형의 기본권 제한이 어떤 유형의 집단에 더 큰 피해나 불평등과 차별을 유발하는가를 알아보기 위해 이들을 행렬 형식으로 결합시켜 볼 수도 있을 것이다.

이러한 점에서 우선 코로나19 위기와 그 대책으로 인해 제한되거나 침해되는 기본권에는 어떤 유형들이 있는지 살펴볼 수 있다. 〈표 8-1〉은 코로나19 위기 및 대책 과정에서 발생할 수 있는 유형별 인권 문제를 열거한 것이다. 여기서 유형별로 열거된 기본권 가운데 앞의 다섯 가지, 즉 의료·건강권, 이동권, 표현의 자유, 집회의 자유, 정보와 관련된 권리 등은 많이 거론되고 있으며, 코로나19 위기와 그 방역 과정에서 직접 유발되는 것이다. 뒤의 다섯 가지, 즉 노동권, 주거권, 교육권, 사회보장권, 종교의 자유 등은 앞 유형의 권리와 자유가 제한됨에 따라 간접적·파생적으로 제한 또는 유보되는 것들이다.

기본권 제한의 주요 사례

코로나19 팬데믹 상황에서 가장 우선되어야 할 기본권 유형은 생명과 건강에 관한 권리이다. 생명권은 모든 기본권의 전제가 된다. 특히 코로나19의 확산에 따른 가장 부정적 영향은 인간의 소중한 생명이 희생되고 건강이 악화된다는 점이다. 코로나19 대책에서 생명권 보장이 가장 우선 고려되는 것은 이런 이유 때문이다. 생명권 보장은 국가가 개인의 신분이나 빈부와 무관하게 모든 국민의 생명을 보호해야 할 의무가 있음을 의미한다. 의료·건강권은 생명권과 결합되어 있다. 즉 모든 사람은 생명을 유지하고 존엄성을 지키는 데 필요한 의료 조치를 받고, 최고의 실현 가능한 건강을 향유할 수 있어야 한다.

사람들이 코로나19 감염에 차별적으로 노출되면서 생명권을 위협받고 위기 대처 과정(특히 의료서비스)에서 불평등하게 배제되면 생명권의 보호가 차별화될 수 있다. 의료시설이 절대적으로 부족한 상황에서, 생명이 위독한 중증환자부터 우선 치료를 받는 것은 불평등이라고 할 수 없다. 다만 국가가 경증환자도 치료받을 수 있는 시설을 확보함으로써 불평등한 상황이 발생하지 않도록 노력해야 한다.

대구 지역의 초기 확진자 급증 상황에서 정부가 생활 격리시설을 확보, 운영한 것은 적절한 대책이었다. 하지만 대구 인근 청도 대남병원 정신질환자들이 열악한 폐쇄병동에 갇힌 채 코로나19 감염으로 고통을 받고, 심각한 경우 사망한 것은 신체 기능 저하 상태에 있는 이들에게 삶의 기회를 박탈한 것이다. 그 이후, 노인요양(병)원, 정신병원, 장애인 치료 시설 등에서 집단 감염이 속출했으며, 거의 대부분 병동을 폐쇄해 코호트 격리했다. 이러한 현상들은 신체적으로 취약한 노인, 환자, 장애인 집단이 방역 체계에서 우선적으로 배제된다는 점을 여실히 보여주었다. 당시, 환자뿐 아니라 의료 현장에서 코로나19 감염에 노출된 의료인들의 안전도 상당히 우려됐다. 이들을 위한 근무 환경의 안전성 확보와 희생에 대한 사회적 배려는 매우 중요하다.

이동권과 정보권은 코로나19 방역 대책과 직접 관련된 기본권의 제한에서 자주 거론되는 주요 유형이다. 코로나19 치료제와 백신이 제대로 공급되지 않은 상황에서 방역을 위한 격리 조치는 불가피하다고 할 수 있다. 그러나 격리는 사실상 구금 상태라고 할 수 있으므로 격리자의 인권 제한에 대한 신중한 접근이 필요하다. 자가 격리를 위반했다는 이유로 이른바

'안심밴드(전자 팔찌)'를 도입하고자 한 것은 행정편의주의에 따른 기본권 침해라고 하겠다. 그뿐 아니라 이동권의 제한은 외출이나 모임 금지, 또는 직장 및 학교의 출퇴근 제한 등으로 이어짐으로써 집회의 자유와 노동권, 학습권의 유보 등을 가져온다는 점에서 신중하게 결정되어야 한다.

　정보권은 방역 대책으로 인해 유발되는 또 다른 기본권 침해 상황과 관련이 있다. 정보권이란 개인에 관한 정보(즉 개인의 특성과 사생활)의 보호, 표현의 자유, 정보의 접근과 이용에 관한 권리 등을 보장받을 권리를 말한다. 코로나19의 개인 간 전파를 막기 위해 확진자의 동선이 공개되거나 밀접 접촉자에 관한 정보 수집이 광범위하게 이루어지고 있다. 행정 조치를 통한 신천지 교인 명단 확보나 이태원 클럽과 관련해 해당 지역 방문자들의 기지국 접속 이력에 관한 정보 수집은 급속한 확산을 막기 위한 불가피한 조치라고 할지라도, 개인의 인권을 상당히 침해하는 것이라고 할 수 있다. 정부가 정보권의 침해국이라는 국제적 비난을 받지 않으려면 수집을 최소화하고, 상황이 종료되면 즉각 정보를 폐기해야 한다.

　그 외에도 코로나19 방역 대책 과정에서 유발된 문제로 표현의 자유와 집회의 자유에 대한 제한을 들 수 있다. 표현의 자유에 대한 억압은 중국의 대응 과정에서 심각하게 드러났고, 이로 인해 국제적 비난을 면치 못했다. 중국에서는 당국의 코로나19 대응을 비판하거나, 팬데믹에 관한 정보와 의견을 공유했다가 임의로 체포되거나 구금되기도 했다. 우리나라에서는 표현의 자유를 직접 제한한 사례를 찾아볼 수 없고, 오히려 코로나19 대유행 관련 '가짜 뉴스'들이 기승을 부렸다. 이들의 대부분은 음모론과 관련된다는 점에서, 정부는 관련 정보를 신속·정확하게 공개해야 할뿐 아니라 이에 대해 개인적 입장을 제시할 수 있도록 표현의 자유를 보장해야 한다.

정부의 방역 대책뿐 아니라 다른 정책들에 대한 시민들의 반대 의견을 개진하기 위한 집회의 경우, 방역 수칙의 준수를 전제로 가능한 허용하는 것이 원칙이다. 물론 집회에 참가하는 사람들은 코로나19의 감염과 확산을 막기 위해 필요한 조치를 철저히 시행해야 한다. 자신의 행동이 타인에게 코로나19를 전파하거나 피해를 주지 않도록 모든 노력을 강구할 때만, 이러한 기본권 보장을 요구할 수 있다. 기본권 제한에 대한 문제 제기와 이의 보장 요구는 공동체의 구성원으로서 자신의 의무를 다하는 것을 전제로 한다.

기본권 제한 논의에서 주요 이슈들

기본권 제한에 관한 구체적 사례들은 이 과정에서 어떤 점이 주요하게 고려되어야 할 것인지를 알려준다. 첫째, 코로나19 위기와 방역 대책은 사회 전반에 영향을 미치고 있기 때문에, 거의 모든 기본권이 제한을 받겠지만, 상대적으로 더 많이 제한되는 유형의 기본권을 확인할 필요가 있다. 앞에서도 언급했지만, 코로나19의 대유행과 관련해서 가장 우선된 권리는 생명(건강)권이다. 최근 국가의 방역 대책과 관련해 시민 단체나 언론에서 많이 거론되는 기본권에는 의료권, 건강권뿐만 아니라 이동권, 표현의 자유, 집회의 자유, 정보와 관련된 권리 등이 포함된다. 그러나 기본권의 제한 과정에서 다른 유형의 권리, 예컨대 노동권, 주거권, 교육(학습)권, 사회보장권, 종교의 자유 등도 침해될 수 있다.

이러한 점에서 코로나19 위기와 방역 대책과 관련해 제한되는 권리에는 거의 모든 기본권이 포함된다는 점을 전제로 각 권리에 대한 침해·제한·유보 등을 확인하고 점검해 볼 필요가 있다. 또한 특정 유형의 기본권이 제한될 경우, 그 제한의 심각성이 어느 정도인가에 관해 세심하게 분석해 볼 필요가 있다. 예컨대 코로나19 방역 과정에서 특정 종교 단체의 모임을 통제하고 관련 정보를 요청하는 것은 결과적으로 일반 신자들의 개인정보 공개와 이로 인한 종교 활동의 위축, 사회적 낙인찍기 등으로 종교의 자유를 제한하지만, 해당 종교 자체를 탄압하는 것은 아니라는 점을 인식해야 한다.

둘째, 코로나19 확산과 그 대책으로 인해 다양한 유형의 권리들이 제한되거나 역으로 보장되는 과정에서 어떤 유형의 권리를 우선할 것인가의 문제이다. 물론 가장 우선되는 권리는 앞에서 제시한 것처럼 생명권이다. 생명권 보호를 위해 다른 유형의 권리를 어느 정도 제한할 것인가에 대해서는 다양한 견해가 있을 수 있다. 만약 코로나19 대책이 종교 자체에 대한 탄압이 아니라 일부 활동의 제한이라면, 이는 생명권의 보호를 위해 일시적으로 필요한 조처라고 할 수 있을 것이다. 또한 이 과정에서 어떤 유형(그리고 집단)의 권리를 우선할 것인가를 두고 사회적 갈등이나 경합이 유발될 수 있다. 예컨대 코로나19 백신을 어떤 집단부터 먼저 접종하도록 할 것인가는 신중하게 설정해야 할 사안이 되고 있다.

또한 한 유형의 기본권 제한이 다른 유형의 권리와 어떻게 연계되는지 살펴볼 필요가 있다. 예컨대 생명권의 보호를 위해 이동의 자유를 제한할 경우, 이동권의 제한은 집회의 자유, 종교의 자유, 노동의 권리 등을 침해할 수 있다. 이처럼 기본권의 제한을 둘러싸고 권리 유형들이 충돌하거나 서로 연계되어 있을 경우, 어떤 유형의 권리를 우선 고려하는 것이 더 큰 사회적 가치를 가지는지, 이들이 어떻게 균형을 이루도록 할 것인지는 중요한 논제가 된다.

셋째, 코로나19 위기 대책에 의한 시민들의 권리 제한에서 또 다른 주요 논제는 누가 이를 제안하고 시행하는지에 관한 의문에 관한 것이다. 예컨대 국가가 특정 유형의 권리를 제한하거나 충돌하는 권리 간 우선순위를 판단할 경우, 어떤 관점으로 고려한 것인지 면밀히 검토해야 한다. 특히 경제적 대책(예: 한국판 뉴딜)의 경우 국민의 권리 향상이나 삶의 개선보다는 기업의 이해관계를 우선할 수 있다.

또한 코로나 팬데믹 대책이 국가별로 다른 전략과 방법으로 전개되고 있는 것처럼, 국내에서도 전체적으로 어떤 공통점을 가진다고 할지라도 지역별로 다소간 다른 양상을 보이고 있다. 지차체별로 다르게 시행되는 행정 조치나 지원 정책은 기본권의 제한(또는 보장)을 받는 지역 주민의 입장에서 다른 지역에 비해 상대적으로 과도하고 부적절한 조치로 인식되어서는 안 될 것이다.

사회적 취약 집단의 권리와 생태권

누구의 인권이 침해되는가

코로나 팬데믹과 같은 지구적 생태 위기는 어떤 사람도 피해갈 수 없는 위협과 충격을 주지만, 그 피해는 결코 모두에게 동일하지 않다. 코로나 팬데믹은 우리 사회가 얼마나 불평등한지를 드러내며 그 대처 과정 역시 불평등을 심화시킬 것으로 우려된다. 같은 맥락에서 '코로나19 위기와 그 대책으로 인해 어떤 집단의 권리가 먼저 제한되고 침해되는가'에 관한 의문은 당연히 제기될 수 있는 문제이다. 코로나19 위기가 개인 및 집단의 역량에 따라 차별적 피해를 유발하는 것처럼, 그 대책에 따른 권리 제한도 개인 및 집단에 다른 결과를 초래할 수 있다.

이와 같은 차별성은 기본권의 제한 조치를 추진하는 국가(중앙 및 지방정부)에 의해 의도된 것이 아니라고 할지라도, 일반적으로 코로나19 위기 대책에 따른 효과는 사회 공간적으로 불평등하게 배분된다. 즉 편익은 생명권의 보장과 같이 전 국민에게 주어지거나 또는 기회의 평등권(예로, 교육기회의 평등)과 같이 실제로 특정 집단에게 우선적으로 향유되겠지만, 이로

〈표 8-2〉 코로나19 위기 및 대책 과정에서 발생할 수 있는 집단별 인권 문제

집단 유형	기본권 제한(유보 및 침해) 가능성
확진자 및 격리자	감염의 직접적 영향을 받는 집단(일차적 피해자)으로서 권리 보장 의료 체계의 붕괴 위기 상황에서 불충분하고 차별화된 진료 병원 및 시설(코호트 격리, 자가 격리 포함) 내 비자발적 격리(구금) 상태
의료진	감염원 및 감염 환자와 직접 접촉에 따른 위험 노출과 심리적 불안 감염 환자 및 접촉자, 방문 장소 등의 급증으로 인력 부족과 과다 노동 의료 장비와 시설 등의 부족으로 충분한 진단 및 치료 서비스 제공 한계
여성과 아동	가사 노동, 돌봄, 자녀 교육의 대부분 담당, 복지교육서비스 중단으로 부담 가중 가족 내 자가 격리자 및 확진자 발생 또는 재택근무 등으로 갈등과 스트레스 아동의 학대 가능성, 온라인 수업과 돌봄 서비스 중단 등에 따른 격차 발생
노동자·영세업자	임금 또는 수입의 감소와 실직, 휴직 또는 폐업의 가능성 증대 노동자들의 노동권 제한과 위축(예: 파업권 행사 등 단체행동권 제한) 감염의 위험이 높은 작업 환경에 노출, 감염 의심에도 진단기회의 제한
도시 빈민(노숙자)	고밀도로 사회적 거리두기가 어려워 감염 가능성이 높은 주거 환경 비위생적 주거 환경과 감염 차단을 위한 자원(손 씻을 물 등)의 부족 1인 가구 등 사회적 안전망 미비와 특히 자가 격리 시 자기 관리 어려움
노인과 장애인	기저질환자로 코로나19 감염에 취약, 집단 수용 시설의 폐쇄성, 심리적 불안감 자가 격리 상태에서 자기 관리 및 지원서비스 수급의 어려움 사회적 서비스 접근이나 전자기기 사용의 한계 등으로 정보접근권 제한
이주민과 난민	코로나19 및 여타 질병 검진 및 진료 등에서 배제 영세사업장 취업과 생산 위축에 따른 고용보험 미흡, 무급휴직 등 강제 정보접근의 한계와 정부의 지원 정책(방역 물품 및 재난 지원금 등)에서 제외
수용자	집단생활과 과밀 수용 및 열악한 위생 환경으로 집단적 감염과 전파 가능성 장기적 구금이나 개인적 취약성으로 인해 높은 감염 가능성 위기 상황에서 외부와의 소통 차단(면회 접견 금지)으로 심리적 불안 증대

인한 비용(손실, 피해 등)은 개인적, 신체적으로나 경제적, 물질적으로 취약한 집단에게 차별적으로 전가된다. 코로나19 위기와 그 대책에서 어떤 집단의 권리가 차별적으로 보장 또는 침해되는지 살펴보고, 기본권 보장과 증진에 있어 평등성을 높이려면 어떤 관심과 정책이 필요한지 고려해야 할 것이다. 〈표 8-2〉는 코로나19 위기 및 대책 과정에서 발생할 수 있는 집단별 인권침해의 가능성을 보여준다.

코로나19 위기와 방역에 취약한 집단들

코로나 팬데믹이 초래한 피해와 그 대책이 불러온 불평등과 차별은 기본적으로 자본주의적 사회구조에 기인한다고 할지라도, 단지 빈곤계층에 한정된 문제가 아니다. 여성(아동, 성소수자) 관련 젠더 문제, 외국인 이주자와 특정 국가 비난으로 이어지는 인종(차별) 문제, 노인·장애인 문제, 그외 다양한 유형의 사회적 약자 문제 등에 걸쳐 복합적으로 발생한다. 또한 팬데믹이 불러온 소외감 심화와 정서적 스트레스(이른바 코로나 블루)도 노동자에게 한정된 것이 아니라 젠더와 인종, 그 밖에 여러 사회적 약자들에게 만연해 있다. 빈곤계층을 포함해 사회적 취약 집단은 생계유지를 위해 자가 격리가 어렵고, 부적합한 생활 환경으로 인해 사회적 거리두기도 쉽지 않다. 이들은 코로나19 감염에 노출될 수 있는 기회가 더 많고, 감염된 후에도 치유하기 위한 능력이 부족하다.

먼저 빈곤계층에 초점을 두고 보면, 세계 인구의 약 3분의 1에 해당하는 22억 명은 안전한 식수를 공급받지 못하고, 40%인 30억 명은 가정에서 손을 씻을 수 있는 위생 시설이 없다. 전 세계 도시 인구의 약 30%는 환기도 잘 안 되고, 오폐수 처리도 잘 안 되어 전염병이 쉽게 확산될 수 있는 지역 환경 속에서 살아간다(≪중앙일보≫, 2020.3.21). 이런 환경에서 코로나19에 감염돼도 자가 격리가 불가능하거나 또는 별 의미가 없다. 빈곤은 코로나19 감염과 전파의 주요 위험 요인이다.

이렇게 절대적 빈곤에 처해 있지 않다고 할지라도, 코로나 팬데믹과 그 대책은 소득 계층에 따른 불평등 문제를 야기하고 있다. 빈곤계층이면서 1인 가구의 경우 사회적 안전망이 미비하고 특히 자가 격리 시 자기 관리가 어렵게 된다. 또한 빈곤계층은 코로나19의 경제적 충격에 더 민감하다. 국가는 위기 상황에서 긴급 재난 지원금 등 공적 보조를 모든 국민에게 동일 지급하거나 직접 피해를 입은 저소득 계층에 우선 배분할 수 있다. 어떤 경우든 그 효과는 소득 하위계층에게 더 크게 나타난다. 그렇다 해도 실업자, 비정규직 종사자, 중소 자영업자 등 하위 계층의 소득이 실제 더 큰 폭으로 줄어든다는 점에서, 계층 간 격차가 더 커진다.

신체적 조건이 약화된 노인이나 장애인, 질환자도 그 자체적으로 코로나19 바이러스의 감염에 매우 취약하며, 감염된 경우 급속히 악화될 수 있다. 이들 가운데 상당수는 폐쇄된 집단 수용시설에 입원해 있기 때문에 집단감염에 쉽게 노출된다. 그렇지 않다고 할지라도, 가족들의 면회도 차단된 채, 감염 가능성에 대한 우려 때문에 심리적으로 매우 불안한 상태에 처하게 된다. 요양시설에 입원하지 않은 경우라고 할지라도, 이들 중 일부는 1인 가구이거나 빈곤계층이기 때문에, 자가 격리 상태에서 자신의 일상생활을 영위하기 어렵다. 이들은 고립 상태에서 사회적 서비스 접근이나 전자기기 사용의 한계 등으로 정보접근권이 제한되며, 이로 인해 지역사회의 복지 중단 및 축소에 직면할 위험을 안고 있다.

여성과 아동은 코로나19 위기로 인권을 무시당하거나 고통받는 또 하나의 주요 집단이다. 코로나19 충격에 따른 경제적 위기 상황에서 여성은 휴직과 해고의 우선 대상자가 되는 경향이 있다. 또한 외출 제한이나 이동의 통제 등으로 가정에 머무는 시간이 길어짐에 따라 가사와 자녀 및 노인 돌봄의 책임이 여성에게 편중되고 있다. 배우자가 실직, 휴직, 재택근무 등으로 집에 머무는 시간이 길어진 경우, 가정 폭력과 갈등이 쉽게 발생할 수 있는 여건이 조성될 것으로 우려된다. 아동의 경우도 학교나 어린이집 등에서 교육 및 돌봄 서비스가 중단되면서 이에 대처할 수 있는 개별 가정의 능력에 따라 학습 및 양육의 격차가 커지는 경향을 보인다.

코로나19 위기로 기본권 제한 대상 및 혐오 대상이 되는 또 다른 주요 집단은 외국인 이주자들이다. 이들은 방역 대책과 관련된 정보와 의료시설 접근력이 부족하다. 특히 공개적 활동이 제한되는 미등록 이주자나 주로 가정에 머무는 결혼이주여성의 경우 코로나19 위기에 대한 대처 능력은 일반인들보다 훨씬 떨어진다. 뿐만 아니라 이들은 외국인(이주자)이라는 이유로 혐오의 대상이 되기도 한다. 예컨대 코로나19 1차 대유행 당시 국내 지역 감염이 거의 대부분임에도 불구하고, 중국 우한이 근원지라는 이유로 중국인이나 중국 동포에 대한 차별과 멸시가 이어졌다. 그러나 유럽이나 미국에서 한국인이 혐오의 대상이 되었다는 보도에 대해서는 분노한다. 국내에서 외국인을 차별하면서 외국에서 차별받지 않을 것을 요구할 수는 없다.

우리나라에서 코로나19 확산 과정에서 비난의 대상이 된 또 다른 집단으로 신천지 교인을 들 수 있다. 신천지라는 이단성 종교의 교리나 이를 이끌었던 종교 지도자들에 대한 사회적 비판은 공론화될 수 있지만, 이 종교 집단의 문제를 지나치게 부각해 관련 신자들 모두 문제가 있는 것처럼 치부하는 것은 옳지 않다고 하겠다. 물론 당국의 역학 조사나 방역 조치를 거부하거나 지연시킨다면, 이에 대한 적절한 행정 조치를 해야 한다. 그러나 교인들이 자신의 정보 공개를 꺼리는 것은 어떤 의미에서는 개인의 정보권을 보호하기 위한 것이라고 하겠다. 따라서 이들의 폐쇄적인 태도를 사회적 혐오 대상으로 낙인 찍기보다는 사회적으로 치유하고 포용해야 할 과제로 봐야 한다.

코로나19 위기와 생태적 권리

코로나19 위기와 관련한 기본권의 유형별·집단별 상황에 관한 논의에서 중요하게 다뤄야 할 또 다른 유형의 집단이 있다. 코로나19 바이러스가 생성되어 인체로 이전하게 된 것은 서식지가 파괴된 야생동물이나 공장식 대량 축산으로 사육되는 가축들이 인간과 접촉할 기회가 늘어났기 때문이다. 코로나 팬데믹은 그 동안 인간의 탐욕과 자본 축적 과정에서 피해를 입고 희생당한 집단은 인간 사회에서 여러 유형의 취약한 집단들뿐만 아니라 비인간 동식물과 무생물 나아가 지구 자체라는 점을 보여주고 있다.

이와 관련해, 환경권(environmental rights)의 개념이 우선 고려될 수 있다. 건강한 자연과 자원(토지, 주거, 식품, 물, 공기 등)에 대한 접근 보장은 인간의 생명과 생존을 위한 기본권으로 인식되고 있다. 하지만 환경권은 인간의 권리로 한정된다. 최근에는 인간뿐 아니라 동물(또는 생물)도 생명과 생존의 가치를 가진다는 점에서 동물권이 인정되고 있다. 나아가 인간과 모든 생명 그리고 이들로 구성된 생태계의 유기적 관계를 유지하고 보호하는 것이 인간의 생존을 위한 기본권처럼 주요하다는 점에서, 생태권(ecological rights) 개념이 강조될 수 있다(Taylor, 1998; 노희정, 2009).

생태권은 인간뿐 아니라 지구의 모든 생명체들이 지구환경 시스템의 파괴 또는 교란으로 인해 초래된 생존의 위협으로부터 보호받을 권리를 의미한다. 오늘날 생태권을 침해하는 주요 사례로 조류 인플루엔자나 아프리카 돼지 열병 등으로 수백만, 수천만 마리의 가축들이 살처분된 경우를 들 수 있다. 생태권을 가장 심각하게 침해하는 행위자는 공장형 축산업이나 동식물의 유전자 조작이나 실험실의 동물 실험 등을 자행하는 인간이다. 인간은 도시화 과정에서 동식물의 서식지를 파괴, 오염시켰을 뿐 아니라 지구온난화와 기후 변화, 삼림의 파괴, 폐플라스틱 등 폐기물의 누적적 방치 등으로 동식물의 생존권을 심각하게 침해하고 있다.

환경권은 인간이 건강하고 쾌적한 환경에서 생활할 권리로서 인간 중심적 성격이 강하지만, 생태권은 코로나19 위기의 발생 배경으로서 지구적 생태 위기의 해소와 더불어 인간과 비인간 생명체들이 생태 공동체에서 공생적으로 살아갈 권리를 함양하고자 한다. 물론 인간과 동식물이 가지는 생태권의 보장과 제한도 법적 근거를 가져야 한다(Igor, 2018). 생태권에 대한 인간의 책임성 강조와 사회적 제도화는 인간만을 위한 것이 아니라 비인간 생명체들과 공생을 목적으로 한다는 점에서 인간 중심주의에서 벗어나는 것이다.

생태권 개념은 인간의 권리에 한정된 인권 개념이나 환경권을 넘어서 동물권, 나아가 더 포괄적인 권리 개념으로서 모든 비인간 개체들의 생태적 가치를 인정하는 패러다임의 전환을 의미한다. 코로나19 위기 상황에서 고려돼야 할 권리에 관한 논의들은 인간의 기본권 보장을 강조한다는 데 의의가 있지만 대부분 생태적 권리와 비인간 생명체의 가치(권리)는 간과하고 있다. 코로나19 위기 해소와 새로운 생태 공동체의 구성을 위해, 인간의 권리뿐 아니라 동식물의 생태권 보장이 필수적이다.

제9장

코로나 팬데믹과 인간·생태 안보

코로나 팬데믹의 지정학과 국제 안보

코로나 팬데믹과 인간 안보

환경 안보 또는 인간·생태 안보

국가 안보에서 인간 안보로의 전환은 매우 중요한 의미를 가진다. 인간 안보의 개념은 물신화된 정치 권력의 유지를 위한 국가와 영토 안보가 아니라 인간 생명과 생존권을 위한 안전한 생활공간과 쾌적한 환경을 추구한다. 그러나 인간 안보의 개념은 이러한 생활 공간환경에 인간만 포함시키고 비인간 자연 구성원들은 배제하며, 지구적 생태 위기 그 자체에 관심을 가지기보다 사회에 심각한 영향을 미칠 경우에만 고려 대상으로 설정한다.

　　생태 안보는 지구 생태계에서 인간 사회 내 집단들뿐 아니라 다양한 생물종별 집단들 사이 생태적 균형과 생태계의 회복력을 강조한다. 특히 공간환경의 관점에서 '생태적 적소'에 대한 관심을 부각시킬 수 있다. 생태적 적소는 하나의 인간-자연 생태계에서 각 집단들이 상호 작용하면서 유지되는 장 또는 공간을 의미한다. 생태계가 다차원적으로 구성되는 것처럼 생태적 적소도 다규모적으로 구성되며 각 규모에서 적합한 조건을 가진다.

코로나 팬데믹의 지정학과 국제 안보

코로나 팬데믹의 새로운 지정학

코로나19 위기는 국내적으로 국민의 방역 및 관련 대책을 수행하기 위한 국가의 역할과 권력을 강화시키는 한편, 세계 정치에도 영향을 미치면서 지정학적 질서와 국제 안보 체제를 변화시키고 있다(Heisbourg, 2020). 중국 우한에서 발현한 코로나19 바이러스가 전 세계로 전파되면서, 대부분의 국가는 확산을 막기 위해 국경을 봉쇄하거나 국가 간 교류를 차단하기도 했다. 또한 코로나19 바이러스가 발현한 진원지가 어딘가를 둘러싸고 국제적 갈등이 유발되고, 백신의 배포 과정에서 선진국들의 독점으로 국제적 불평등이 야기되면서, 보건 안보 문제가 전면에 대두되었다. 이러한 점에서 코로나 팬데믹은 국민 생명의 안전을 위한 보건 안보를 둘러싸고 지정학적 국제 관계와 질서에 큰 변화를 가져올 것으로 추정된다.

전통적 의미에서 지정학은 국가가 국제적 관계의 주체로서 자국의 영토와 주권을 수호하고 나아가 다른 국가나 국제적 관계에 영향을 미치기 위한 정치지리적 전략과 관련된다. 이러한 의미에서 지정학은 제2차 세계

대전 당시 독일의 파시스트 정권이 침략 전쟁을 정당화하기 위한 이데올로기로 동원하거나, 전 후 초강대국이었던 미국과 소련, 그리고 이들의 동맹국 간 정치적·군사적·이념적 대립에 바탕을 둔 냉전 체제를 설명하기 위한 틀로 이해되었다.

냉전 체제가 해체된 후, 현실 정치의 관심은 지정학에서 자본주의로 통합된 세계경제의 지경학(geoeconomics)으로 이동했다. 학술적으로도 국가 중심의 거시적 전략으로서 전통적 지정학은 비판적 관점에서 미시적 행위자들의 권력관계를 설명하는 포스트모던 지정학으로 전환했다(지상현·콜린 플린트, 2009). 하지만 9. 11 사태와 그 이후 테러와의 전쟁으로 발발한 일련의 전쟁에 함의된 바와 같이, 전통적 지정학은 포스트모던 지정학과 전략적으로 결합되면서 세계 정치와 국제 안보 레짐(regime)의 편성에서 여전히 중요한 한 축을 이루고 있다(최병두, 2002).

코로나 팬데믹의 지정학은 코로나19 바이러스의 세계적 확산 과정에서 나타난 국제적 갈등과 경쟁 그리고 그 결과로 재편되고 있는 국제적 관계와 질서의 변화를 설명하기 위해 유의한 틀이 될 수 있다. 물론 코로나 팬데믹과 관련된 지정학적 이해는 전통적 지정학과는 많은 차이를 보인다. 코로나 팬데믹의 전개 과정에는 국가 간 영토적 대립에 바탕을 둔 기존의 전통적 지정학뿐 아니라 다른 유형의 지정학들이 복합적으로 작용하고 있다. 즉 "코로나19 사태는 생물학적 바이러스가 영토 공간을 넘어서 전염되는 탈(脫)지정학적 이슈인 동시에 지구화 시대의 사람과 물류의 이동이라는 비(非)지정학적 현상이고, 바이러스의 공포를 주관적 위협 인식으로 연결시키는 비판지정학의 문제"로 이해될 수 있다(김상배, 2020: 55). 즉 코로나 팬데믹의 지정학은 전통적 지정학과 포스트모던 지정학이 결합적으로 작동하는 복합적 지정학으로 구성된다.

코로나 팬데믹의 지정학에서 우선 지적될 점으로, 코로나19 위기는 안보를 위협하는 행위자가 국가나 특정 인간 집단만이 아니라 코로나19 바이러스를 포함하여, 관련된 많은 비인간 행위자들로 이루어진 복합적 과정이라는 점이다. 미국의 트럼프 대통령은 코로나 팬데믹에 대한 책임을 중국에게 전가하면서 적대적 국가로 설정하고자 했지만, 이러한 전통적 전략은 별 의미가 없다. 행위자-네트워크 이론에 바탕을 둔 연구들에서 강조되고 있는 것처럼(은진석·이정태, 2020; 이준석, 2020), 코로나 팬데믹의 진행 과정에서 인간 개인이나 집단, 특히 국가 행위자만이 아니라 코로나19 바이러스, 이를 유발한 지구 생태계, 그리고 이의 세계적 확산을 가능하게 한 물리적 연계망도 주요한 비인간 행위자로 개입한다. 이들은 코로나 팬데믹이라는 복합체를 구성하여 안보 위협의 주체이자 동시에 객체로 작동하기 때문에, 적과 아군의 이분법적 구분은 의미가 없다.

또한 전통적 지정학에 기초한 전략은 국가 간 갈등과 적대 관계 속에서 전개되는 일련의 사태 결과에 대해 성공과 실패 여부로 평가되지만, 코로나 팬데믹은 안보에 대한 위협이 적에 대한 '승리' 또는 '패배'라는 이분법에 따라 이해되고 평가될 수 있는 것이 아니다. 세계의 일부 정치가나 언론은 백신의 개발을 코로나19 바이러스에 대한 승리로 자축하고 있다. 그러나 백신의 개발과 접종으로 인간이 코로나19 바이러스의 감염을 일시적으로 막을 수 있을지 모르지만, 코로나 팬데믹을 이긴 것은 결코 아니다. 코로나 팬데믹의 전개 과정과 결과에 대한 설명과 평가는 물론 이에 대한 의료 기술적 대응도 포함하지만, 또한 코로나19의 발생과 확산 과정에서 작동한 생태환경적 및 인문환경적 요소들을 얼마나 개선하고 해결할 수 있는지에 관해서 이루어져야 한다.

특히 코로나 팬데믹은 전통적 지정학에서처럼 개별 국가의 영토와 주권의 수호로 해결되는 것이 아니다. 코로나19 바이러스가 전 세계로 무섭게 확산되는 과정에서 많은 국가들은 국경을 봉쇄하기도 했지만, 이 국가들 대부분은 국경 봉쇄로 코로나19의 확산을 막지 못했다. 코로나 팬데믹은 전통적 의미의 지정학적 공간, 즉 국가의 물리적 영토 안보의 관점을 넘어서 다양한 행위자들이 연대하여 해법을 모색하는 탈지정학적 협력을 통해 해결될 수 있다. 즉 코로나 팬데믹에 대한 새로운 대응 전략은 국가 영토의 경계를 넘어서는 국제적 연대와 협력에 기반을 두고 지구적 거버넌스의 구축을 요청한다. 그러나 현실은 코로나 팬데믹의 극복을 위한 새로운 지정학으로의 전환이 아니라, 미중 간 패권 경쟁이 보건 안보 문제를 넘어서 다시 영토 안보 문제로 되돌아갈 조짐을 보이고 있다. 이러한 점에서 코로나 팬데믹과 관련하여 국제 안보 개념이 어떻게 변화해야만 하는지를 좀 더 살펴볼 필요가 있다.

코로나 팬데믹과 안보 개념의 변화

코로나19 위기는 한 국가 내에서 방역 체계의 구축과 관련된 인권 문제를 부각시키는 것처럼, 국가 간 코로나19의 확산을 차단하고 팬데믹을 극복하기 위한 새로운 안보 체계의 구축을 요구하고 있다. 전통적 의미에서 안보는 국가의 주권과 이것이 적용되는 범위 내 국민과 영토의 수호를 최우선 가치로 설정하고 안전하게 지키는 것을 목적으로 했다. '국가 안보(national security)'로 지칭되는 안보 개념은 서구 사회에서 베스트팔렌조약 이후 형성된 국가주권과 국민국가의 형성에 따라 발전해 왔다. 특히 국가 안보 개념은 제3세계 국가들의 식민지 해방과 더불어 정치적 독립 과정에서 우선적인 목표로 설정되었고, 미국과 구소련 간 냉전 체제하에서 세계 질서의 기반이 됐다.

이러한 국가 안보는 개별 국가가 가지는 군사력과 경제력에 바탕을 둔 안보라는 점에서 '경성 안보(hard security)'의 성격을 가진다(이성우·정성희, 2020). 즉 개별 국가의 안보를 위한 국력은 예컨대 군사 인력과 장비, 국방비 지출 등과 함께 첨단기술이나 산업 체계를 군사력으로 대체할 능력 등으로 평가되었다. 이에 따라 국제질서는 경제력과 인구 및 영토(자원) 규모에 바탕을 두고 전통적 지정학의 관점에서 구축되었지만, 실제 국제정치에서는 군비 경쟁과 군사력의 행사 등으로 긴장과 갈등, 국지적 전쟁이 끊이지 않았다. 이러한 상황에서 군사적 수단을 통한 영토 보전, 주권 수호와 정치적 독립을 유지하는 국가 안보가 강조된 것이다.

그러나 경제력과 첨단기술의 발달에 따라 선진국으로 인식되었던 미국과 서유럽 국가들 그리고 영토와 인구의 규모에 따라 강대국으로 간주되었던 인도, 브라질, 러시아 등 이른바 브릭스(BRICS)에 속하는 국가들에서 코로나19 팬데믹으로 인한 희생과 피해가 더 많이 발생했다. 이러한 점에서, 기존의 국가 안보 개념은 한계를 드러내면서, 새로운 국제질서와 안보 패러다임으로의 전환이 불가피하게 되었다. 즉 기존에 군사력과 경제력에 바탕을 두고 영토를 수호하는 국가 안보에서 위기 대응 능력에 바탕을 두고 인간 생명과 건강을 지켜야 한다는 보건 안보, 나아가 일상생활의 복지와 안전을 우선하는 인간 안보(human security) 개념으로의 전환이 강조되고 있다.

인간 안보에서 필요한 위기 대응 능력은 코로나 팬데믹과 같은 전염병의 세계적 확산, 기후 변화와 환경 파괴, 빈곤과 기아 등과 같은 인류 공동의 지구적 문제에 대응할 수 있는 능력을 의미한다. 여기에는 코로나 팬데믹과 같은 감염병의 확산에 대응할 수 있는 의료·보건 체계뿐 아니라 이를 실행할 수 있는 국가의 특성으로 투명성·개방성·민주성 등이 포함된다. 또한 코로나 팬데믹은 코로나19의 발생 배경인 지구적 생태위기에 대처하기 위해 국가간 연대와 협력이 절실히 필요함을 보여주고 있다. 이러한 점에서 인간 안보는 '연성 안보'의 성격을 가진다.

이처럼 코로나 팬데믹의 지정학은 보건 위협이 인류의 생존을 위한 중요한 안보 문제라는 점을 깨닫도록 하고, 공공 의료 체계의 확충과 평등하고 신속한 행정 서비스의 제공이 인간 안보의 핵심적 구성 요소임을 이해하도록 한다. 이전에도 사스, 에볼라, 메르스 등 여러 바이러스 전염병에 의한 보건 위협의 사례들이 있었고 이에 따라 지구적 보건 문제에 대한 국제적 논의가 이뤄졌지만, 대부분의 논의는 지역의 풍토병 수준에 한정되어 세계적 인식 공유가 형성되지는 못했다. 하지만 코로나19 팬데믹은 전염병의 확산 범위와 속도, 치명률, 사회경제적 영향 등에서 이들과는 비교할 수 없을 정도의 세계적 위협을 가하고 있다. 이에 따라 인류 공동의 심각한 위기의식이 고조되면서, 국가 안보에서 인간 안보로 국제 안보 개념의 전환과 더불어 인류가 처한 보건 위협에 공동으로 대처할 새로운 세계적 안보 거버넌스의 구축이 강조되고 있다.

전통적 지정학과 국가 안보로의 회귀?

코로나 팬데믹으로 인해 새로운 지정학적 관점에서 국제 안보의 개념적 전환에 관한 논의가 활발해지고 있지만, 현실 정치에서 세계의 모든 국가가 기존의 국가 안보에서 인간 안보로 관심을 옮겨 간 것은 아니다. 특히 국제 안보 체제에 강력한 영향력을 미치고 있는 강대국들, 즉 미국과 중국은 권위주의적 국가 안보 체계를 더욱 강화하면서 전통적 지정학의 관점에서 세계 정치에서 경쟁적 우위를 점하기 위한 전략을 강구하고 있다. 물론 이 국가들도 코로나 팬데믹을 겪으면서 경쟁의 주요 관심사를 경제력이나 군사력과 같은 경성안보 역량에서 코로나19 위기에 대응하기 위한 보건 안보에 필요한 의료 기술과 보건 관리 등 연성 안보 역량으로 이동시키고 있다. 하지만 이러한 관심사의 이동 배경에는 코로나19 위기에 대처할 수 있는 국가 능력의 체제 우월성 경쟁이 깔려 있다.

이러한 점에서 우선 코로나19 백신 개발과 지원의 사례를 살펴볼 수 있다. 세계보건기구(WHO)가 발표한 자료에 의하면, 2020년 12월 초 3상 임상 시험 중에 있는 백신은 총 13종이며, 이 가운데 중국 개발 5종, 미국 개발 4종이 포함된다. 세계에서 가장 많은 확진자와 사망자를 기록하고 있는 미국은 자국민의 백신 접종 실적도 가장 높다. 하지만 미국은 자국민 최우선으로 백신을 확보하려 했으며, 인접 국가의 요청에도 지원을 거부한 사례가 언론에 공개되기도 했다.

코로나19 확산을 일찍 통제한 중국은 백신 생산과 접종 경쟁에서 상당한 성과를 보일 뿐 아니라 인도네시아, 브라질, 칠레, 터키 등에 이미 수출했거나 수출 계약을 맺었다. 또한 중국은 코로나19 피해를 입은 아프리카 국가들에게 20억 달러(약 2조 1800억 원) 규모의 원조를 약속했고, 또한 중남미 국가에 백신 구매를 위한 10억 달러 차관을 약속했다(BBC news 코리아, 2020.12.10). '백신 외교 전쟁'이라고 불릴 정도로 백신의 확보와 지원을 둘러싼 치열한 경쟁에서, 자국 우선주의를 내세우는 미국도 비판돼야 하지만, 중국 역시 세계 언론으로부터 "상업적, 외교적 이익을 위해 생존과 관련된 기술 제공을 지렛대로 활용하고 있다"라는 비판을 면하지 못하고 있다.

미국과 중국은 코로나 팬데믹과 관련하여 이러한 백신 개발 및 지원과 관련된 경쟁뿐 아니라 코로나 팬데믹의 기원지를 둘러싼 상호 비난전 또는 담론 경쟁을 벌이고 있다. 코로나19 바이러스가 최초 어디서 발현했는가에 대한 확인은 바이러스의 발생 특성과 인체로의 감염 경로, 그리고 재발 방지를 위해 매우 중요한 과학적 과제이지만, 이를 둘러싼 논쟁은 책임 전가의 의도를 담고 있었다. 특히 미국은 사태의 초기부터 '중국 바이러스' 또는 '우한 바이러스'라고 명명하면서, 중국의 코로나 책임론을 주장했다. 심지어 일부 언론은 코로나19가 우한의 한 연구소에서 시도한 생화학무기 개발 프로그램과 관련 있다고 보도했다. 미국의 트럼프 행정부의 코로나 팬데믹 관련 담론은 중국과 관계가 없는 경우도 흔히 지정학적 용어와 전략으로 구성되었다(Diaz and Mountz, 2020). 반면 중국에서는 2019년 10월 우한에서 열린 세계군인체육대회에 참가한 미군이 바이러스를 퍼뜨렸다는 소문이 떠돌기도 했다. 그러나 이러한 상호 비방전은 실제 누구에게도 도움이 되는 결과를 만들지 못했다(김상배, 2020: 74).

이러한 미중 간 패권 경쟁을 더욱 심각하게 고조시키는 것은 코로나 팬데믹으로 인해 유발된 보건 안보 문제를 둘러싼 외교적 경쟁이라기보다 경제·정치적 측면에서 심화될 지정학적·지경학적 경쟁이다. 중국은 지난 몇십 년 동안 엄청난 경제성장을 통해 세계 강대국으로 부상했으며, 특히 코로나 팬데믹을 겪으면서, 미국과의 경제적 격차를 더욱 줄일 뿐 아니라 10년 내로 미국을 능가할 것으로 추정된다.

2020년 중국의 국내총생산(GDP)은 2.3% 성장하여 개혁 개방 이후 최저율을 기록했지만, 모든 주요국이 마이너스 성장한 가운데 중국만이 유일하게 플러스 성장을 이루었고, 2021년에는 8% 성장할 것으로 추정된다. 반면 미국은 2020년 3.5% 역성장했으며, 2021년에는 3%대 성장을 이룰 것으로 예상된다. 영국의 싱크탱크 경제경영연구소(CEBR)에 따르면, 이러한 추세로 보면 중국의 경제 규모는 2028년 미국을 추월할 것이고, 그 이후에 격차는 더욱 커질 것으로 전망된다(≪동아일보≫, 2021.1.19). 물론 국영기업에 크게 의존하고 있는 중국 경제의 생산성이 앞으로 지속될지 의문이며, 또한 미국이 이러한 경제적 추월을 관망만 하지 않을 것이라고 예측된다. 이로 인해 미중 간 무역 분쟁이 더욱 치열해질 것이고, 실물 자본뿐 아니라 금융 자본의 분파들 간 갈등은 더욱 고조될 것이다.

이러한 미중 간 경제적 경쟁은 이를 실현하기 위한 세계의 지리적 조건에 근거한 지경학적·지정학적 전략에도 반영될 것이다. 미국의 트럼프 행정부는 국내 경제의 침체와 더불어 중국의 부상에 대처하기 위해 미국 우선주의적 전략을 추구하면서도 해외 전략 공간의 확장을 위해 '인도·태평양전략'(FOIP: Free and Open Indo Pacific Strategy)을 구체화하고자 했다. 특히 미 국방부에서 발간한 「인도-태평양 전략보고서」는 중국, 러시아, 북한 등을 적대시하면서 초국가적 안보 문제에 대응하기 위한 정치적 동맹의 강화와 군사적 대응 전략을 제시했다.

반면 중국은 일대일로(一帶一路, BRI: Belt and Road Initiative) 전략으로 내륙으로 연결된 실크로드 경제 벨트와 바다로 연결된 해상 실크로드를 추진하여, 직접투자 및 각종 국제 기금을 통해 인프라를 구축하고 산업단지를 조성하여 연결함으로써 미주 대륙과 대서양을 제외한 대륙을 포괄하는 거대한 경제권을 건설하고자 한다. 이러한 양국의 지경학적 전략이 추진될 경우, 양 국가 및 이들과 동맹 또는 협력 관계를 가진 국가들 간에 전통적 지정학에서 경험했던 대립 관계가 재현될 것으로 예상된다.

새로운 지구적 거버넌스의 구축을 위하여

코로나 팬데믹이 완화 또는 해소된 이후, 세계 정치에서 국가 간 관계와 안보 체제가 어떻게 재편될지는 아직 불확실하다. 미국과 중국이 경제·정치적, 기술적, 담론적 경쟁에서 패권을 잡기 위해서는 경제력, 군사력, 기술력에 있어서 우위를 점해야 할 뿐 아니라 세계적인 신뢰에 바탕을 둔 헤게모니를 확보해야 한다. 그러나 코로나 팬데믹 과정에서 미국과 중국 모두 세계적 신뢰를 확보할 리더십을 보여주지 못했다(김상배, 2020). 미국의 트럼프 행정부는 국내적으로 코로나 팬데믹에 대처하기 위한 의료 서비스 전달 체계를 제대로 갖추지 못했을 뿐 아니라 이를 통제할 수 있는 민주적 거버넌스를 구축하지 못했다. 이러한 상황은 바이든 행정부에 의해 다소 개선된다고 할지라도, 국제적으로도 코로나 팬데믹과 관련된 의료 장비나 백신의 공급, 그리고 이로 인해 유발된 세계적 위기에 대처하기 위한 협력의 결집과 조정 역량을 전혀 보여주지 못했다. 이러한 점에서 미국은 코로나 팬데믹 이후 세계적 리더십이 크게 떨어질 것으로 추정된다.

중국도 책임 있는 리더십을 보여주면서 세계적 신뢰를 구축했다고 보기 어렵다. 중국 우한에서 코로나19 바이러스가 출현한 것이 우연이라고 할지라도, 책임 여부를 떠나서 그 진원지에 대한 정보의 공개와 과학적 설명을 제시해야 했다. 하지만 중국은 오히려 감염병 관련 정보를 무시하거나 은폐하고 이를 공개하고자 하는 자국민들을 강제적으로 통제함으로써 권위적 국가 체제의 한계를 드러냈다. 또한 세계보건기구의 의사결정에 대한 비공식적 개입이나 백신 지원을 명분으로 개도국들에 대한 의도적 접근 등은 중국이 지구적 리더로서 자격이 있는지 의문을 갖게 한다. 이러한 점에서, 미국과 중국은 모두 코로나 팬데믹 이후 국제 안보 체제의 재편을 선도할 능력이 부족하다고 하겠다.

이러한 상황에서 유엔(UN)이나 그 산하 기구인 WHO 등이 일정한 역할을 할 것으로 기대되기도 한다. 그러나 유엔 안보리는 2014년 에볼라 바이러스 발생 당시 결의안 채택과 보건 안보를 위한 다자 협력의 선례를 남겼지만, 코로나 팬데믹과 관련해서는 아무런 결의안도 채택하지 못했다. 미국은 안보리 결의의 전제 조건으로 '우한 바이러스' 명시를 고집했고, 중국은 코로나 팬데믹을 안보 이슈로 확대하는 데 대다자 협력 거부감을 보였기 때문이다(성기영, 2020; 김상배, 2020: 73). 또한 세계보건기구(WHO)는 코로나 팬데믹의 대책 마련에 일정한 역할을 했다고 할지라도, 중국의 비공식적 개입으로 인해 미국이 지원 중단을 밝힐 정도로 편향성을 보였다. 뿐만 아니라 최근 세계 정치에서 보여준 미국의 일방적 결정(예: 미국의 파리기후변화협정 탈퇴, 미러 중거리핵전력 조약 폐기, 미-이란 핵합의 탈퇴 등)으로 인해 기존의 국제 레짐(regime)들이 제대로 작동하지 못하고 중단 또는 약화되는 경향을 보이고 있다.

이처럼 세계정치는 보건 안보를 위한 국제 협력을 주도할 주체가 부재하고 기존의 국제 레짐도 제대로 작동하지 않는 상황에 처해 있다. 코로나19 위기로 인해 엄청난 인명의 희생과 사회경제적 손실을 경험했음에도 불구하고, 팬데믹의 재발을 예방하거나 발생 초기 단계에 신속하게 대처할 수 있는 지구적 거버넌스 체제의 구축은 매우 어렵다고 하겠다. 하지만 코로나 팬데믹을 계기로, 더 이상 국가 주도, 특히 강대국 주도의 국제 안보 체계에 의존할 것이 아니라, 세계의 시민사회가 주도하는 새로운 거버넌스의 구성을 시도해 볼 수 있을 것이다. 즉 세계적 리더십을 발휘할 국가가 없는 상황에서, 시민사회가 주도하여 팬데믹의 재발을 방지하고 이에 따른 부담과 책임을 공유하는 지구적 연대와 협력 거버넌스를 구축할 필요가 있다.

코로나 팬데믹과 인간 안보

인간 안보의 개념과 인권과의 관계

인간 안보의 개념은 다양한 근원을 가지지만, 그 중에서도 1994년 유엔개발계획(UNDP)의 「인간발전보고서 1994: 인간 안보의 새로운 차원」이 먼저 거론된다(UNDP, 1994). 이 보고서에서, 인간 안보는 영토보다 사람의 안보를 우선하고, 군사력보다는 인간 발전에 근거한 안보를 더 강조하며, 국가적·지구적 차원에 적용된다는 점을 천명한다. 이는 그 당시까지 통용되었던 안보 개념을 뒤집는 것으로, 물리적 폭력이나 군사력의 위협으로부터의 자유, 즉 '공포로부터 자유'와 더불어 빈곤과 기아로부터의 자유, 즉 '결핍으로부터의 자유'가 안보의 새로운 과제임을 밝혔다는 점에서 의의가 있다.

이 보고서에 따르면, 인간 안보를 구성하는 다양한 요소들이 위협받고 있지만, 가장 심각하게 위협에 처해 있는 요소들은 경제·식량·보건·환경·개인·공동체·정치 등 일곱 가지이다. 이 가운데 하나인 보건 문제는 인간의 생명을 좌우하는 요소라는 점에서 인간 안보의 핵심이라고 할 수 있다. 특히 보건 안보는 여러 유형의 집단에 따라 차별화되며, 극빈층, 시골사람, 아동 등에게 더 중요하다는 점이 강조된다. 환경도 인간 안보의 하위 범주들 가운데 하나로 열거되었는데, 사실 기후 변화는 식량, 건강, 경제까지 좌우한다는 점에서 인간 안보의 하위 범주를 넘어서 인간 안보와 대등한 위상을 가진다고 할 수 있다.

또한 이 보고서는 인간 안보가 인권과 밀접한 상호 관계를 가지며, 국가는 인권을 위해 인간 안보에 우선적 관심을 두어야 한다는 점을 천명했다.[1] 인간 안보를 통한 안전한 여건 조성은 인간의 존엄성을 유지하고 인권을 향유하기 위한 전제 조건이며, 역으로 인권 담론은 인간 안보의 의미를 고양시킬 수 있기 때문이다. 이러한 점에서 인권과 마찬가지로 인간 안보도 보편적이어야 한다는 점이 강조될 수 있다. 실제로 개별 국가에서 인권침해(또는 제한) 문제가 잘 해결되지 않을 경우, 인간 안보를 위한 국제 사회 문제로 접근하면 더 바람직한 해법을 찾을 수도 있을 것이다(조효제, 2020b). 인권 문제가 세계적 규모로 발생할 때 특히 그렇다. 이 경우 인간 안보는 인권침해에 대한 경고 메커니즘으로 작동하면서 문제의 공동 해결을 위한 협력과 연대를 끌어낼 수 있다.

그러나 인간 안보와 인권이 동일한 의미나 직접적 관련이 있는 것은 아니다(Benedek, 2008). 인권은 보편적이고 규범적으로 개념화되며, 국가의 의무로 인식될 뿐만 아니라 인권의 침해나 제한에 대한 시민사회의 저항은 정당한 것으로 간주된다. 반면 인간 안보는 정치적 개념으로 정당한

---

1)　UNDP(1994)에서 인권 문제는 상대적으로 협소한 범위, 즉 고문·전쟁·탄압·범죄·젠더폭력·아동학대 등을 고려하는 개인 안보의 범주에 함의되어 있을 뿐 아니라 정치 안보의 범위에서 보다 명시적으로 다루어지고 있지만, 보건이나 환경생태 문제와 직접 관련되지는 않았다.

의무가 수반되는 것은 아니며, 인권 개념과는 달리 인간 안보의 개념에 대해서는 많은 사람들(특히 권위적 정치지도자들)이 거부감을 보인다. 그럼에도 불구하고 최근 인간 안보는 국제정치에서 안보 담론과 정책의 핵심 주제로 인식되면서, 국제협약이나 약정을 통해 법적 의무를 동반하는 경우가 늘어나고 있으며 현실 국제정치를 통해 협력될 사안으로 간주된다.

코로나 팬데믹 속에서 인간 안보

국민의 인권 보장은 국내적 상황에서 국가의 책무라고 한다면, 안보는 국제적 관계에서 국가의 존재 이유에 부응하는 것이라고 할 수 있다. 안보란 국가가 추구하는 가치에 대한 위협으로부터 그 가치를 보호하는 것을 의미한다. 국제관계에서 안보 문제는 오래된 논제이지만, 코로나19 팬데믹은 안보와 관련해 국가가 우선 추구해야 할 가치가 무엇인가, 또는 어떤 가치가 더 큰 위협을 받고 있으며, 따라서 더 많은 관심을 가지고 대책을 마련해야만 하는가에 대해 성찰하도록 한다(이성우·정성희, 2020).

1990년대부터 등장한 인간 안보 개념은 기존 안보 패러다임을 대체, 보완하면서 국가별로 편차는 있지만 많은 국가에서 받아들이고 있다. 예컨대 유럽연합의 '글로벌 전략 2016'은 인간 안보를 핵심 개념으로 설정하고 이를 전략적 주요 목표로 추구할 것임을 밝혔다(조효제, 2020b). 특히 유럽연합의 안보와 관련해 당면한 안보 위협의 주요 요인으로 테러리즘, 혼합위협, 사이버 안보, 기후 변화와 에너지 문제 등을 지적하고, 이로 인해 침해될 우려가 있는 민주주의와 인권, 평화와 번영이라는 유럽적 가치의 확산을 제시했다.

이러한 인간 안보 개념은 변화하는 시대적 상황과 위협 속에서 경제시장의 통합에서 나아가 정치적 영토의 통합을 추구하는 유럽연합의 목적에 부응하는 것이라고 할 수 있다. 하지만 그 효과에 대해서는 아직 불확실하다. 코로나 팬데믹이 유럽에 불어닥쳤을 때 유럽연합이 초기에 국경 봉쇄를 유보한 이유들 가운데 하나는 이러한 인간 안보의 개념 때문이라고 할 수 있다. 그러나 이로 인해 코로나19가 급속히 확산됨에 따라, 유럽연합의 각 국가들은 전염병으로부터 국민의 보호를 위해 상당 기간 국경을 폐쇄하는 조치를 취했다.

유럽 국가들의 이러한 방역 대책은 물론 개별 국가의 주권이나 영토 자체를 보전하기 위한 것이 아니라 국민들의 생명, 생존과 관련된 권리를 보호하기 위한 것으로 해석된다. 이러한 점에서 유럽 국가들의 국경 폐쇄 조치는 기존의 국가 안보 개념에 따른 것이 아니라고 할지라도 개별 영토에 한정된 국민들의 안전을 전제로 하고 있다. 즉 이 같은 조치는 영국의 유럽연합 탈퇴(브렉시트)나 미국의 자국 우선주의 등과 마찬가지로 여전히 전통적 국가 안보 개념에 의존한 전략이라고 할 수 있다.

한국의 인간 안보 전략

한국에서는 코로나19 위기가 진행되고 있던 2020년 5월 문재인 대통령이 취임 3주년 특별 연설에서 포스트 코로나 시대의 새로운 화두로 인간 안보를 강조한 바 있다. 이 연설에서 대통령은 "오늘날의 안보는 전통적인 군사 안보에서 재난·질병·환경 문제 등 안전을 위협하는 모든 요인에 대처하는 '인간 안보'로 확장됐다"라고 말하면서 "모든 국가가 연대와 협력으로 힘을 모아야 대처할 수 있음"을 천명했다. 인간 안보에 관한 이러한 천명은 그 자체로서, 즉 사람의 생명과 안전을 우선하는 연대와 협력의 국제질서를 선도하고자 한다는 점에서 의미를 가진다.

인간 안보에 관한 이러한 선언은 구체적 내용이 빠져 있을 뿐 아니라 코로나 이후 시대를 위해 제시한 다른 과제들과 연계되면서 그 취지가 희석되었다. 또한 인간 안보를 천명하면서 시민사회의 참여보다 국가 주도를 강조했다는 점에서 한계가 있다. 기후 변화에 대한 대책이나 코로나19 위기의 원인인 지구 생태계의 파괴에 대응하기 위한 지구적 협력과 연대에 관해서는 아무런 언급 없이 남북협력의 촉진만 부각시키고 있다.

이러한 문제점이 있긴 하지만 국가 안보에서 인간 안보로의 개념적·정책적 전환은 몇 가지 중요한 유의성을 가진다. 우선 유의한 점으로 인간 안보는 군사력과 경제력에 기반한 국가 중심 안보에서 사람들의 안전을 위한 투명하고 민주적인 위기 대처 능력에 기반을 둔 인간 중심 안보로의 전환을 의미한다. 그리고 인간 안보는 국가의 역할에 있어 국민을 통제하고 국가를 위해 희생을 요구하는 권력 행사가 아니라 국민들의 생명과 삶을 보호해야 할 책무를 우선하도록 한다는 점에서 의의를 가진다.

뿐만 아니라 인간 안보는 국제관계에서 정치경제적·군사적 긴장과 갈등 및 대립을 벗어나서 위기관리를 위한 협력과 연대를 촉구한다. 또한 인간 안보는 이를 위한 의견 개진과 실천을 위해 세계 안보 무대에 다양한 행위자들, 즉 국가뿐 아니라 지방정부와 기업, 시민 단체와 개인들의 참여를 고취시킨다. 미국의 주정부가 한국에 코로나19 진단키트의 공급에 대한 협력을 요청하거나 또는 스웨덴의 기후 위기 대응 활동가인 그레타 툰베리가 2019년 유엔 기후행동정상회의에서 기후 변화에 긴급 대응을 촉구하는 연설을 행한 것은 인간 안보의 주요 실천 사례라고 할 수 있다.

인간 안보의 한계를 넘어서

그러나 이러한 인간 안보의 개념이나 정책은 현실에서 기존의 국가 안보 개념과 뒤섞여 활용되고 있으며, 특히 양 개념은 코로나19 위기와 같이 환경 생태계의 파괴와 관련된 문제를 다루는 경우에도 인간 중심주의에 기반을 둔다는 점에서 코로나19 이후 사회를 위한 안보 개념으로는 한계를 가진다고 하겠다.

코로나19 위기와 이에 대한 대책이 생태환경에 어떤 영향을 미치는가에 대해서는 불확실하다. 그 영향은 국지적, 국가적, 지구적으로 상이하며 즉각적, 단·중기적, 장기적 기간에 따라 다른 (즉 부정적, 긍정적, 중립적) 효과들을 가져올 것이다(Cheval et al., 2020). 그러나 분명한 사실은 코로나19 위기가 파괴된 자연환경에서 시작되었으며, 따라서 위기에 처한 자연 생태계에 대한 관심과 대책이 없다면 코로나 팬데믹 사태는 사라지지 않고 계속 반복될 것이다. 이로 인한 국가 및 인간의 안보는 지속적으로 위협받게 될 것이다.

즉 코로나19 바이러스는 야생에서 진화·변형된 바이러스가 중간 숙주인 야생동물을 매개로 인체에 감염된 것이라는 점은 잘 알려져 있다. 이러한 바이러스의 변형은 이들의 열악한 서식 환경을 파괴하는 자연의 황폐화로 인해 촉진된다. 야생동물은 인간의 개입이 적은 자연보다 토지개발 등으로 파괴된 도시 근교에서 더 많은 균을 가지고 있을 뿐 아니라 인간과 더 많은 접촉 기회를 가지게 된다. 코로나19 바이러스의 생성 배경인 야생동물의 서식지 파괴, 나아가 열대림의 훼손과 생물 다양성 감소, 기후 변화 등은 특정 지역이나 국가에 한정된 것이 아니라 지구적 규모로 영향을 미치는 전 세계적 문제로, 모든 국가들이 함께 대처해야 할 새로운 안보 이슈가 됐다.

　이러한 점에서 세계의 모든 국가는 국가 안보에서 인간 안보로 개념적 전환을 추진하고, 나아가 지구 생태계의 안전을 보장하기 위한 대안적 안보 개념, 즉 생태적 안보 개념을 채택할 수 있어야 할 것이다. 생태 안보는 인간의 복지와 안전에 한정된 안보 개념을 확장시켜서 동식물과 나아가 지구생태 시스템의 안전을 위한 국가 간 협력과 연대에 바탕을 둔다.

환경 안보 또는 인간·생태 안보

기존 안보 개념에서 환경 안보

오늘날 심화되고 있는 자연 생태계의 파괴와 더불어 기후 변화, 생물 다양성의 감소, 지구 자원(에너지, 물 등)의 고갈 등은 개별 국가의 영역을 넘어서 지구적 규모로 나타나는 생태적 위기이다. 이러한 지구적 생태 문제는 국가 간 갈등 또는 협력을 촉진하는 주요 이슈가 됨에 따라 국제 관계에서 안보에 관한 논의의 핵심 의제가 되고 있다. 그러나 이 문제는 분명 새로운 의제임에도 불구하고, 논의는 기존의 안보 개념 틀에서 주로 이루어지고 있다. 즉 최근 국제 안보에 관한 논의에서 지구적 생태 문제는 주로 국가 영토와 주권 보장을 강조하는 국가 안보(Busy, 2008)나 국민들의 생명과 생활의 안전을 추구하는 인간 안보(Barnett, 2001)의 개념에 바탕을 두고 논의되고 있다.

예컨대 한 국가에서 발생한 미세먼지의 월경(국경을 가로지르는 영토적 이동) 현상은 인접국의 국민 건강에 심각한 부정적 영향을 미치고 영토 환경을 오염시킴으로써 주권을 침해하는 것으로 간주할 수 있다. 이와 같은 국제 환경 문제는 국가 간 갈등을 유발하면서 국가 안보를 위협하게 된다. 물론 이러한 상황에서 국제적 환경 갈등보다는 환경 오염물질의 감축이나 국제적 이동을 완화할 수 있는 환경 협력을 통한 해결이 강조될 수 있을 것이다. 그러나 이러한 접근은 기본적으로 국가 안보의 개념에 근거하고 있다는 점에서 한계를 가진다.

다른 한편, 기후 위기는 사람들의 건강한 삶과 쾌적한 환경을 위협하고 생계의 터전을 파괴한다는 점에서 인간 안보의 주요 의제로 논의할 수 있다. 사실 지구온난화로 인한 가뭄, 홍수, 대규모 산불 등은 인간의 생명과 생계를 위협하고 재산상에 큰 피해를 입히면서 때로 원하지 않는 이주를 강제한다. 이러한 문제는 한 국가에 한정되기보다 인접 국가들이나 세계 전체에 영향을 미친다는 점에서 인간 안보의 핵심 과제가 되고 있다. 최근 기후 변화가 인간 안보에 관한 국제적 논의에서 주요 주제로 자주 등장하는 것은 이러한 이유 때문이라고 하겠다.

인간 안보 담론은 기후 변화에 직접적 영향을 받는 취약한 인구 집단에 관심을 둔다. 국제 안보에 관한 논의에서 국제적 갈등보다는 협력을, 개별 국가의 국민을 우선하기보다는 인간 일반, 특히 취약한 인구집단의 권리에 더 많은 관심을 둔다. 왜냐하면 인간 안보의 관점에서 빈곤 집단이나 그 외 사회적 취약계층은 극단적 자연재해나 장기적 환경 악화로 인해 차별적 영향을 받기 때문이다. 이러한 점에서 빈곤과 불평등의 완화뿐 아니라 기후 위기와 같은 지구적 생태 위기의 극복을 위한 국제적 합의는 인간 안보의 개선을 위해 필수적이다. 트럼프 대통령과 같은 일부 정치적 지도자들은 지구적 생태 문제를 국가 안보에 한정시켜 자국의 이해관계에 따라 선택적 전략을 구사했지만, 최근 지구적 생태환경에 관한 국제 안보 논의는 전반적으로 국가 안보의 관점에서 인간 안보의 관점으로 전환하고 있다.

환경 안보에 관한 기존 논의의 한계

기후 변화는 국민국가의 주권을 침해하고 영토 환경을 손상시킬 수 있다는 점에서, 세계의 많은 국가들은 국가 안보 전략으로 환경 문제를 고려하고 있다. 또한 기후 변화가 인간(국가 안보에는 국민으로서 인간, 인간 안보에서는 인격체로서 인간) 일반 또는 특정 취약 집단에게 어떤 피해와 희생을 가져오는가에 대해 논의할 수도 있다. 유사한 맥락에서, 우리는 기후난민의 유입으로 인해 발생하는 국가(영토)적 문제나 이들의 인간적 존엄성 문제를 국가 안보 또는 인간 안보의 관점에서 다룰 수 있을 것이다.

안보에 관한 기존 논의에서 환경에 관한 이러한 고려는 그 나름대로 의미가 있겠지만 지구적 생태 문제로 인해 초래되는 결과(인간 사회에 미친 부정적 영향과 피해)에만 주로 관심을 둘 뿐이고, 지구적 기후 변화나 지구 생태계의 파괴에 대해서는 별로 문제시하지 않는다. 이러한 점에서 환경 안보에 관한 기존의 논의들은 국가 안보의 개념에 근거하든지 인간 안보 개념에 근거하든지 간에 인간 중심주의적 안보의 관점에 한정되어 있다고 하겠다. 달리 말해 그동안 논의들은 인간 사회가 어떻게 이러한 생태 위기를 초래했는지에 대한 원인 분석과 이를 근본적으로 해결하려는 방안의 모색에 관해서는 큰 관심을 두지 않았다.

이러한 점에서 현 정부가 추진하는 한국판 뉴딜 정책의 의의를 살펴볼 수 있다 이 정책은 디지털뉴딜과 함께 그린뉴딜을 한 축으로 강조하고 있지만, 코로나19 위기를 유발한 생태환경적 배경이나 환경 문제 전반에 대한 근본적인 해결과는 거리가 멀다. 예컨대 한국판 뉴딜은 코로나19 이후 사회에서 사람들 간 접촉을 줄이는 비대면 기술 개발을 부각해 디지털뉴딜의 필요성을 정당화하고자 한다. 그러나 이러한 설명은 국가 안보나 (특히 경제적 측면) 인간 안보의 개념으로는 정당화될 수 있을지 모르지만, 코로나19 위기 발생의 생태환경적 배경에 대한 관심과 원인 해소와는 무관하다. 정부는 그린 뉴딜이 기후 위기에 대응하면서 경제 발전을 함께 이룬다는 의미(즉 경제와 환경의 균형)를 담고 있다고 홍보하고, 그린뉴딜이 탄소중립을 지향한다고 천명하고 있지만, 한국판 뉴딜 정책은 기후 위기나 코로나19 위기에 대한 근본적 대책이라고 보기 어렵다.

생태 안보로의 패러다임 전환

이와 같은 경제(성장)주의와 결합된 국가주의 또는 인간(중심)주의의 안보 개념에서 벗어나기 위해, 새로운 안보 개념, 즉 생태 안보(ecological security)의 개념이 제시될 수 있다. 생태 안보와 이에 근거한 주권의 재개념화의 필요성에 대한 주장은 상당히 오래전부터 제기된 것처럼 보이지만(Mische, 1989: 389~427), 안보에 관한 논의 전반에서 아직 본격적인 관심을 끌지 못하고, 때로 기존의 안보 개념들에 환경 문제를 단순히 추가한 논의들, 즉 '환경 안보' 담론과 혼돈되거나 이의 일부로 인식되기도 한다. [2] 특히 인간 안보 개념의 주요 요소들 가운데 환경이 포함됨에 따라 이 개념에 의존해 지구적 생태 위기의 양상들과 영향 및 이에 대처하기 위한 국제적 논의가 이루어지고 있다(이수재 외, 2013).

---

2)   생태 안보와 유사한 개념으로 생물 안보(biosecurity)는 생물학적 독성 물질 등을 이용한 위협이나 전쟁을 효과적으로 방어할 수 있는 능력을 의미하며, 이러한 의미에서 전염병의 창궐을 막을 수 있는 안전보장 능력을 포함할 수도 있다(Albert et al., 2021). 그러나 이 책에서 생태 안보는 이러한 측면보다는 황폐화된 자연환경으로 인해 문제시되는 인간과 지구 생태계의 존립과 공생 능력과 관련된다.

<표 9-1> 안보 개념의 유형별 특성

	국가 안보	인간 안보	생태 안보
관심의 대상	국가(주권과 영토)	인간(생명과 생존권)	인간-자연 생태계
안전 문제	주권 및 영토의 침해	인간 생명·생존의 위험	인간-자연 생태계의 붕괴
안보의 공간성	영역: 국가 영토	장소: 생활공간	(다)규모: 생태적 적소
문제 인식	환경 주권 침해	생명과 생존 환경 위협	생태 공동체의 붕괴
보장 수단	군사력과 경제력	사회적 협력과 연대	생태적 전환과 공생
주요 이념	국가주의	인간(중심)주의	탈인간주의(포스트휴먼)

그러나 환경 안보와 생태 안보는 개념적으로 분명히 구분된다. 환경 안보는 국경을 가로지르는 오염물질의 확산이나 지구 생태계의 파괴뿐만 아니라 에너지, 수자원, 식량의 부족 등 다양한 유형의 자원·환경 문제로 유발되는 갈등과 위협으로부터 국가 영토나 국민을 보호하려는 노력과 관련된다면, 생태 안보는 인간 활동에 의해 유발된 지구적 생태 위기로부터 인간 사회와 비인간 자연 구성원들을 모두 포함한 생태 공동체의 안전에 관심을 가진다(McDonald, 2013; 2018).

환경 안보의 개념은 기존의 안보담론에 쉽게 포함될 수 있는 반면, 생태 안보의 개념이 추구하는 생태계 자체의 안전이 왜 안보(전통적 의미)와 관련되는가에 대한 의문이 제기될 수 있다. 물론 안보 개념과 관련시키지 않고 지구적 생태 위기에 대한 분석과 해결 방안의 모색이 가능하겠지만, 생태 안보의 개념은 기존의 안보 개념과 이에 근거한 정책의 한계를 재조명하고 새로운 대안을 추구한다는 점에서 의미를 가진다.

이러한 점에서 기존의 안보담론, 즉 국가 안보 및 인간 안보 담론의 특성과 이에 기반한 환경 문제에 관한 논의와 비교해 생태 안보의 개념을 규정해 볼 수 있다(<표 9-1>). 생태 안보는 우선 인간-자연 생태계의 건전성,

통합성, 지속 가능성에 우선적인 관심을 두고, 생태계의 회복력 함양과 더불어 이를 통해 지구 생태계에서 인간뿐 아니라 생물종들 사이에서 취약한 집단들의 안전에 먼저 관심을 둔다(McDonald, 2018).

기존의 안보 개념들의 주된 관심은 국민국가의 주권과 영토 또는 인간의 생명과 생존(권리)에 있으며, 이들의 침해 또는 위협으로부터 이들의 안전한 보호를 추구한다. 생태 안보는 국제적 경쟁과 갈등 등으로 국가의 주권과 영토가 침해되거나 인간의 생명과 생존이 위협 받는 상황을 간과하지 않지만, 지구적 혼란과 변화에 직면해 인간의 생명 유지와 국가를 포함한 사회정치적 조직의 발전을 위해 바탕이 되는 인간-자연 생태계의 복원과 보전에 더 많은 관심을 둔다.

인간·생태 안보를 위해

생태 안보의 이러한 의미는 기존의 안보 개념에서 흔히 간과되는 공간 환경적 측면을 고려하면 더욱 명확해진다. 국가 안보에서 강조되는 영역, 즉 국가 영토의 개념은 근대 국민국가의 형성과 더불어 생성된 것으로 절대적 공간에서 국경의 고정성(불변)을 전제로 한다. 그러나 국가 간 경계와 영토는 결코 고정된 것이 아니라 역동적으로 변화한다. 따라서 이러한 국가 영토의 수호를 명분으로 한 국가 안보 개념은 '영토의 덫'에 걸려 물신화된 정치권력이 이를 위해 엄청난 개인의 희생을 요구하는 이데올로기로 작동할 수 있다(Agnew, 1994: 53~80).

이러한 점에서 국가 안보에서 인간 안보로의 전환은 매우 중요한 의미를 가진다. 인간 안보의 개념은 물신화된 정치권력의 유지를 위한 국가와 영토 안보가 아니라 인간 생명과 생존권을 위한 안전한 생활공간과 쾌적한 환경을 추구한다. 그러나 인간 안보의 개념은 안전하고 쾌적한 생활공간환경에 인간만 포함시키고 비인간 자연 구성원들은 배제하며, 지구적 생태 위기 그 자체에 관심을 가지기보다 사회에 심각한 부정적 영향을 미칠 경우에만 고려 대상으로 설정한다.

생태 안보는 지구 생태계에서 인간 사회 내 집단들뿐 아니라 다양한 생물종별 집단들 사이 생태적 균형(Pirages, 2005)과 생태계의 회복력(McDolnald, 2018)을 강조한다. 특히 공간환경의 관점에서 '생태적 적소'(ecological niche)에 대한 관심을 부각시킬 수 있다. 생태적 적소는 각 집단들이 생태계 내에서 행하는 역할이나 지위뿐 아니라 공간적 범위도 포함한다. 즉 적소는 하나의 인간-자연 생태계에서 각 집단들이 상호 작용하면서 유지되는 장 또는 공간을 의미한다. 또한 생태계가 다차원적으로 구성되는 것처럼 생태적 적소도 다규모적으로 구성되며 각 규모에서 적합한 조건을 가진다.

인간-자연 생태계 내에서 이러한 적소가 다양하고 다규모적일수록 에너지의 흐름도 원활해지고 생태계는 안정되지만, 특정 종이 사라지면 적소가 비게 되어 에너지 흐름이 단절되고 불안정해진다. 이러한 점에서 환경 문제로 인해 초래되는 위험과 위기는 단지 인간의 생명과 인간이 살아가는 장소나 국가 영토에 위협을 가할 뿐 아니라 생태적 적소의 다양성과 다규모성을 훼손함으로써 인간-자연 생태계를 총체적으로 불안정하게 만들고 붕괴 또는 해체시키는 결과를 초래할 수 있다.

생태 안보는 이러한 점에서 인간 사회에 의해 구조적으로 파괴된 인간-자연 생태계의 회복력을 강화하고 이에 필요한 생태적 적소의 다양화와 다규모화를 추구하는 한편, 생태계의 훼손을 초래한 인간 사회의 경제·정치 구조를 생태적으로 전환시킴으로써 인간 사회와 자연환경 간 관계의 근본적인 재균형화를 추구한다. 재균형화에는 인간의 물질적 소비 수준과 자연의 자원 및 서비스 제공 역량 간 균형, 인구 집단과 다른 동식물의 종 집단 간 균형, 인간 사회 내 집단 간 균형 등을 포함한다(Pirages, 2005: 4; McDonald, 2018에서 재인용).

　이러한 재균형화는 단순히 분리된 두 실체로서 인간 사회와 자연환경 간의 양적 균형이 아니라 상호의존적 관계 속에서 공생적 발전을 의미한다. 이러한 재균형화 또는 공생적 발전을 위해 자연에 대한 인간 의식의 변화가 요구된다. 즉 국가 안보나 인간 안보의 개념은 인간과 자연을 분리된 두 실체로 이해하고 인간 사회(개인 또는 집단으로서 국가)가 자연보다 우월하며, 따라서 인간 중심적으로 환경 문제가 해결될 수 있다는 사고, 즉 인간 중심주의에 기반을 두고 있다. 생태 안보 개념은 이러한 인간 중심주의에서 벗어날 뿐 아니라 자연의 절대적 가치를 강조하는 자연 편향적 생태주의에도 의존하지 않으면서, 인간과 자연 간 관계에 초점을 두는 탈인간주의(포스트휴머니즘)에 이론적 기반을 둔다(Cudworth and Hobden, 2017). 포스트휴먼 이론을 원용한 생태 안보 개념은 인간을 종의 심층적 연결망(네트워크)에 위치하게 하고, 인간과 비인간 사물의 상호 연계성과 위협의 관계적 속성을 강조한다.

코로나 팬데믹을 넘어 진정한 인류세로

코로나19와 함께 살아가기

　인류는 당면한 코로나 팬데믹을 이겨낼 수 있을까? 전 세계의 수많은 사람들이 가질 것 같은 이 의문에 대해 긍정적으로 답할 사람은 거의 없을 것이다. 일부 국가들이 무모하게 시도했던 것처럼 집단면역으로 코로나19가 스스로 약화되어 종식될 것처럼 보이지 않는다. 그뿐 아니라 이에 대한 치료제나 예방 백신을 개발하여 접종하고 있다고 할지라도 파괴되고 오염된 자연 속에서 진화한 변종 바이러스가 다시 나타나서 인간의 생명을 더욱 치명적으로 옥죌 것이고, 인간의 오만한 문명을 붕괴시킬 수 있기 때문이다.

　그렇다면 인류는 코로나19와 더불어 살아갈 수밖에 없는가? 대부분의 사람들은 어쩔 수 없이 이에 동의할 것 같다. 매일 발표되는 확진자 수에 귀를 기울이고, 수치의 변화에 따라 결정되는 방역 단계에 준해 일상생활 수칙을 지키면서 살아가게 된다. 마치 무언가를 잘못했거나 죄를 지은 사람처럼 초조·불안해하며 주변에 감염자가 있는지 항상 경계해야 하고, 두

〈그림〉 코로나 팬데믹의 충격과 대책

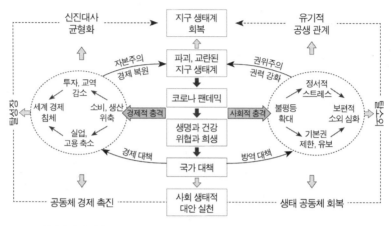

려워하며 마스크를 쓰고, 다른 사람들과 거리두기를 해야 한다.

　코로나 팬데믹에 의한 이러한 일상생활의 제약은 개인의 심리 상태에 지속적으로 부정적 영향을 미칠 것이다. 코로나19와 함께 하는 삶은 '코로나 블루'로 불리는 우울증을 달고 사는 것을 의미한다. 이 우울증은 코로나19에 의한 인간 생명과 건강의 위협에 대한 두려움뿐 아니라 일상생활에서 이루어지는 활동의 위축과 변화에 따른 정서적 스트레스에 기인하지만, 또한 이 과정에서 심화되는 사회경제적 불평등에 따른 위화감도 주요 요인이라고 할 수 있다. 더욱이 사람들 간 거리두기는 결국 서로를 소원하게 만들면서, 타자로부터 그리고 자연으로부터 소외된 삶을 살아가게 한다. 또한 코로나19의 확산과 방역 과정에서 초래되는 규제들은 이동의 자유, 표현과 집회의 자유, 정보 보호권 등 다양한 기본권들을 제한하고, 좋든 싫든 국가의 권위적 통제에 따라야 한다는 점을 의미한다. 인간의 기본권과 자유에 대한 사회적 통제는 개인적으로 거부할 수 없는 조건 속에서 소외를 더욱 심화시키고 보편화시킨다. 국가는 이러한 사회적 통제를 당연시하고 국민의 의사와는 무관하게 물신화된 권력을 행사하면서 점점 더 권위주의화될 것이다(〈그림〉 참조).

그뿐 아니라 코로나 팬데믹이 지속된다면, 경제 활동 전반이 위축되면서 일자리와 소득은 계속 줄어들 것이다. 정보기술(IT)을 활용한 비대면 방식으로 경제 활동이 어느 정도 되살아날 수도 있겠지만, 산업 구조가 재편되고 무인 자동화가 촉진되면서 실업과 비정규직이 더욱 늘어날 것이다. 국가 간 인적·물적 교류가 통제됨에 따라, 투자와 교역이 줄어드는 추세가 이어지고, 세계경제는 침체 위기를 벗어나기 어려울 것이다. 많은 국가들은 이렇게 위기 조짐을 보이는 경제 시스템을 되살리기 위해 전체 국민을 대상으로 기본재난소득을 지급하고 기업들에 대해 각종 투자 유인책을 강구하지만, 오히려 소득과 자산의 불평등이 심화되고, 유동성 과잉으로 실물경제와 유리된 주식시장과 부동산시장만 뜨겁게 달아오르고 있다. 이러한 과정을 통해 자본주의 경제 체제가 복원될 수 있을지는 모르지만, 급증한 국가 및 가계 부채가 경제에 어떤 파국을 초래할지 알 수 없다.

인간은 도대체 무슨 잘못을 저질렀기에 이렇게 코로나 팬데믹의 공포와 국가의 방역 통제 속에서 살아가야 하는가? 우리는 코로나 팬데믹으로 인한 일자리 감소와 불평등의 심화 속에서도 이를 유발한 구조적 메커니즘인 자본주의 경제 체제로 되돌아가는 것을 무기력하게 마냥 보고만 있어야 하는가? 몇몇 사람들은 엉뚱하게도 코로나19 바이러스도 자연의 일부이기 때문에 어쩔 수 없이 자연과 더불어 살아가야 한다고 생각한다. 분명 인간이 자연을 떠나서는 살아갈 수 없다. 그러나 코로나19와 어쩔 수 없이 함께 살아가는 것은 상호 비자발적이고 부정적인 공생(정확히 말해 기생) 관계일 뿐이다.

코로나 팬데믹과 같은 지구적 생태 위기에 직면해 인류가 해야 할 일은 사람들 간에, 그리고 자연과의 관계에서 격리된 삶이 아니라 공동체적 관계로 연결된 세상을 만들어가는 것이다. 물론 여기서 사람들 간, 그리고 자연과의 관계는 어쩔 수 없는 비자발적·부정적·적대적 병존 관계가 아니라 자발적·긍정적·호혜적 공존 관계여야 한다. 코로나 팬데믹을 극복하기 위한 대안적 경제는 인간(노동)과 자연을 수단으로 자본 축적을 지속하는 것이 아니라 인간 삶의 질과 자연과의 균형 관계를 고양하는 방식으로 이뤄져야 한다. 이러한 경제는 자본 축적을 위한 경쟁 관계에 바탕을 둔 자본주의 경제의 복원이 아니라, '성장을 위한 성장'에서 벗어나 공동체적 인간 삶을 위한 탈성장 경제여야 할 것이다. 또한 코로나 팬데믹을 해결하기 위한 대안적 정치는 이를 명분으로 권위주의적 권력을 강화하는 것이 아니라 사람들 간, 그리고 자연과의 관계에서 공동체적 생활양식을 회복하는 것이다. 이를 위한 대안적 실천은 점점 더 심화되고 있는 사람들 간 사회적 소외와 자연과의 생태적 소외를 자각하고, 역사 속에서 잃어버린 유기적·생태적 상호 관계를 재구축해 진정한 탈소외 세계를 만들어 나가야 한다.

'도래할' 인류세

코로나 팬데믹은 인류세의 도래를 알리는 결정적 계기가 된다. 인류세란 오늘날 인류가 지질학적 규모로 지구 시스템과 생태환경에 엄청난 영향력을 행사했으며, 이로 인해 파괴된 지구가 인간 멸종을 초래할 정도의 강력한 위협으로 다가오고 있음을 의미한다. 인류세의 도래를 알리는 주요 요인으로 대기 중 이산화탄소의 누적과 기후 변화가 꼽히며 그 외에도 폐플라스틱 급증, 미세먼지 악화 등도 거론되지만, 코로나 팬데믹은 지구적 생태 위기와 인간의 멸종 위기를 경고한다는 점에서 인류세의 의미를 부각시킨다. 인류세 담론은 몇 가지 개념적·분석적 한계에도 불구하고, 지구적 생태 위기에 대한 대응과 미래의 지구에 대한 전망을 제시한다는 점에서 의미가 있다.

특히 인류세의 시작 시기나 명칭을 둘러싸고 많은 논란이 있지만, 인류가 지질학적 힘을 가진 행위자로서 지구적 생태 위기에 대해 성찰하고 이를 극복하기 위한 실천에 온 힘을 쏟아야 한다는 점을 일깨워 준다. 즉 해밀턴(2018: 20)이 주장하는 바와 같이, 인류세란 인간이 어쩔 수 없는 자연의 힘에 의해 주도되는 것이 아니라 의식적이고 자발적 행위자로서 새로운 지질학적 시대를 열게 되었으며, 이를 위해 자신이 가진 힘을 지구적 생태 위기와 이를 유발한 사회경제 체제를 전환시켜야 할 책임을 다해야 함을 의미한다.

인류세는 지구적 생태 위기에 처한 인류가 이미 진입한 지질시대라기보다는, 앞으로 인간이 이 지구상에 만들어내야 할 새로운 생태 문명의 대안적 세계를 상징하는 수사(또는 메타포)로 이해될 수 있다. 즉 인류세란 이미 도래했다기보다는 현재 '도래하고 있는', 또는 앞으로 '도래할' 지질시대를 의미하며, 이 지질시대의 특성은 현재 인류가 당면한 코로나 팬데믹과 그 외 여러 지구적 생태 위기들을 어떻게 성찰하고 대처하느냐에 따라 달라질 수 있다.

'도래하는 인류세'에 관한 논의와 실천은 앞으로 인간이 기존의 환경 파괴적 기술문명과 더불어 가중되는 생태적 고통 속에서 살아갈 것인지, 아니면 이러한 반(反)생태 문명을 극복하기 위한 자기 성찰과 사회의 재구조화를 통해 생태적으로 평화롭고 해방된 세계에서 살아갈 것인지의 여부를 가름한다고 하겠다. 이러한 점에서 인류세 담론은 코로나 팬데믹 위기 극복을 위한 통찰력, 즉 인류의 자연 지배 역사를 성찰하고 새로운 생태 민주사회 조성과 실천에 필요한 추동력을 북돋울 수 있을 것이다.

지구적 생태 위기 극복을 위한 녹색전환

기후 변화와 코로나 팬데믹으로 불어닥친 지구적 생태 위기를 극복하고 새로운 지질시대로서 인류세를 열어가려면, 인류는 과거의 잘못을 깨닫고 인류세(인류 사회)를 '녹색전환'하기 위해 혼신의 힘으로 책임을 다해야 할 것이다. 행성적 한계를 벗어나 파국으로 치닫는 지구적 생태 위기의 사회경제적 충격에 대한 직접적 처방도 필요하지만, 보다 긴요한 점은 지구적 생태 위기를 초래한 인간의 의식과 사회구조, 즉 사회·자연의 이원론과 '자연의 지배' 의식을 내재한 서구적 근대성과 무한한 복률 성장으로 자본 축적을 추구하는 자본주의 사회경제 체제에 내재된 심각한 한계를 극복해야 한다.

자연과 유기적 관계를 맺어왔던 인간은 서구의 근대 의식이 발달하면서 점차 인간 사회와 자연을 분리해서 인식하게 됐다. 이러한 인식에 근거하여, 인간에 의한 자연의 지배가 정당화되었고, 이를 위한 도구적 과학기술이 비약적으로 발달했다. 그러나 그 결과 인간은 코로나 팬데믹과 같은 자연의 반격을 당하게 되었고, '지질학적 힘'으로도 자연을 더 이상 지배할 수 없는 상황에 봉착해 있다. 인류세를 위한 녹색전환은 사회·자연 이원론과 이로써 정당화된 자연의 지배 믿음을 벗어나기 위한 의식의 대전환을 요청한다.

또한 인류세를 위한 녹색전환은 지구 시스템의 위기 경향에 동조한 사회경제 체제의 근본적 전환을 요구한다. 지구 시스템이 행성적 한계를 벗어나 위기 상황으로 치닫고 있는 현실은 인간의 사회경제 체제가 이 위기를 불러온 특정 메커니즘을 장착하고 있다는 의미이다. 지구 시스템의 위기 경향과 사회경제 체제의 위기 경향은 상호 내재적 관계를 가진다. 특히 자본주의가 현 사회경제 체제를 추동한 주 메커니즘(유일하지는 않다고 할지라도)이라는 점에서, 이에 내재된 생태적 한계들을 구체적으로 분석하고 해소하려는 노력이 필요하다.

요컨대 인류세라는 새로운 시대, 새로운 지구를 만들기 위한 녹색전환은 사회·자연의 공진화 과정에서 지구 시스템을 위기에 처하도록 한 사회경제 체계의 근본적 전환을 추구한다. 앞으로 코로나 팬데믹을 근원적으로 극복할 수 있도록 인류세와 녹색전환에 관한 담론이 학술적 깊이를 더하면서, 일반 대중의 관심 속에 정책적 의제로 확장되기를 기대한다.

참고문헌

강내희. 2019. 「인류세와 자본의 가치운동, 그리고 행성적 도시화」. ≪문화과학≫, 100, 88~129쪽.

게르슈테, 로날트(Ronald Gerste). 2020. 『질병이 바꾼 세계의 역사』. 강희진 옮김. 미래의 창.

고창택. 2001. 「자연의 내재적 가치와 지속가능한 가치」. ≪철학연구≫, 77, 1~22쪽.

구도완. 2018. 『생태민주의: 모두의 평화를 위한 정치적 상상력』. 한티제.

_____. 2020. 「녹색전환 이론과 체계의 전환」. 최병두 외. 『녹색전환: 지속가능한 생태사회를 위한 가치와 전략』, 66~99쪽. 한울엠플러스.

국가인권위원회. 2020. COVID-19 관련 국제인권 규범 모음집.

금융위원회. 2020. "175조+@ 민생금융안정패키지와 170조@ 한국판뉴딜 투자를 통해 소상공인 등에 대한 지원을 강화하고 포스트코로나 시대를 준비해 나가겠습니다"(보도자료), 2020.9.8.

기획재정부. 2021. 세계은행(World Bank) 세계경제전망 발표(2021.1.5. 보도 참고 자료).

김공회. 2020. 「코로나19발 경제위기의 본질과 우리의 과제」. ≪경남발전≫, 4-11.

김리영·허창호. 2020. 「코로나19와 도시, 도시회복력과 도시정책 방향」. ≪이슈브리프≫(고양시정연구원).

김상민·김성윤. 2019. 「물질의 귀환: 인류세 담론의 철학적 기초로서의 신유물론」. ≪문화과학≫, 97, 55~80쪽.

김상배. 2020. 「코로나19와 신흥안보의 복합지정학: 팬데믹의 창발과 세계정치의 변환」. ≪한국정치학회보≫, 54(4), 53~81쪽.

김지성·남욱현·임현수. 2016. 「인류세(Anthropocene)의 시점과 의미」. ≪지질학회지≫, 52(2), 163~171쪽.

김필헌. 2020. 「기본소득 쟁점과 시사점」. ≪TIP(Tax Issue Paper)≫, 17(2020.7).

김환석. 2018. 「사회과학의 새로운 패러다임, 신유물론」. ≪지식의 지평≫ 25, 1~9쪽.

노희정. 2009. 「생태학적 인권의 정립과 초등 환경윤리 교육」. ≪환경철학≫, 8, 177~201쪽.

데이비스, 마이크(Mike Davis) 외. 2020. 『코로나19, 자본주의의 모순이 낳은 재난』. 책갈피.

라투르, 브뤼노(Bruno Latour). 2009. 『우리는 결코 근대인이었던 적이 없다』. 홍철기 옮김. 갈무리.

라투슈, 세르주(Serge Latouche). 2015. 『성장하지 않아도 우리는 행복할까?』. 이상빈 옮김. 민음사.

레이워스, 케이트(Kate Raworth). 2018. 『도넛경제학』. 홍기빈 옮김. 학고재.

리영희. 1974. 『전환시대의 논리』. 한길사.

메도즈, 도넬라 H.(Donella H. Meadows)·메도즈, 데니스 L.(Dennis L. Meadows)·랜더스, 요르겐(Jorgen Randers). 2012. 『성장의 한계』. 김병순 옮김. 갈라파고스.

메리필드, 앤디(A. Merrifiled). 2015. 『마주침의 정치』. 김병화 옮김. 이후.

베버, 막스(Max Weber). 2008. 『막스 베버 종교사회학 선집』. 전성우 옮김. 나남.

사이토, 코헤이(Kohei Saito). 2017. 「마르크스 에콜로지의 새로운 전개-물질대사의 균열과 비데카르트적 이원론」. ≪마르크스주의 연구≫(경상대학교사회과학연구원), 14(4), 92~112쪽.

석병훈·이남강. 2021. 「한국경제의 추세성장률 하락과 원인」, ≪한국은행 경제연구≫, 2021-2호.

성기영. 2020. 「코로나19 사태 이후 국제질서 변화와 다자주의의 모색」. ≪이슈브리프≫, 91, 국가안보전략연구원.

손미아. 2020. 「코로나바이러스 감염증-19(COVID-19)와 자본주의 모순의 심화」. ≪진보평론≫, 83, 223~255쪽.

스미스, 닐. 2017. 『불균등발전: 자연, 자본, 공간의 생산』. 최병두 외 옮김. 한울엠플러스.

앙리 르페브르(Henri Lefebvre). 2011. 『공간의 생산』. 양영란 옮김. 에코 리브르.

월터스, 마크 제롬(Mark Jerome Walters). 2008. 『자연의 역습 환경전염병』. 이한음 옮김. 책세상.

윤홍식. 2020. 「코로나19 위기와 복지국가의 귀환?」(비판과 대안을 위한 사회복지학회 학술대회 발표논문집), 199~214쪽.

은진석·이정태. 2020. 「코로나 사태의 국제정치학적 함의－비인간은 '행위자'인가?」. ≪대한 정치학회보≫, 28(4), 243~270쪽.

이광석. 2019. 「인류세 논의를 둘러싼 쟁점과 테크노-생태학적 전망」. ≪문화과학≫, 97. 22~54쪽.

이성우·정성희. 2020. 「국제질서를 흔든 코로나19: 인간안보와 가치 연대의 부상」. ≪이슈& 진단≫(경기연구원, 413).

이수재 외. 2013. 「기후변화에 대응하기 위한 생태계 환경안보 강화 방안」(한국환경정책평 가연구원).

이윤진. 2020. "코로나19는 무엇을 허물고 무엇을 세우고 있을까?", ≪르몽드 디플로마티크≫. 2020.5.22.

이준석. 2020. 「행위자-네트워크 이론을 통한 다중공간의 이해 - 코로나19 사태에서 관찰되 는 다중공간성」. ≪공간과 사회≫, 30(3), 278~318쪽.

장영욱·윤형준. 2021. 「유럽 주요국의 코로나19 백신 접종 현황 및 2021년 경제회복 전망」. ≪세계경제 포커스≫(KIEP), 4(7).

장재연. 2019. "미세먼지는 정직하다". ≪한겨레 21≫, 2019.3.8.

조명래. 2019. "옥외 공기정화기·인공강우 실험. 의화화할 일인가". ≪한겨레≫, 2019.3.20.

조효제. 2020a. "국가의 시간. 인권의 자리". ≪한겨레≫, 2020.6.16.

_____. 2020b. "인간안보를 다시 생각한다". ≪한겨레≫, 2020.5.19.

지상현·콜린 플린트. 2009. 「지정학의 재발견과 비판적 재구성: 비판지정학」, ≪공간과 사회≫ 31, 160~199쪽.

지젝, 슬라보예(Slavoj Žižek). 2010. 『처음에는 비극으로. 다음에는 희극으로』. 강성호 옮 김. 창비.

_____. 2020a. 『팬데믹 패닉』. 강우성 옮김. 북하우스.

_____. 2020b. "급진적 변화냐. 야만이냐" ≪한겨레≫, 2020.4.13.

차크라바티, 디페시(Dipesh Charkrabarty). 2019. 「기후변화의 정치학은 자본주의 정치학 그 이상이다」. 박현선·이문우 옮김. ≪문화과학≫, 97, 143~161쪽.

최병두. 2002. 「세계화와 초테러리즘의 지정학」. ≪당대비평≫ 18, 183~216쪽.

_____. 2010. 「신자유주의적 에너지정책과 '녹색성장'의 한계」. ≪대한지리학회지≫, 45(1), 26~48쪽.

_____. 2019. 『자본에 의한 자연의 포섭』. 대한지리학회지, 54(1), 111~133쪽.

푸코, 미셸(Michel Foucault). 2004. 『성의 역사』. 이규현 옮김. 나남.

_____. 2011. 『안전·영토·인구』. 심세광 외 옮김. 도서출판 난장.

하비, 데이비드(David Harvey). 2005. 『신자유주의』. 최병두 옮김. 한울엠플러스.

_____. 2014. 『자본의 17가지 모순』. 황성원 옮김. 동녘.

_____. 2017. 『데이비드 하비의 세계를 보는 눈』. 최병두 옮김. 창비.

한국경제연구원. 2020. 「경제주체별 GDP 대비 부채비율 추이와 시사점」. 2020.10.19.

한국은행 조사국 미국유럽경제팀. 2020. 「코로나19 확산 이후 주요국의 실업 대책 현황 및
평가」. ≪한국은행 국제경제리뷰≫, 2020-19호.

해러웨이, 도나(Donna Haraway). 2019. 「인류세, 자본세, 대농장세, 툴루세」. 김상민 옮김.
≪문화과학≫, 97, 162~174쪽.

해밀턴, 클라이브(Clive Hamilton). 2018. 『인류세: 거대한 전환 앞에 선 인간과 지구시스템』.
정서진 옮김. 이상북스.

홍성훈. 2020. 코로나19를 통해 본 미국의 인종별 격차 문제. ≪국제노동브리프≫ 7월호,
73~82쪽.

Agamben, G. 2020. "The Invention of an Epidemic." *The European Journal of Psychoanalysis.* https://www.journal-psychoanalysis.eu/coronavirus-and-philo sophers/.

Agnew, J. 1994. "The Territorial Trap: the Geographical Assumptions of International Relations Theory." *Review of International Political Economy*, 1(1), pp.53~80.

Albert, C. Baez, A. and Rutland, J. 2021. Human Security as Biosecurity: Reconceptualizing National Security Threats in the Time of COVID-19. *Politics and the Life Sciences*, 1, pp.1~23. DOI: https://doi.org/10.1017/pls.2021.1

Angus, I. 2015. "When did the Anthropocene Begin. and Why does It Matter?" *Monthly Review*, 67(4).

Arias-Maldonado, M. 2016. "The Anthropocenic Turn: Theorizing Sustainability in a Postnatural Age." *Sustainability*, 8(10).

Asafu-Adjaye, J. et al. 2015. "An Ecomodernist Manifesto, Technical Report." https://www.researchgate.net/publication/281607422_An_Ecomodernist_ Manifesto.

Bai, X. et al. 2016. "Plausible and Desirable Futures in the Anthropocene: a New Research Agenda." *Global Environmental Change*, 39, pp.351~362.

Barnett, J. 2001. *The Meaning of Environmental Security*, London: Zed Books.

Barnett, J. and Adger, N. 2007. "Climate Change, Human Security and Violent Conflict." *Political Geography*, 26, pp.639~655.

Beck, U. 2015. "Emancipatory Catastrophism: What does It Mean to Climate Change and Risk Society." *Current Sociology*, 63(1).

Benedek, W. 2008. "Human Security and Human Rights Interaction." *Rethinking Human Security*, 59(1), pp.7~17.

Busy, J. W. 2008. "Who Cares about the Weather? Climate Change and U.S. National Security." *Security Studies,* 17(3), pp.468~504.

CCICED(the China Council for International Cooperation on Environment and Development). 2015. *Improving Governance Capacity and Promoting Green Transformation: Policy Recommendations to the Governemnt of China*(CCICED 2015 Annual General Meeting).

Chakrabarty, D. 2009. "The Climate of History: four Theses." *Critical Inquiry*, 35(2), pp.197~222.

Cheval, S. et. al. 2020. "Observed and Potential Impacts of the COVID-19 Pandemic on the Environment." *International Journal of Environmental Research and Public Health*, 17.

Crutzen, P. 2002. "Geology of Mankind." *Nature*, 415, pp.23.

Crutzen, P. and E. Stoermer. 2000. "The Anthropocene." *Global Change Newsletter*, 41, pp.17~18.

Cudworth, E. and S. Hobden. 2017. "Post-human Security" in Burke, A. and Parker, R.(eds). *Global Insecurity: Futures of Global Chaos and Governance*, Springer, pp.65~81.

Diaz, I.I. and Mountz, A. 2020. "Intensifying Fissures: Geopolitics, Nationalism,

Militarism, and the US Response to the Novel Coronavirus." *Geopolitics*, 25(5), pp.1037~1044.

Foster, J.B. 1994. *The Vulnerable Planet*. New York: Monthly Review Press.

Foucault, M. et al. 2020. "Coronavirus and philosophers." *The European Journal of Psychoanalysis*, https://www.journal-psychoanalysis.eu/coronavirus-and-philo sophers/.

Fox, N. and Pl. Alldred. 2018. "New materialism" in Akinson, P.A., Delamont, S., Hardy, M.A. and Williams, M.(eds.). *The SAGE Encyclopedia of Research Methods*. London: Sage.

Furceri, D. et al. 2020. "Will Covid-19 Affect Inequality? Evidence from post Pandemics." *Covid Economics* 12, pp.138~157.

Hamilton, C. 2016. "The Theodicy of the 'Good Anthropocene'." *Environmental Humanities*, 7, pp.233~238.

Harari, Y. 2020. "The World after Coronavirus." *Financial Times* (Mar.20).

Hardin, Garrett. 1968. "The Tragedy of the Commons." *Science*, 162, pp.1243~1248.

Harvey, D. 1996. *Justice, Nature, Geographies of Difference*. London: Blackwell.

_____. 2020. *The Anti-Capitalist Chronicles*. New York: Pluto Press.

Heisbourg. 2020. "From Wuhan to the World: How the Pandemic will Reshape Geopolitics." *Survival*, 62(3), pp.7~24.

Heyd, T. 2020. "Covid-19 and Climate Change in the Times of Anthropocene." *The Anthropocene Review*. https://doi.org/10.1177/2053019620961799.

IGBP(International Geosphere-Biosphere Programme). 2004. *Executive Summary: Global Change and the Earth System: A Planet Under Pressure*. IGBP Secretariat, Royal Swedish Academy of Sciences.

Igor, S. 2018. "Legal Framework of the Limitation of Ecological Rights of Citizens." *Journal of Eastern European Law*, 57.

James, P. 2017. "Alternative Paradigms for Sustainability: Decentring the Human Without Becoming Posthuman." in Malone, K., Truong, S., Gray, T.(eds.). *Reimagining*

Sustainability in Precarious Times. Springer, pp.29~44.

Kallis, G. et al. 2020. *The Case for Degrowth.* Polity Press.

Kihato, C.W. 2020. "Coercion or the Social Contract? COVID 19 and Spatial (in)Justice in African cities." *City & Society,* 32(1).

Latour, B. 2004. *Politics of Nature: How to Bring the Science into Democracy.* Massachusetts: Harvard Univ. Press.

_____. 2014. "Agency at the Time of the Anthropocene." *New Literary History,* 45(1), pp.1~18.

Lewis, S. and M. A. Maslin. 2015. "Defining the Anthropocene." *Nature,* 519, pp.171~180.

Lockwood, M. 2014. "The Political Dynamics of Green Transformations: the Role of Policy Feedback and Institutional Context." *EPG Working Paper* 1403. Univ. of Exeter.

Malm, A. and A. Hornborg. 2014. "The Geology of Mankind? a Critique of the Anthropocene Narrative." *The Anthropocene Reivew,* 1(1), pp.62~69.

McDonald, M. 2013. "Discourses of Climate Security." *Political Geography* 33, pp.42~51.

_____. 2018. "Climate Change and Security: Towards Ecological Security?" *International Theory,* 10(2), pp.153~180.

Millar, S. and Mitchell, D. 2017. "The Tight Dialectic: the Anthropocene and the Capitalist Production of Nature." *Antipode,* 49(S1), pp.75~93.

Mische, P. 1989. "Ecological Security and the Need to Reconceptualize Sovereignty." *Alternatives,* 14, pp.389~427.

Moore, J.W. 2017a. "The Capitalocene, Part I: On the Nature and Origins of Our Ecological Crisis." *The Journal of Peasant Studies* 44(3), pp.594~630.

_____. 2017b. "The Capitalocene, Part II: Accumulation by Appropriation and the Centrality of Unpaid Work/Energy." *The Journal of Peasant Studies,* 45(2), pp.237~279.

Peters, M. 2020. "Philosophy and Pandemic in the Postdigital Era: Foucault, Agamben, Zizek." *Postdigital Science and Education.* https://doi.org/10.1007/s42438-020-00117-4.

Pirages, D. 2005. "From Resource Scarcity to Ecological Security." in Pirages, D and Cousins, K.(eds). *From Resource Scarcity to Ecological Security.* pp.1~19. Cambridge: MIT Press.

Rockström, J. et al. 2009. "Planetary Boundaries: Exploring the Safe Operating Space for Humanity." *Ecology and Society* 14(2).

Scoones, I., Leach, M., Newell, P(eds.). 2015. *The Politics of Green Transformations.* New York: Routledge.

Serres, M. and F. McCarren. 1992. "The Natural Contract." *Critical Inquiry* 19(1), pp.1~21.

Serres, Michel. 1995. *The Natural Contract*, trans. by E. MacArthur and W. Paulson(Ann Arbor: Univ. of Michigan Press.

Sharifi, A. and Khavarian-Garmsir, A.R. 2020. "The COVID-19 Pandemic: Impacts on Cities and Major Lessons for Urban Planning, Design, and Management." *Science of The Total Environment,* 749. https://doi.org/10.1016/j.scitotenv.2020.142391.

Singer M. 2009. *Introduction to Syndemics: a Systems Approach to Public and Community Health.* San Francisco, CA: Jossey-Bass.

Sotiris, P. 2020. "Against Agamben: is a Democratic Biopolitics Possible?" *Viewpoint* (3.20). https://www.viewpointmag.com/2020/03/20/against-agamben-democratic-biopolitics/.

Steffen, W. et al. 2011. "The Anthropocene: Conceptual and Historical Perspectives." *Philosophical Transactions of The Royal Society*, 369, pp.842~867.

_____. 2015. "The Trajectory of the Anthropocene: the Great Acceleration." *Anthropocene Review*, 2(1), pp.81~98.

Steffen, W., Crutzen, P., McNeill, J. 2007. "The Anthropocene: are Humans Now Overwhelming the Great Forces of Nature." *AMBIO: Journal of the Human Environment*, 36(8), pp.614~621.

Sterner, T. et al. 2019. "Policy design for the Anthropocene." *Nature Sustainability*, 2, pp.14~21.

Taylor, P. 1998. "From Environmental to Ecological Rights: an New Dynamic in

International Law." *10 Georgetown Environmental Law Review*, 309.

UN(United Nations). 2020. *Covid-19 and Human Rights: We are All in This Together.*

UNDP(the United Nations Development Programme). 1994. *Human Development Report 1994.* New York and Oxford: Oxford Univ. Press.

UNECE(UN Economic Commission for Europe). 2012. *From Transition to Transformation, Sustainable and Inclusive Development in Europe and Central Asia.* New York and Geneva.

Whitehead, M. 2014. *Environmental transformations: A geography of the Anthropocene* New York: Routledge.

최병두 대구대학교 지리교육과 명예교수, 한국도시연구소 이사장. 자본주의 도시의 공간환경 문제에 관심을 가지고 연구하고 있다. 주요 저서로『초국적 이주와 환대의 지리학』,『인문지리학의 새로운 지평』,『녹색전환』(공저) 등이 있고, 번역서로『데이비드 하비의 세계를 보는 눈』,『장애의 지리학』(공역) 등이 있다.

한울아카데미 2296

인류세와
코로나 팬데믹

ⓒ 최병두, 2021

지은이 l 최병두
펴낸이 l 김종수
펴낸곳 l 한울엠플러스(주)
편집책임 l 배소영
편집 l 김하경

초판 1쇄 인쇄 l 2021년 4월 19일
초판 1쇄 발행 l 2021년 4월 26일

주소 l 10881 경기도 파주시 광인사길 153 한울시소빌딩 3층
전화 l 031-955-0655
팩스 l 031-955-0656
홈페이지 l www.hanulmplus.kr
등록 l 제406-2015-000143호

Printed in Korea.
ISBN 978-89-460-7296-1 93330 (양장)

* 각 장 첫 페이지 이미지: Freepik.com
* 책값은 겉표지에 있습니다.